2015年度贵州省省级重点学科"马克思主义理论"
（合同编号：黔学位合字ZDXK[2015]16号）资助成果

探究经济变迁

何伟福自选集

何伟福 著

Economic
Changes
Explore

中国社会科学出版社

图书在版编目（CIP）数据

探究经济变迁：何伟福自选集/何伟福著.—北京：中国社会科学出版社，2016.12
ISBN 978 - 7 - 5161 - 9434 - 8

Ⅰ.①探… Ⅱ.①何… Ⅲ.①革命根据地—经济史—研究—中国 ②经济史—研究—西南地区 Ⅳ.①F129

中国版本图书馆 CIP 数据核字（2016）第 288148 号

出 版 人	赵剑英
责任编辑	刘晓红
责任校对	周晓东
责任印制	戴 宽

出 版	中国社会科学出版社
社 址	北京鼓楼西大街甲 158 号
邮 编	100720
网 址	http：//www.csspw.cn
发 行 部	010 - 84083685
门 市 部	010 - 84029450
经 销	新华书店及其他书店

印刷装订	北京君升印刷有限公司
版 次	2016 年 12 月第 1 版
印 次	2016 年 12 月第 1 次印刷

开 本	710×1000 1/16
印 张	18.5
插 页	2
字 数	289 千字
定 价	69.00 元

凡购买中国社会科学出版社图书，如有质量问题请与本社营销中心联系调换
电话：010 - 84083683

目 录

西南地区经济史研究

革命根据地经济史研究

中国传统社会变革与现代经济社会转型研究

西南地区经济史研究

清代滇黔地区的内地商人与市场网络体系的形成[*]

一 内地商人在滇黔地区的兴起与构成

(一) 内地商人在滇黔地区兴起的主要原因

清代,内地商人在滇黔地区的兴起是政治、经济等制度环境变化、制度变迁的结果。由于制度环境、制度变迁,使清代滇黔地区交通得到极大改善,交通网络化并嵌入全国交通网络之中;滇黔地区的商品生产与商品流通获得前所未有的发展,并与内地的经济联系日益加强,内地商人纷纷进入这一地区从事商业贸易活动。

首先,由于政治、军事的需要,促使滇黔地区驿道、航道开通,交通状况得到极大的改善。为商品经济的发展和内地商人在云贵地区的贸易活动创造了必要的交通条件。由于滇黔地区特别是贵州,对王朝中央在西南地区的统治具有极为重要的战略地位,因此,历代统治者都特别重视对这一地区交通的开发与治理。明王朝建立之初,为了加强对西南各省的统治,特别着眼于云南的开发和边防的巩固,采取的重大措施之一,就是整治、修建贵州的驿道。至清代,为了加强和巩固对西南地区的统治,在明代驿道的基础上,对湘黔、黔桂、滇黔、川黔等几条主要驿道进行"改驿设铺",同时"新修驿道"至古州、清江、台拱等"苗疆"地区。除东西干道黔湘、黔滇两条干线设

---

* 本文发表于《思想战线》2007 年第 6 期。

置驿站外，其余各驿道上原设的驿站一律裁撤，改设递铺。

省际之间的干道为"官马大路"。清代在贵州修建的"官马大路"主要有东西干道和南北干道两种：东西干道即湘黔、滇黔驿道。这一干道贯穿河南、湖北、湖南、贵州四省，而达于云南省城之商路。这是长江中下游各省进入滇黔，也是滇黔入京的主要驿道。沿途经过的主要城市有昆明、马龙、曲靖、沾益、平彝、普安、安顺、贵阳、镇远、辰州、常德、岳阳，从岳阳可直达汉口。南北干道即黔川、黔桂干道，主要有4条：一是贵州至四川干道，由贵阳经修文、息烽、遵义、桐梓北入四川。二是贵阳至广西干道，由贵阳至平越间龙里、新添、平越，从平越向南经独山州、荔波县达广西庆远府。三是遵义经仁怀至合江水陆运道。该驿道至仁怀转水运，顺赤水河而下至四川合江、重庆。清末改驿道路线，由遵义经八里水、鸭子口、枫香坝至仁怀，为川盐销黔的重要线路。四是乌撒（即威宁）经赤水河、叙永，至四川泸州驿道。清廷曾利用这条驿道从贵州运出铜铅，经泸州转运入京。

除了上述省际大道外，清代贵州省内通往各府、厅、州、县乃至偏远山区的道路也相继开通。

云南地区。清政府对云南通往周边国家及西藏、四川的驿道干线进行了修整。

滇缅干道，自大理经下关、永平、腾越、南甸、曼允入缅甸至八莫。这是缅棉入滇、黄丝出口的一条重要商路，很早就是我国南方的一条"丝绸之路"。云南南部与缅甸、老挝接壤，从思茅的不同口岸可入缅甸、老挝两国，这是云南通往缅老泰的又一重要通道和商路。

川黔滇驿道，是四川与云南、贵州交通的捷径。从滇入川，主要由昆明经嵩明、寻甸、东川、昭通、大关，在老鸦滩出境，然后沿水路到达四川的叙州。供京师铸币所需"滇铜"的外运，以及云南与长江中下游各省贸易多取此道。此外，还有泸州大路，即从云南曲靖向北行，经宣威、威宁、毕节进入四川省，过叙永、纳溪，渡长江达泸州。

滇藏驿道，从大理经维西、中甸、永宁可到达川藏路上的巴塘或里塘、打箭炉；或由大理经丽江、中甸、阿墩子，至江卡而入西藏。

除了开通和整治陆路交通外，清王朝对云贵地区的几条重要的航道分别进行了多次疏通和整治，使滇黔地区与周边省区的水路交通更为便捷。赤水河是川黔之间一重要水道，是贵州西北的主要水运干线。乾隆十年，赤水河航线开通，在运铅和运盐中发挥了重要作用。经赤水河运川盐入黔每年多达1300多万斤。①

连接黔湘的主要水道清水江，发源于都匀县邦水乡郎里，中经丹寨、麻江、凯里、黄平、台江、施秉、剑河、锦屏、天柱、至湖南黔阳入沅江，在黔省境内长约千余里。清水江暗礁险滩较多，水流偏急，航行不利。雍正八年，经过地方政府整治，清水江通航工程竣工，楚米运黔，木材及其他山货外运湘楚达东南诸省，都须经过这条水道。"又自旧施秉县以上三百八十里，而黔粤一水相通，帆樯接踵"。②

黔桂间有重要水道都柳江，是贵州南部的重要水道；贵州木材经此大量运往广西柳州集散，称为"柳木"。通过都柳江输出最多的是木材，输入为日常生活用品。

雍正七年（1729），地方政府修通了以南盘江为主干的水陆交通干线。该交通干线连接滇黔两省，可达粤闽和长江中下游地区。乾隆六年，发源于青藏高原，流经云南、注入四川的金沙江滇川段航道疏通，打通了滇蜀两省的水上通道。滇省北上外运铜矿，可沿江直达川东。

总之，湘黔、黔桂、滇黔、川黔、川滇、滇藏、滇缅老（挝）泰等驿道干线的开设修整，滇黔两省以贵阳、昆明为中心通往各府、厅、州、县的大道和几条重要航道的开通，使清代滇黔地区形成了规模庞大、纵横交错的交通网络。尽管发展交通的目的主要是加强对西南地区的统治、便于军事控制。例如，清廷平定水西，平定吴三桂叛

---

① 林辛：《贵州近代交通史略》，贵州人民出版社1985年版，第49页。

② 任可澄、杨恩元：民国《贵州通志》三《前事志》："张广泗请开下游通楚粤河道"，贵州文通书局铅印本，民国三十七年。

乱，镇压石柳邓、王仙起义及咸同各族人民大起义，都是通过延伸到各府、厅、州、县乃至一些偏远山乡的大道或驿道迅速调动军队而完成的。水陆交通网络是清王朝的重要命脉，关系着调兵遣将、行军作战、运输粮秣、传送情报等政治、军事功能。如果没有四通八达的交通网络系统，使清王朝的军队在短时间内以最快的速度到达它所要去的地方，仅仅依靠边防要塞和地方治安，对云贵乃至整个西南地区的政治统治几乎是无法维持的。然而，这个起初用于政治、军事目的的水陆交通系统，形成了一个庞大的交通网络，并深深地"嵌入"全国的交通网络之中，使云贵地区成为全国交通网络的一个重要组成部分。这不仅适应中央集权政治的需要，有利于对贵州，甚至对西南地区的统治，而且在很大程度上改善了云贵地区的开发环境，客观上密切了滇黔地区与周边国家、省区及省内各地的联系，打破了滇黔地区的封闭状态，使滇黔地区与缅甸、老挝、泰国等周边国家及湖南、湖北、四川、广东、广西等省区连为一体。云贵地区成为全国交通网络上的一个重要"节点"。随着交通条件的改善，滇黔内部各地之间、滇黔地区与内地及周边国家的经济联系日益加强，商业贸易发展起来，内地商人纷纷进入滇黔地区从事商业贸易活动。

（二）清代滇黔地区内地商人的地域构成

清代，在滇黔地区从事商业活动的主要有江西、湖广、浙江、两广、四川、山陕、福建、安徽等地的商人，其中以江西、湖广商人最多。江西商人在滇黔地区无论其人数、规模，还是活动范围，均超过其他各省。谢圣纶在《滇黔志略》卷17中说："滇黔各处，无论通衢僻村，必有江西人从中开张店铺或往来贸贩。"道光《贵阳府志》卷29称："会城百工骈集，然皆来自他省……商贾则江西、湖南人为多。"

湖广商人。即湖南、湖北商人。在贵阳，不少湖广商人长期经商，后置产成家，渐成土著。如镇远，"居民皆江楚流寓，湖南客半之"。① 在云南也有类似情况。据道光《昆明县志》卷2记载，在昆

---

① 蔡宗建等：乾隆《镇远府志》卷9《风俗志》，贵州省图书馆复制（1965）油印本。

明，"凡大商贾，多江西、湖广客"，在昆明德胜桥外还修建了湖南商人会馆。

两广商人。两广毗邻滇黔，有不少商人进入滇黔两省经商。如贵州兴仁，"清嘉庆以来，多鄂、粤商人贩运洋棉、湖棉至县出售"；[①] "新疆六厅"开设之后，两广商人纷纷进入从事各种商贸活动。[②] 大理府邓川州，"商贾并集，近则滇西州县人士，远则川、广估客亦多至者"[③]，肯定不乏两广商人的活动。

四川商人。清代，进入滇黔活动的川商日盛。如松桃厅，乾隆年间有不少川商活动，"城市乡场，蜀、楚、江西商民居多，年久便为土著"。[④] 思南，"为川贵商贾贸易之咽喉"。贵州其他各地，到处都有川商的活动，尤以黔北为盛。云南也是川商活动的重要场所，其"足迹殆遍滇之迤西州县村间"。[⑤]

山西、陕西商人。又称秦晋商人、山陕商人，是全国实力最为雄厚的商帮，滇黔地区也有他们的足迹。史称：云南蒙自居民，"楚居其七，江西居三，山陕次之，别省又次之"[⑥]，山陕商人当为数不少。在贵州仁怀茅台镇，山陕商贾积巨资经销川盐，有的因此成为巨富；清末，山陕商贾在思南设有十大盐号，"商之由陕由江至者，边引蜀盐，陕人主之"[⑦]，说明山陕商人在贵州也是一支重要的力量。

福建商人。闽商在滇黔的商业活动也引人注目。如兴义府，"商多江西、闽、粤、蜀之人"。福建商人在贵州许多地方都建有天后宫（福建会馆），有的地方甚至有数座天后宫，说明福建商人的足迹遍布全贵州。在云南活动的福建商人也不少，如福建永定县商人，"远贩

---

① 葛天乙等：民国《兴仁县补志》卷 14《食货志》，贵州省图书馆复制油印本，1966。

② 贵州通史编纂委员会：《贵州通史》卷 3，当代中国出版社 2002 年版，第 229 页。

③ 林文勋：《明清时期内地商人在云南的经济活动》，《云南社会科学》1991 年第 1 期。

④ 爱必达、张凤笙等：《黔南识略》卷 20，清道光二十七年罗绕典刻本。

⑤ 郑少成等：民国《西昌县志》卷 2《产业》，民国三十一年排印本。

⑥ 康熙《蒙自县志》卷 2。

⑦ 萧官、何廷熙：道光《思南府续志》卷 2《风俗》，贵州省图书馆复制油印本，1966。

吴、楚、滇、蜀"。①

徽商和浙江商人。如徽州商人曾涉足滇、黔。宁国府商人亦"远入滇、黔间"。在贵州黎平府的木材交易商中有"三帮"、"五襄"之分，"三帮"就是来自安徽、江西、陕西三省的木商。活跃在滇黔地区的浙江商人中，以龙游商人为甚，"贾资以出守为恒业，即秦、晋、滇、蜀，万里视若毗邻，俗有遍地龙游之谚"。②

二 内地商人在滇黔地区的商业贸易 活动与市场网络的形成

（一）内地商人在滇黔地区的商业贸易活动

清代，活动在滇黔境内的内地商人经营的商品主要是：（1）从外地输入滇黔地区的商品，主要有盐、粮食、棉花、棉纱、布匹、日用百货类商品。（2）从滇黔地区输出的商品主要有丝绸、鸦片、木材，以及包括铜、汞、银、铅等在内的矿产品，桐油、木油、灯草及土布类土特山货等。下面以内地商人在滇黔地区经营的矿产品、棉织品、丝织品为例说明之。

（1）矿产品。内地商人在滇黔地区主要开采、经营铜、汞、银等矿产品。这些商贾往往集矿主与行商于一身，开矿、贩运贸易并行开展。在云南，"从前开办（铜矿）皆系川、湖、江、广大商巨贾"。③"查办厂务，全在资本厚实，从前厂利丰旺，皆由三江、两湖、川广富商大贾，厚积资本，来滇开采经营"。④ 江西帮和湖南帮商人入滇经营矿业，输出矿产品，并负责驮运每年入贡的 1200 万斤滇铜。

在贵州，铜仁府万山、普安州回龙湾汞矿区、开州白马洞两流泉是当时全国的主要水银产区和省外汞商收购水银贩运外地的重要市

---

① 道光《永宁县志》卷 16《风俗》。
② 康熙《龙游县志》卷 8《风俗》，乾隆六年增刻本。
③ 唐炯：《筹议云南矿务疏》，载盛康《皇朝经世文续编》卷 57，光绪二十三年刊本。
④ 王文韶等：光绪《续云南通志稿》卷 45《厂员》，光绪二十七年刊本。

场。如两流泉，"为川黔湘古道交叉点"，"汞商则十之八九皆江西两湖人，富商大贾，终岁云集。汞的交易额每场在三百担以上"。①

（2）棉织品、丝织品。在滇黔地区经营棉、丝织品的内地商人亦不少。在云南，如"四川帮之丝绸、玻璃、烟叶等，其世业有相沿迄今者"。② 内地商人建立了布行、绸缎行等行业会馆，并制定相应行规。昆明的绸缎行规定：外省各商帮来滇销售绸缎，市价一律不得忽高忽低，滥销滥卖；客货定价之后必须照价而沽，等等。

在贵州，也有不少内地商人经营棉、丝织品。如安顺，道光年间城内共有 3 个棉花市场、1 个土布市场，经营绸布的外省商号有 80 多家。铜仁府，其汉民"多来自江西，抱布贸丝，游历苗寨"。思南府，为黔东北贸易重镇，"棉花、布匹江人主之"。遵义是滇黔地区丝织业的生产和贸易中心，桐梓，是滇黔地区又一重要产绸基地，贵州其他地区，如正安、绥阳、仁怀、赤水、湄潭、黔西、定番等地丝绸业亦颇为繁盛，"售丝售绸，远通商贾"，内地商人在这些地方相当活跃。

（二）清代滇黔地区市场网络的形成

内地商人的上述活动，对清代滇黔地区商品经济的发展起到了巨大的推动作用。雍正四年十月，鄂尔泰奏称："滇黔远居天末，必须商贾流通，地方庶有生色。"③ 道光年间，贵州巡抚贺长龄在其奏疏中说："黔不产盐，布匹又贵，类皆挹注于他省。苗民错居岩洞，所饶者杂粮材木耳，非得客民与之交易，则盐布无所资，即杂粮材木亦无由销售，分余利以供日用。是客民未尝不有益于苗民。"清代内地商人对滇黔地区商品经济发展所起的作用主要表现在：他们的商贸活动直接推动这一区域城乡商品市场网络的形成。就市场层次而言，这一时期滇黔地区形成的城乡市场网络可分为区域中心市场、中等商业城

---

① 龙云等：民国《新纂云南通志》卷 143《商业考一》，铅印本，1948，第 311—315页。

② 云南省地方志编纂委员会：《云南省志》卷 14《商业志》，云南人民出版社 1995 年版。

③ 任可澄、杨恩元：《民国贵州通志》三《前事志》："鄂尔泰陈奏两省事宜"，贵阳文通书局铅印本，民国三十七年。

镇和农村场市三大层次，构成了一个比较完整、复杂多变的滇黔地区的市场网络体系。

（1）内地商人的活动直接推动了滇黔地区区域中心市场的形成。区域中心市场是清代滇黔地区市场层级的最高一级，不仅规模较大，而且具有较为完善的功能，能辐射全省甚至周边省份的特定区域。它把全省农村的场市、中等商业城镇联系起来，调剂着全省商品余缺并代表本区域与其他区域市场进行商品交换，属于较场市、中等商业城镇高一级的市场形态。清代，在云贵地区形成了贵阳、昆明两个区域中心。这两个区域中心市场均分布在交通干道沿线。与场市和商业城镇相比，区域中心市场"通常在流通网络中处于战略性地位，有重要的批发职能。它的设施，一方面，是为了接受输入商品并将其分散到它的下属区域去；另一方面，为了收集地方产品并将其输往其他中心市场或更高一级的都市中心"。① 区域中心市场集中了大量的城市消费人口，商业的消费性特点极强；零售商业、土特山货加工、茶楼酒肆、旅馆店铺等服务性行业非常发达，使之不仅成为区域性大宗商品集散市场，而且是代表区域商品经济发展程度较高的消费中心。如贵阳、昆明等地。

（2）中等商业城镇的形成。清代滇黔地区一般的府州县城和一些大的集镇，都属于"中等商业城镇"这种类型。与农村场市不同，府州县城作为当地的政治、经济、文化活动的中心，人口众多，有固定的机关、街坊、商铺，仕农工商多聚集于此，有经常性的集市，贸易、商务都较一般场市为盛。这是一方面；另一方面，府州县城镇，多半地处交通要道中，农副产品和城镇手工业品、工业品的交换频繁，城乡间经济联系十分紧密，农村商品流通依靠这些城镇的辐射力和吸引力得到进一步扩大。因此，这些府州县城镇市场渐趋繁荣，成为地区性城乡商品流通的中心地。作为地区性商业中心的"中等商业城镇"，在商品流通中发挥着承上启下的作用。如安顺，"贾人云集，

---

① ［美］施坚雅著：《中国农村的市场和社会结构》，史建云等译，中国社会科学出版社 1998 年版，第 8 页。

远胜贵阳"①,大理,"商贾辐辏,甲于他郡",成为西南的一个大都会。永昌、腾越"亦一大都会也"。②

(3)内地商人的活动有力地促进了滇黔地区农村场市的形成和发展。商人的贸易活动不仅给城镇附近农家提供了部分当地的生产生活资料,而且也为农家农副产品、手工业品的外输提供了便利的渠道,从而促进了乡村商业性农业的发展及家庭手工业的活跃,刺激了农村地区商品经济的繁荣和农村场市的发展。农村场市即遍及滇黔地区各地的农村集市,在云南俗称"街子"。它是地方小市场,半径范围不出一日往返之遥;是农村小区域内的"经济中心地";也是农民之间、农民和手工业者之间互通有无的一种贸易场所。小农售卖农副产品、手工业品,购买生产资料、生活资料乃至口粮,都要通过集市才能完成。在广大的滇黔地区农村场市,赶场的既有当地农民,也有流动商贩,还有一些坐商店铺。为了便于农民和商贩购销商品,各地场市错开集期,有的以一、六日为集,有的以二、七日为集,有的以三、八日为集期,多半一旬赶两集,也有一旬一集的。这种农村场市是商品物流的起点和终点,主要具有保障供给的经济功能。它们多分布在距府州县城约100里以内的半径之中,各地农民赶场的距离多数在10里之内(也有的在15里之上),以府州县城为中心形成一个点面结合的经济体系;同时,每个农村集场也是一个小范围的经济中心,辐射并统领周围村落。这样,府州县城通过各地场市就可以辐射一个较大的区域,实现城乡商品交换的功能。

有清一代,以昆明、贵阳两个区域中心市场为核心,以云贵两省的府、州、县城等"中等商业城镇"为"卫星城",以农村场市为最基层的"节点"的市场网络体系基本形成。以昆明、贵阳为中心作为网络的第一层,各府州县城及较大集镇为网络的第二层,众多的农村场市为网络的第三层,由中心向外层辐射、推广、延展。

---

① 常恩、邹汉勋等:咸丰《安顺府志》卷15《地理志·风俗》,清咸丰元年刻本。

② 道光《云南志钞》,转引自林文勋《明清时期内地商人在云南的经济活动》,《云南社会科学》1991年第1期。

三　结语

新经济社会学借助于"嵌入"与"网络"等概念，揭示了一切经济行动的社会性。新经济社会学家认为，经济组织及其行为是被社会性地限定着的，它们不能仅通过个人动机得到解释。它们嵌入于现存的社会关系网络中，并被其所制约与形塑。格兰诺维特区分了"关系性嵌入"和"结构性嵌入"。关系性嵌入是指经济主体嵌入于个人社会关系网络中并受其影响和决定，而结构性嵌入则指经济主体的社会关系网络又嵌入在更广阔的社会结构中，并受到其中的文化、价值等因素的影响。

清代滇黔地区市场网络的形成，是当时社会政治、经济结构、制度变迁的结果。由于社会政治、经济结构、制度变迁，引起了一系列的变化：如交通网络的形成，各区域自身的发展使之对市场的依赖不断加深，区域间的交流日益频繁，商品经济的发展及内地商人的兴起等因素的综合作用，最终导致市场网络逐渐形成。

内地商人的商贸活动，使其嵌入滇黔地区的市场网络中，并且通过他们的商业活动，使这一市场网络整体性地嵌入全国乃至世界市场。滇黔市场网成为全国甚至世界商品流通网络中一个极为重要的、不可分割的组成部分。通过这一市场网络，滇黔地区几乎每一州县，甚至每一村落，都可与全国其他省区或国外进行经济联系。网络本身就是一种社会资本。市场网络一经形成，就在一定程度上满足了滇黔地区商品流通的需要，能促进商品流通，推动商品市场的扩大。市场网络的形成，不仅负载着商品的流通，而且还发挥如下功能：有利于滇黔地区内部各区域之间、滇黔地区与外部的信息交流，包括与商业环境相关的信息，如政局变动、各地市场物价变动，以及客户商行的经营状况和信用程度等，能降低交易成本，提高商业活动效率，更好地推动商品市场的发展。

清代滇黔地区市场网络有三个不同层次，每一层次的网络包含不同的市场，这些市场是网络的"节点"。当然，网络节点间的距离有大有小。以道光年间贵州农村的场市为例，各地场市有多有少，全省场市最多的是镇宁（40 个），其次为普安厅，共有场市 38 个，最少的是丹江、凯里、罗斛和都江，全境分别仅有 1 个场市。① 节点之间的距离是一个重要参数，表示市场辐射力大小、强弱，与地理环境、人口密度、商品经济程度、市场发育水平有关。节点间距离越小，分布密集的地方，是交通便捷、人口密度大、商品经济较发达、市场发育水平较高的地区。反之，节点间距离越大，表明该区域商品经济不发达，市场发育程度越低。因此，网络与环境的互动关系是影响网络结构的重要因素。

---

① 平翰等：道光《遵义府志》卷 5、卷 24、卷 9、卷 11，道光二十一年刻本。

清代贵州境内的外省商贾[*]

有清一代，贵州社会生产力在明代基础上继续发展，商品经济较明代又有提高。这一时期，贵州境内的水陆交通状况又有改善。湘黔、黔桂、滇黔、川黔等驿道干线的开设和修整，通往各府、厅、州、县的大道和几条重要航道的开通，客观上密切了省内各地的联系，打破了贵州的封闭状态，使贵州与湖广、四川、云南、广东、广西连为一体。随着交通条件的改善，省内各地之间、贵州与省外的经济联系日益加强，商业贸易发展起来。在这一背景下，出现了前所未有的外省商贾纷纷进入贵州从事商业贸易活动的状况。

一 外省商人在贵州活动的地域分布

清代，外省商人在贵州的商业贸易活动较明代更盛，无论是经商的人数还是经营活动的范围，都大大超过前代。这些外省商人在贵州的商业活动范围主要分布在各府州县等城镇，也有不少人活动在农村各地集镇。如省会贵阳，在明代就凭借其地理位置及交通优势，成为"万马归槽"之处。清代，"会城五方杂处，江右、楚南之人为多，世家世族率敦名节，士习彬雅，人户栉比鳞次，承平日久，渐习繁华。"①道光《贵阳府志》卷29载："会城百工骈集，然皆来自他省……商贾则江西、湖南人为多。"故史称："江广蜀楚贸易客民，毂

———————————

＊ 本文发表于《贵州社会科学》2005 年第 3 期。

① （清）爱必达修，张凤笙纂：乾隆《黔南识略》卷1，清道光二十七年（1847）刻本。

击肩摩，来贱贩贵，相因坌集，置产成家者今日皆成土著。"①

又如镇远府，为"水陆之会"、"滇黔门户"，"舟车辐辏，货物聚集"。还在明代，就有不少外地客商在此驻足，从事商贸活动，史称"居民皆江楚流寓"，"湖南客半之，江右客所在皆是"。② 清代，"郡境幅员广阔，舟楫东来，商贾云屯"。

思南府，"上接乌江，下通楚蜀"，为"川贵商贾贸易之咽喉"，这里汇集了众多的川楚商贾。据《思南府续志》载，郡属各场市均有万寿宫、禹王宫和天后宫，证明思南府有江右商、两湖商和福建商人。

在普定县，"黔、滇、楚、蜀之货日接于道，故商贾多聚焉"。这里有不少湖南、四川、云南等外省商人从事贸易活动。

松桃厅，"城市乡场，蜀、楚、江西商民居多，年久便为土著。贸易以赶场为期，场多客民，各立客总，以约束之"。③ 这表明，即使在较为僻远的黔东北地区，也有大批外省商人经商。

兴义府，"地居滇省冲途，右艳水西，左联粤壤，四通八达，江广川楚客民源源而至者，日盛月增"。④ 到兴义的外省客民，多为从事贸易活动的商人。

即使在少数民族聚居之地，如"新疆六厅"等地，也有湖广、滇川、闽粤等外省商人的踪迹。如在黄平州，由于"地产土布、蓝靛、棉花、茶和蜡"等土产，而又缺粮，故"多江右客民"，湘楚商贾聚集于此从事商品交易。史载：黄平河为邻省客商入黔贸易的一条重要通道，"顺治十六年，疏滩凿石，以通楚运，挽舟衔尾而上，集于城下。"⑤ 清人吴振域《黔语》亦载："顺治十六年，黔饥，巡抚卞公三

---

① （清）罗绕典撰：道光《黔南职方纪略》，清光绪三十一年（1905）重刻本。
② （明）沈思充修，许一德等纂：万历《贵州通志》，《镇远府·兼制志》，1989 年中央民族学院出版社影印本。
③ （清）爱必达修，张凤笙纂：乾隆《黔南识略》卷1，清道光二十七年（1847）刻本。
④ （清）罗绕典撰：道光《黔南职方纪略》，清光绪三十一年（1905）重刻本。
⑤ （清）爱必达修，张凤笙纂：乾隆《黔南识略》卷1，清道光二十七年（1847）刻本。

元伐险凿石，槽楚米万石达黄平城下。……今黔、楚货棉、靛、烟、布诸物鳞集旧州，来樯去橹如织。"而贵州其他府州县城镇和农村场市也有外省客商行迹，兹不赘述。

二　外省商人在贵州的经营业务

清代，贵州境内的外省商人经营的业务主要是：盐、粮食、棉花、棉纱、布匹、丝绸、鸦片、木材、土特产品及日用百货类商品。

1. 粮食

贵州粮食出产不丰，军用民食所需之粮每年需从湖广、四川、云南等地运来。清代，贵州农业较明代虽有较大发展，但本省产粮仍不敷用，还需从湖南、湖北、四川等省运入。尤其是遇到灾荒、战争之年更是如此。外省粮商贩运粮食入黔主要有两条路线：一是四川路线，由重庆经遵义运到贵阳；二是湖广路线，从湖广由水运至镇远，再自镇远转陆运至黄平（原兴隆）等仓。以湖广路线为例，有不少两湖商人由两湖长途贩运粮食来黔销售，如"顺治十六年，黔饥，巡抚卞公三元伐险凿石，槽楚米万石达黄平城下"。[①]

2. 盐

贵州素不产盐，境内民众食盐全赖外省盐商运入。清朝时期川盐在贵州市场上占有相当份额，经营川盐的外省商人主要是四川、山西、陕西商人。如思南，"城外德江，舟楫通行，贩蜀盐者，多取道于此"。不少陕西、山西盐商在此开设盐号，清末即有十大盐号。史载"商之由陕由江至者，边引蜀盐，陕人主之"。[②] 由于盐运量颇大，陆路分销的盐商颇众，故设税口一个，"额征盐税正羡银共二千一百

---

① （清）吴振棫：《黔语》卷上，点校本，贵州人民出版社1987年版，第336页。

② （清）萧官、何廷熙纂：道光《思南府续志》卷2，贵州省图书馆复制油印本，1966年。

二十两"。①

又如茅台，自乾隆六年决定川盐入黔四大口岸和乾隆十年赤水河
开修以后，日益成为川盐销黔的重要集散口岸。四川、陕西、山西盐
商，积资巨万在这里设号经销川盐，有的因此成为巨富。如陕西盐商
刘氏、田氏伙同四川盐商"李四友堂"在仁怀开设"协兴隆"盐号，
该盐号资金相当雄厚，在贵州省内外设分号多达 70 余家，分布于仁
怀至贵阳之间的各州县；沿途各分店拥资一二万金，几乎垄断仁怀至
贵阳一带食盐的经销。

3. 棉织品、丝织品

贵州绵绸业勃兴于清代。道光年间，兴义成为贵州的一个棉纺织
品重要交换市场。史称，兴义"地气炎热，汉苗多种棉花，……妇女
勤工作，纺车之声，络绎于午夜月明时"。② 故"客民多辏集其地"。
安顺，道光年间城内共有三个棉花市场、一个土布市场，经营绸布的
外省商号有 80 多家。咸丰年间，安顺棉织业更为兴盛，所织染之布
以"五色扣布"、"顺布"最著名，"郡人皆以此为业，尤以城北最
盛"。两湖、两广、四川和江南等省客商纷纷来此进行棉花、棉纱和
布匹的交易。与兴义相邻的滇省商贩也穿梭于云南与兴义之间"抱花
易布"，通过平衡两地市场供求关系以取利润。史称：兴义"土厚而
肥，所产木棉为利甚溥。……嗣以道通滇省，由罗平达蒙自仅七八
站，路既通商，滇民之以花易布者源源而来"。③ 兴义辖地普安县，道
光年间棉纺织业较兴盛，多有外省客商来此贸易。据称："（普安）
新城为四达之冲，商贾辐辏，交易有无，以棉易布。外来男妇无土可
耕，尽力织纺。布易销售，获利既多，本处居民共相效法，利之所
趋，游民聚焉。……滇粤两省客货往来，背负肩承，骑驼络绎。其新
来客民从事纺织，以布易棉。"④ 在思南，也有不少滇商从事棉布交易

---

① （清）爱必达修，张凤笙纂：乾隆《黔南识略》卷1，清道光二十七年（1847）刻
本。

② 同上。

③ （清）罗绕典撰：道光《黔南职方纪略》，清光绪三十一年（1905）重刻本。

④ 同上。

活动。

此外，其他地区也有不少外省商人在从事棉花、棉织品的交易。铜仁府，其汉民"多来自江西，抱布贸丝，游历苗寨"。兴仁是两湖商人贩运棉花牟取厚利之地，清嘉庆以来，"多鄂粤两省人贩运洋棉、湖棉至县出售"，直到光绪十六年前后，洋纱排挤了土纱时为止。思南府，为黔东北贸易重镇，来自邻省的四川、湖南、湖北商人在此聚集，收购当地的土特产品，如土布等运至涪陵、常德转销以获厚利。就连远在江西的商人也不以千里为遥，跋山涉水来到这里从事贸易。

贵州丝绸业于乾隆初期兴起于遵义府，后陆续在正安州、安顺府、桐梓县、兴义府、都匀府和黎平府等地推广开来。遵义是贵州丝织业的生产和贸易中心，由于遵义丝绸物美价廉，可与"吴绫、蜀锦"相媲美，故外省商人纷至沓来，购丝购绸，运往四川、湖北、江浙、陕西、山西及北京等地销售，以致史载："遵丝之名，竟与吴绫、蜀锦争价中州，远徼界绝不邻之区。秦晋之商，闽粤之贾，又时以茧成来带鬻，捆载以去，与桑丝相搀杂，为绉越纪缚之属。"① 同光年间，"川省商人络绎而来"，贩运府绸至重庆，再由重庆转运至其他地区销售。有很大一部分直接运往湘潭，还有一些由陆路运往广西。桐梓，是贵州又一重要产绸基地。乾嘉时期即有陕西、山西、河北客商远道来此贸易丝绸。桐绸不仅产量高（年产约 10 万匹），而且质量甚优，闻名遐迩。道光年间，"立同心号于汉、沪间销售，而豫商贩时载茧来，货绸去，通计岁入不下数十万金"。② 来桐梓经营桐绸的还有四川、山西商贩。史称："（桐梓）嗣有洪顺、国祯、兴顺等十大号踵起蚕织，合组绸帮公所于渝，桐绸行销亦夥，……年有山西商载河南茧来易丝，市场旺盛。"③ 除上述地方外，贵州其他地方，如正安、绥阳、仁怀、赤水、湄潭、黔西、定番等地丝绸业亦颇为繁盛，"售

---

① （清）郑珍、莫友芝纂：道光《遵义府志》卷 16，《农桑》，清道光二十一年（1841）刻本。

② （清）何宗轮修，赵彝凭纂：光绪《桐梓县志》卷 8《实业志》1990 年据原稿复印本。

③ 同上。

丝售绸，远通商贾"，外省商人接踵而至易丝贩绸。

鸦片战争后，洋纱、洋布成为外省商人在贵州经营的又一项大业务。当时安顺是贵州省最大的洋纱、洋布的集散地，其次是兴义、新城、贵阳、遵义和独山等地。在安顺，19世纪70年代之后，随着鸦片贸易的发展，外省商人纷纷来此贩运鸦片和洋纱、洋布。"光绪初年，鸦片运行郡城，商业逐渐发达，两湖、两广之商人联翩而至，皆以贩运鸦片为大宗。"这些外省巨商在安顺设号十多家，"初贩烟之商交易皆以生银，继因汇兑困难，乃改贩洋纱入黔以易鸦片"①，两湖、两广鸦片商人从安顺贩运鸦片出境销售，然后从贵州境外，主要是从广州、香港等地贩回洋纱、洋布，经由（广西）百色到达安顺或贵州境内；或是先购得洋纱、洋布，再到安顺换易鸦片出省外销售。

在兴义，广东富商开设了"梁信号"、"周光生号"等商号，专营香港、广州、南宁与黄草坝之间的洋纱与鸦片贸易，几乎垄断了黄草坝的洋纱运销。据时人称："从商业观点看，黄草坝主要是因为每年输入的大量印度纱及该镇和邻近地方用印度纱织出的布匹而闻名。据估计每年在该地共销售有每包重四百磅的棉纱一千包，而用印度纱及土纱织成的各种等级的窄土布的织布机约在二千台至三千台之间。大部分棉纱由该镇开设的广东商行的代理商在香港购买，经由北海及南宁输入运至西江的百色厅改交驳运……他们把卖出的钱购买鸦片和其他土产"。② 广东商人，就是上述在安顺开号的"梁信号"、"周光生号"等巨商，还有宋景、高亨等广东商人。贵阳，是外地商人销售洋布和其他洋货的最大市场，经销洋布的商人，主要是湖北汉口的"汉帮"和从广州进货的"广帮"。遵义是外省商人在贵州经营洋布的第二个最重要的市场，外省商人主要是从广州、上海、汉口进货，品种主要有洋纱、洋布、毛纺织品各种外洋杂货。在兴仁，清嘉庆（1796—1820）以来，多鄂、粤两省商人贩运洋棉、湖棉至县出售。

---

① （民国）黄元操、任可澄纂：民国《续修安顺府志初稿》卷4《民生志》，贵州省博物馆藏民国稿本，第26页。

② 《1896—1897年英国布莱克本商会访华团报告书》第55—56、272页，转引自彭泽益《中国近代手工业史资料》第2卷，中华书局1962年版，第240页。

在贵州其他地区，如平远（织金）、大定（大方）、水城等地也有外省商人的足迹，他们将购进的洋纱转运到这些地方销售给坐商，再由坐商转到手工棉织业者手中加工成布，然后出售给城乡居民。

4. 鸦片

这是贵州的一种畸形商品。第二次鸦片战争后，贵州鸦片产量大增，省内的一些较大的城市如安顺、兴义、贵阳、遵义等地都成了鸦片的重要集散地，鸦片开始销往省外。在贵州活动的外省籍鸦片烟商主要是"广帮"、"湘宝帮"、"江西帮"、"弟兄帮"、"四川帮"、"湖北帮"等。如"广帮"，即两广商人，是最早从事贵州鸦片经销的外省籍商人，颇具实力。在贵阳，"广帮"先是在广东街设号收购"黔土"，随后在普定街设松柏行经营。又如两湖商人，也是最早从事贵州鸦片贸易的外省商人。他们从贵阳购买鸦片，往湖南方向运到洪江、宝庆、长沙、常德等地，往湖北方向则销往汉口等地。在安顺，两湖烟商聚集于此，以鸦片交易为大宗，与其他省籍的烟商展开激烈竞争。在贩运鸦片的同时，两湖鸦片烟商因汇兑生银不便，"乃改贩洋纱入黔以易鸦片"。川、粤、桂、赣的鸦片商也纷至沓来，争相设立商号收购烟土并加工外运，仅"广帮"在安顺就设号十多家从事鸦片贸易。安顺鸦片外运的路线大致是：南由贞丰、南龙区销往两广；东由镇远、洪江运销两湖；北由毕节或遵义运销四川。在贵州的鸦片商帮中，江西帮也具有一定影响。清末，由于资金较为雄厚，江西帮与贵州帮控制并瓜分了湖南洪江的鸦片贸易市场就是例证。

5. 木材

这是外省商人来贵州贩运的大宗商品。如黎平府一带木材，沿江而下行销外省，"每岁可卖二三百万两"。在贵州从事木材交易的外省商贾主要是江西、陕西、安徽、湖南、湖北等省商人。如在黎平，经营木材的木商有"山客"、"水客"、"内江客"、"外江客"之分。水客分为"三帮"、"五襄"。所谓"三帮"就是来自安徽、江西、陕西三省的木商；"五襄"即来自湖南常德、德山、河佛、洪江、托口等地的木商以同乡或同业关系所结成的商帮。史称"（黎平）商贾骈阗，岁以数十万计。……大伐小桴，纵横亘束，浮之于江，合沅江而达于东南诸省"①；"杉木则遍行两湖、两广及三江等省，远客来此购买，在十数年前，每岁可卖二三百万金，今虽资伐者多，亦可百余万。"② 此外，都柳江的木材贩运大多数也为外省商贩，这些外省木商购集来自古州、丙妹、永从、三脚屯等地的木材，顺都柳江而下入广西柳州，再由柳州分销至其他地方。

以上是外省商人在贵州境内的主要经营活动和业务。此外，日用百货、土特产品如桐油、茶叶、矿产等也是外省商人在贵州经营的大宗业务。如省城贵阳，光绪年间（1875—1908）就有不少湖广商人从事日用百货商品的经销活动。从事矿产经营的外省商人也不少，如开阳县白马洞汞矿区，"清乾嘉之际，汞矿极旺"，"汞商则十有八九皆江西、两湖人"。陕西商人在贵州还经营酒类以及收购土特产品。如仁怀县的集市贸易以酒为大宗，多由陕西商贩经营；思南府的塘兴常有陕西商贩来此收购桐油、木油、灯草及土布类土特山货转销外省。清代，因铸钱之需日增，贵州产铜不够，云南商人由云南大量贩铜至贵州。

三 外省商人对开发贵州的重要作用

清代，外省商人在贵州境内的活动对开发贵州的作用是不可低估的。

第一，外省商人在贵州的商业贸易活动促进了贵州与其他省区的联系，扩大了贵州省内外贸易市场，对贵州社会经济、文化的发展起到了极大的推动作用。例如，外省商人贩运商品深入贵州城乡各地，同时又把贵州地方的土特产品贩运到省外其他地区，密切了贵州与外省的联系。外省商人进入贵州各地，还把较为先进的生活方式、科学

---

① （清）吴振域：《黔语》卷下，点校本，贵州人民出版社 1987 年版。

② （清）俞渭修，陈瑜纂：（光绪）《黎平府志》卷3《食货志》，清光绪十八年（1892）黎平府志局刻本。

技术和文化传统传给了贵州各族人民，对贵州各地的生产生活方式产生了积极影响。雍正四年十月，鄂尔泰奏称："云贵远居天末，必须商贾流通，地方庶有生色。"① 道光年间，贵州巡抚贺长龄在其奏疏中说："黔不产盐，布匹又贵，类皆挹注于他省。苗民错居岩洞，所饶者杂粮材木耳，非得客民与之交易，则盐布无所资，即杂粮材木亦无由销售，分余利以供日用。是客民未尝不有益于苗民。"② 这些地方官员从不同侧面、不同角度对于外省商人之于贵州经济社会发展所起的巨大作用的评价，确为得当之言！

第二，促进了城镇经济的繁荣和城镇的发展。外省商人的活动都是以城乡市场为基地而进行的。由于商人的出现，"在商品交换中插入了交换的中项，在商品流通过程中承担着商品交换的工作。因而，它们是商品交换的媒介"。③ 正是商人的这种媒介作用，沟通了贵州地方城市与乡村、农业与手工业、生产者与消费者之间的联系。特别是在住着许多非农人口的城市，势必要向农村购买各种生活用品，而农村又需要从城市买回各种生产资料和手工业品。这样，不同区域、不同群体的人们在生产、生活上的不同物质需求通过商人的各种经营活动都能得到满足。一方面，直接推动了城镇（包括以城市为中心的周边地区）经济的兴盛。省外许多商品通过商人的活动源源不断输入贵州城镇，如川盐运黔必经思南，极大地推动了思南地区经济的发展，故陈鼎《黔游记》中说："黔中诸郡皆荒凉，惟思南府最盛，有水道通舟楫，货物俱集而人文亦可观，较之石阡、思州有天壤之隔。"再如镇远，许多外省商人聚集于此，故"舟车辐辏，货物聚集"。这就造成了城镇商品的殷富和市场的繁荣。同时，外省商人在城镇进行商品购集活动又直接刺激了城镇手工业的发展，并吸引了四乡农民上市出卖农副产品及家庭手工业产品，牙人、牙行因之异常活跃，茶馆、酒肆、歌楼也随之而生意兴隆。另一方面，促进了城市的发展。清代

① （民国）任可澄、杨恩元纂：（民国）《贵州通志》，《前事志》，民国三十七年（1948）贵阳文通书局铅印本。

② 同上。

③ 王微：《商品流通网络》，中国发展出版社 2002 年版，第 107 页。

中后期，川盐入黔促进了商业发展，一些具有商品集散功能的市、镇涌现出来。"黔北四大镇"（即民间所称"一打鼓、二永兴、三茅台、四鸭溪"）的兴起就证明了这一点。此外，思南、铜仁、黎平、开州、都匀、石阡等城镇，以至贵阳、安顺、兴义、遵义等商业中心城市，都是外省商人十分活跃的地方。这些城市的繁荣和发展，外省商人同样起到了十分重要的作用。

第三，外省商人在城乡市场的活动也对周围农村商品经济的发展起到了促进作用。商人的商品购买活动不仅给城镇附近农家提供了部分当地的生活资料，而且也为农家农副产品、手工业品的外输提供了便利的渠道，从而促进了乡村商业性农业的发展及家庭手工业的活跃，极大地刺激了贵州商品经济的繁荣。如贵州农村的丝绸业、棉纺织业、种植青桐、棉花、茶叶，以及油桐、经济林木等，都是通过商人的市场活动才发展起来的；通过商人的商品购集活动，农家的经济与市场的联系日益密切，农民被深深地卷入了商品经济的旋涡。

第四，引起贵州社会风尚的变化。贵州是一个男耕女织、自然经济结构比较典型的社会。但是，随着外省商人深入贵州，推动商品经济一定程度的发展，贵州民风逐渐发生变化。外省各种商贩不仅仅运贩于城乡之间，而且还深入到各少数民族地区，这对打破少数民族地区那种"鸡犬之声相闻，老死不相往来"的自我封闭状态，增强其与外部的经济、文化交流起到了巨大的促进作用。在外省商人的影响下，传统的士农工商职业观念在贵州逐渐发生了变化，人们的经商意识和风气随之兴起。无论城镇还是乡村，"富商大贾，无所不至；谁能拒之？"就连原先比较封闭的土司领地及其他少数民族聚居的地区，自商人涉足以后，也风气大变，贸易渐兴。例如，贵定县原为土司领地，经济落后，人皆"以渔猎为主"，但在外省商人的带动下也"以丑戌为场期，交集贸易"。兴义府之白罗罗（彝族）以"贩茶为业"；都匀府之水家苗"近有读书、经商者"；黎平洪州苗，女子善织"葛州布"，"多集于市"。总之，外省商人在贵州的商业贸易活动对贵州的经济社会发展起到了巨大的促进作用。

清代贵州市场初探[*]

清代，贵州地区的商品经济有一定程度的发展。相应地，城乡市场网络体系逐步形成和发展起来。这一时期的城乡市场分为农村场市、商业城镇和区域中心市场三个不同层次，构成了一个比较完整、复杂多变的贵州地区的市场网络体系，推动了这一时期贵州商品经济的发展。

一 农村场市

农村场市即遍及贵州全省各地的农村集市。集市在贵州称为"场"。《黔南识略》载："黔人谓市为场"，称赶集为"赶场"。它是地方小市场，半径范围不出一日往返之遥，是农村小区域内的"经济中心地"，也是农民之间、农民和手工业者之间互通有无的一种贸易场所。这种市场"是农产品和手工业品向上流动进入市场体系中较高范围的起点，也是供农民消费的输入品向下流动的终点"。^①小农售卖农副产品、手工业品，购买生产资料、生活资料乃至口粮，都要通过集市才能完成。小农经济的商品化程度越高，对市场的依赖程度就越高，农村集市的发展就越快。清代，贵州地区随着商品经济的发展，城乡物资交流范围扩大，数量增多，全省各地的"场数"有明显增

---

* 本文发表于《贵州财经学院学报》2005 年第 3 期。

① ［美］施坚雅著：《中国农村的市场和社会结构》，史建云等译，中国社会科学出版社 1998 年版，第 6 页。

加。如镇宁州，在明代仅有 5 个集场，清末增加到 40 个。永宁州（今关岭县境内）在乾隆四十二年（1777）只有集市 15 个，至道光末年（1850）增加到 29 个。① 遵义府所属州县的场市在明代仅有十多个，清代道光年间增加到 246 个。② 不仅经济较为发达地区如此，边远少数民族山区各县农村集市也有增加，如边远的贞丰州道光时亦有 21 个集市。

全省农村集市的设置大多在农村村镇内，与农村经济联系密切，遍及农村各地。但各府厅州县集市数目多寡各异，有的地方多达几十个甚至上百个（如遵义府），有的地方仅有几个。乾隆、道光年间，各地场市数目大致情况如下：

场市数目在 1—4 个的州县为：罗斛、丹江、凯里、都江、石阡、清江、古州、八寨、长寨、正安、麻哈、贵定、清溪县；

场市数目在 5—10 个的厅州县为：铜仁县、清平、龙里、平越、都匀、思南、水城、台拱、大塘、广顺、独山、册亨、三脚屯、湄潭、毕节、贵筑、印江、滇镇、安平、绥阳、桐梓、余庆；

场市数目在 11—15 个的厅州县：思州、都匀府亲辖、仁怀厅（今赤水）、永宁、平远、威宁、普安县、普定县、瓮安、天柱、安南；

场市数目在 16—20 个的州县：修文、开州、定番州、大定、黔西、龙泉、安化、归化；

场市数目超过 21 个以上的州县：镇远、普安厅、镇宁、黄平、贞丰、荔波、务川、仁怀。

全省场市最多的是镇宁（40 个），其次为普安厅，共有场市 38 个，"城内一，余分布四乡"；③ 最少者为丹江、凯里、罗斛和都江，全境仅有 1 个场市。

清代贵州全省场市增多的主要原因有如下几个方面：其一，是商

---

① 贵州通史编委会：《贵州通史》，当代中国出版社 2002 年版，第 226 页。

② 贵州 600 年经济史编委会：《贵州 600 年经济史》，贵州人民出版社 1998 年版，第 189 页。

③ （清）爱必达、罗绕典纂：《黔南识略》，贵州人民出版社 1992 年版，第 239 页。

品经济，特别是农村商品生产确实有比较明显的发展，商品交换的数量增多，范围不断扩大，要求有更多的集市作为不同领域、城乡之间交换的场所。列宁曾经指出："哪里有社会分工和商品生产，哪里就有市场；社会分工和商品生产发展到什么程度，市场就发展到什么程度。"① 商品生产和交换越发展，市场就越大。清代的贵州农业商品性生产较往代有显著发展。特别是 19 世纪中叶之后，由于外国资本主义加强了对贵州农副产品的掠夺，农副产品的出口增加，农业生产内部出现了多样化，经济作物种植面积逐渐扩大，农村家庭手工业比较发达，从而为全省各地集市提供了较为丰富的商品。主要表现为青冈、桑树、棉花、蓝靛、桐油、艾粉、五倍子、茶叶、烟叶、木耳、皮革、猪鬃和鸦片等经济作物的种植和出售都有较大的增长；谷物、小麦、油料、豆类作物的商品率也有了明显提高。道光年间，绥阳的银丝面"商人多贩至湖南、（湖）北、四川"。"茅台烧房……所费山粮（每年）不下二万石。"② 这说明商品性粮食生产已有较大程度发展。其二，人口的增长和城镇非农业人口的增加，地租、赋税的加重，一部分地区粮食短缺，从而对农村市场的需求提出了新的要求。作为生产与消费中介的市场，不仅决定于生产，而且也决定于消费。没有生产，就不可能有提供交换的商品；没有消费，商品也就只能停留在市场上，不能成为现实的商品。因此，这个时期的场市（主要是农村集市），不仅要满足一部分人对农产品的生活消费需要，而且要满足一部分手工业者对农产品的生产消费需要；另一部分农民还必须通过农产品和家庭手工业品交换实现货币收入，购买自己所必需的生产资料和生活资料，缴纳地租和赋税。在这种情况下，广大农民对市场的依赖程度日益加深，遍布农村各地的各种场市的兴旺发达，是商品经济发展的重要特征和必然结果。其三，"开辟苗疆"所致。清雍乾时期在新辟苗疆驻扎重兵防守并派流官管辖。官府和军队的日常所

---

① 《列宁全集》第 1 卷，人民出版社 1984 年版，第 79 页。
② （清）郑珍、莫友芝纂：（道光）《遵义府志》卷 17，清道光二十一年（1841）刻本。

需，有相当部分依靠外部商贩供应。大批商贩进入苗疆经商贸易，导致集市在这些地区的出现与形成并逐步扩大。

在广大的贵州农村场市，赶场的既有当地农民，也有流动商贩，还有一些坐商店铺。为了便于农民和商贩购销商品，各地场市错开集期，有的以一、六日为集期，有的以二、七日为集期，有的以三、八日为集期，多半一旬赶两集，也有一旬一集。这种农村场市是商品物流的起点和终点，主要具有保障供给的经济功能。它们多半分布在距府州县城约 100 里以内的半径之中，各地农民赶场的距离多数在 10 里之内（也有的在 15 里之上），以府州县城为中心形成一个点面结合的经济体系；同时，每个农村集场也是一个小范围的经济中心，辐射并统领周围村落。这样，府州县城通过各地场市就可以辐射一个较大的区域，实现城乡商品交换的功能。

二　商业城镇

贵州省一般的府州县城和一些大的集镇，都属于"商业城镇"这种类型。这种市场也可称为"市镇"。与农村场市不同，府州县城作为当地的政治、经济、文化活动的中心，人口众多，有固定的机关、街坊、商铺，仕农工商多聚集于此，有经常性的集市；贸易、商务都较一般场市为盛。这是一方面；另一方面，府州县城镇，多半地处交通要道，农副产品和城镇手工业品、工业品交换频繁，城乡间经济联系十分紧密，农村商品流通依靠这些城镇的辐射力和吸引力得到进一步扩大。因此，这些府州县城镇市场渐趋繁荣，成为地区性城乡商品流通的中心地。它在三种类型的市场结构中的作用就是，"在商品和劳务向上向下两方的垂直流动中都处于中间地位"。① 换言之，作为地区性商业中心的"商业城镇"，在商品流通中发挥着承上启下的作用，

---

① ［美］施坚雅著：《中国农村的市场和社会结构》，史建云等译，中国社会科学出版社 1998 年版，第 7 页。

并且"这些城市市场，反映真正商品流通的扩大"。① 商业城镇的经济功能主要是：①满足人们生产生活的日用所需；②贩运贸易，起着集散市场和中转市场的作用。以清镇县为例，清镇为贵阳西大门，明朝为威清卫，故居民多为军卫后裔，商品意识较强。民国《贵州通志》载："居田者，以耕织为业；城市者，以商贩为生。务本逐末者，恒相半焉。"清镇县属之鸭池河经营"盐号、布号、花行者颇多"，商贸繁盛，故清代在鸭池河设关税一所，年征税金1366两。② 清代地方商税原则上是每价银一两，税银三分，即税率为3%。如按此税率折算，乾隆、道光时清镇县城集市商品年均交易额约为45533.33两。该县及邻近各地生产制作的产品，如桐油、茶叶、纸、棉及丝织品等土特产品，销往邻县及省城等地，数量相当可观。同时，外地的盐、棉花等商品源源不断地运入清镇县城，再由县城转运到各地消费。

府州县城既是当地的政治、经济文化中心，又作为地区性的商业中心，或为某种商品的加工、集散中心。因此，清代贵州商业城镇中最多的是地方供需型城镇和商业转运型城镇。如普安县，地处云贵广西三省之交，为"滇黔锁钥"，"民习俗不一，专事商贾"。据《黔南职方纪略》卷2载："厅城贸易、手艺客民共一千三百二十六户"，商业颇为繁荣，仅盐税一项额征正羡税银416两；而通过普安县城的百货土药征厘金达280两。清代中后期，川盐入黔促进了商业发展，一些具有商品集散功能的市、镇涌现出来。"黔北四大镇"（即民间所称"一打鼓、二永兴、三茅台、四鸭溪"）的兴起就证明了这一点。值得一提的是，茅台镇由于川盐运黔的推动，其商业地位日趋重要。不少陕西、山西盐商积巨资在这里设号，多以贩盐致富。道光年间，茅台镇已成为贵州相当发达的商业城镇。清人郑珍有诗为证，"蜀盐走贵州，秦商聚茅台"，"酒冠黔人国，盐登赤虺河"。③

其他如黔西南的安龙、册亨、望谟、贞丰及黔南的都匀、独山、

---

① 吴承明：《中国的现代化：市场与社会》，三联书店2001年版，第114页。
② （清）爱必达、罗绕典纂：《黔南识略》，贵州人民出版社1992年版，第69页。
③ 龙先绪：《巢经巢诗钞注释》卷6，贵州人民出版社2002年版，第237页。

荔波等清代后期崛起的城市，由于洋、广货的大量输入，土特产品及鸦片大量外运，推动商业渐兴，发展为比较繁荣的商业城镇，成为本地区城乡商品流通的中心和物资集散地。这种由城镇形成的初级商品集散地，在贵州占有相当数量。如黔东南苗族聚居区的凯里，也是属于这一类重要商品市场。咸丰年间，大批汉人进入凯里从事经商活动，经营绸布的商行有 40 多家，经营百货的共 50 多家。许多商家不仅携带巨资在本地收购桐油、药材、牛皮等土特产品外运销售，而且从外面带来大批广洋杂货。此外，铜仁万山、普安回龙湾汞矿区的回龙场、开阳白马洞汞矿区的两流泉这三处新兴的汞矿交易市场也是属于这种初级商品集散市场。史载"两流泉为川黔湘古道交叉点"，故商品交换盛极一时。其中，"汞商则十之八九皆江西两湖人"，"川之盐商，赣鄂之布商，荟萃其地，富商大贾，终岁云集"，汞的交易量较大，"每场在三百担以上"。①

三　区域中心市场

在农村场市和商业城镇空前增长的基础上，贵州区域中心市场也有显著发展。这是清代贵州市场层级的最高一级，不仅规模较大，而且具有较为完善的功能，能辐射全省甚至周边省份的特定区域。它把全省农村的场市、商业城镇联系起来，调剂着全省商品余缺并代表本区域与其他区域市场进行商品交换，属于较场市、商业城镇高一级的市场形态，如贵阳、安顺、遵义、兴义、镇远、思南等城市。清代贵州的区域中心市场分布在水陆交通干道沿线。与场市和商业城镇相比，区域中心市场"通常在流通网络中处于战略性地位，有重要的批发职能。它的设施，一方面，是为了接受输入商品并将其分散到它的下属区域去；另一方面，为了收集地方产品并将其输往其他中心市场

---

① （民国）解幼莹修，钟景贤纂：《开阳县志稿》第四章，民国二十九年（1940）贵阳印刷所铅印本。

或更高一级的都市中心"。① 这些市场集中了大量的城市消费人口，商业的消费性特点极强；零售商业、土特山货加工、茶楼酒肆、旅馆店铺等服务性行业非常发达，使之不仅成为区域性大宗商品集散市场，而且是代表区域商品经济发展程度较高的消费中心。

例如贵阳，不仅地处全省的中心位置，而且又在交通干线的交会点上，具有明显的区位优势。早在明末天启年间，贵阳城内外就形成了14个坊市，商业繁华，"百货聚焉"。清代，贵阳的街市在前代的基础上又有很大发展，内城街道、外城街道和近城街道共123条。南大街、北大街横贯贵阳全城，商业颇为繁荣，许缵曾《滇行纪程》称："自南至北，街道甚宽，市肆咸聚。"随着商业贸易的不断发展，同一行业的商贩往往聚集在同一街市，逐渐形成了一些独具特色的专业市场。例如，盐商集中在盐行街，珠宝商集中在珠石巷等。道光年间，"会城百工骈集，然皆来自他省。革工尤为天下所重。商贾则江西、湖南人为多"。② 19世纪中叶之后，作为全省最大的商品集散地，贵阳已成为食盐、布匹、丝绸、山货、药材、皮革、广洋杂货等重要商品交换的最重要区域中心市场。为了贸易方便，也为了给同乡提供帮助，来自外省的商人都在贵阳建立会馆。其中又以江西会馆和湖南会馆势力最大。各地商人不仅建立会馆，往往还结成商帮，联手控制某一行业。如陕西帮多开当铺，山西帮多开钱庄，江西帮多卖菜油、瓷器，广东帮和福建帮多进行长途贩运等。到清末，贵阳"七十二行"的商业格局已基本形成。③

值得注意的是，区域中心市场内的"城乡交换，反映一定的工农业产品的交换"，"这种交换代表真正的社会分工，也是自然经济瓦解的前兆"。④ 因此，区域中心市场的形成，既表明商品经济有一定程度的发展，反过来又促进商品经济更快发展。如安顺，位于滇黔道上，

① ［美］施坚雅著：《中国农村的市场和社会结构》，史建云等译，中国社会科学出版社1998年版，第8页。

② （清）周作楫修，萧官等纂：道光《贵阳府志》卷29，咸丰二年（1852）刻本。

③ 贵阳市志编委会：《贵阳市志·商业志》，贵州人民出版社1994年版，第2页。

④ 吴承明：《中国的现代化：市场与社会》，三联书店2001年版，第115页。

"地踞省城上游，为滇南孔道，真腹地中之雄郡也"。① 早在明代，安顺的商业就相当繁荣，许缵曾《滇行纪程》称安顺"贾人云集，远胜贵阳"；城内外有各种商品市场，交换的商品有手工业品、农产品，还有大宗牲畜贸易。清代，安顺商贸业又有新的发展，"黔滇楚蜀之货日接于道，故商贾多聚焉"。这一时期在安顺市场上交易的大宗商品主要是丝绸、棉布、盐、洋纱洋布、鸦片和其他土特山货。安顺素重纺织，道光年间就已成为贵州棉纺织品生产和贸易中心，城内有5个"市"，其中有三个棉花市，一个土布市，一个粮食市，经营绸布的商号已有80多家，至晚清绸布店增至248家。据称"安顺对洋纱的需要量甚大……估计每年出售的进口棉纱有三千包至四千包之间，而且是求过于供"。② 不仅如此，安顺还是贵州鸦片的集散重镇，"光绪初年，鸦片运行郡城，商业逐渐发达，两湖两广之商人遂联翩而至，皆以贩运鸦片为大宗"。③

遵义，素有"黔北锁钥"之称，"其地沃饶，冠于全省"，粮产丰富而兼有山林、矿坑之利。因此，清朝时期，遵义的商业活动颇为繁荣，成为贵州又一个区域中心市场。清代道光年间，遵义已成为贵州丝绸生产、贸易中心。史载："郡境弥山漫谷，一望蚕丛，丝之值倍茧，绸之值倍丝。其利甲于黔省，其绸行于荆蜀吴越间矣。"④ 由于遵义丝绸价廉物美，各地商贩竞相贩运，"稗贩骈陛，远走数千里外，价视吴绫、蜀锦廉而性坚韧"。⑤ 当时，"秦晋之商，闽粤之贾，又时以茧成来带鬶，捆载以去，与桑丝相掺杂，为绉越纪缚之属"。遵义丝绸不仅物美价廉，且交易规模颇大。"最好的绸子每年贸易额约达50万两，二等及三等绸子的贸易额也有50万两"。⑥ 清末，遵义还是贵州销售洋布的第二大市场，经营洋纱、洋布的大商行就有"同庆

① （清）爱必达、罗绕典纂：《黔南识略》，贵州人民出版社1992年版，第282页。
② 彭泽益：《中国近代手工业史资料》，中华书局1984年版，第248页。
③ （民国）黄元操、任可澄纂：（民国）《续修安顺府志初稿》，《民生志》，民国稿本。
④ （清）爱必达、罗绕典纂：《黔南识略》，贵州人民出版社1992年版，第244页。
⑤ （清）吴振域：《黔语》，贵州人民出版社1987年版，第366页。
⑥ 彭泽益：《中国近代手工业史资料》，中华书局1984年版，第93页。

行"、"天顺祥"、"福生祥"等 11 家，这些商行经营的洋布品种主要
是美国"金狗牌"标布，英国阴丹布和日本花布。川盐入黔进一步激
活了遵义的商品经济，遵义的区域中心市场地位日显重要。史称遵义
府"田赋关税抵黔之半境"；由知府直管的税口 19 处，仅盐税一项每
年征银多达 5600 多两。

兴义，"其境地西接滇，南倚粤"，又"地居滇省冲途"，"四通
八达，江广川楚客民源源而至者，日盛月增"。由于道通滇省，自罗
平到蒙自仅七八站，路即通商，"滇民之以花易布者源源而来"。道光
年间，兴义已发展成为贵州新的棉纺织城镇和棉纺织品新的重要交换
市场。19 世纪中叶之后，兴义的棉纺织业日趋繁荣，19 世纪 60 年代
初，城内从事纺织者，约占居民数的 10%，至 70 年代中期增加到
20%，到 90 年代中期则猛升到 80%。仅城内就有织机 3000 余架，织
工数千人。① 当时的布匹除在本地销售外，大部分外运广西和云南。
运到云南，多销往罗平、师宗、泸西、富源等地。不仅如此，湖北、
四川等省商人也贩运棉花来此交易，以牟取厚利。总之，兴义由于交
通四通八达，省内外商人络绎不绝，城内商行林立，进出货物车水马
龙，吸引了大量人口在这里从事商品生产和贸易活动。它是黔西南地
区商业最繁盛的地方，已取代安龙成为贵州西南的商业中心和滇黔桂
道上重要的物资集散地。

镇远，"盖自楚来者，至此而陆，自滇来者，又至此而舟"②，实
为"滇黔门户"和"水陆之会"，故"舟车辐辏，货物聚集"。元明
两代，镇远即为滇铜、黔铅和浙、淮盐的集散地，商业繁盛一时，到
清末已成为"黔省之冠"。由于外省客商按籍贯、属地集结成市，致
使镇远有辰州市、南京市、江西市、抚州市、普定市之称。③

思南，上接乌江，下通楚蜀，地处邻省"商贾贸易之咽喉"。婺
川有茶、桐、水银、朱砂、漆之利，"而漆之利更广，四乡所出，岁

---

① 贵州通史编委会：《贵州通史》，当代中国出版社 2002 年版，第 574 页。

② （清）爱必达、罗绕典纂：《黔南识略》，贵州人民出版社 1992 年版，第 124 页。

③ 贵州 600 年经济史编委会：《贵州 600 年经济史》，贵州人民出版社 1998 年版，第
185 页。

不下数万金";① 蒲溪产铅，安化、印江遍栽桐、卷树、漆树等，桐、卷摘子取油，"夏秋之间，商贾辐辏"，"人咸集贸易"。更重要的是川盐由涪陵逆乌江运销贵州，思南是川盐运黔涪岸的终点，龚滩盐税"每年获利数万"，商业堪称繁荣。史载："黔中诸郡皆荒凉，惟思南府最盛，有水道通舟楫，货物俱集而人文亦可观。"② 川陕商贩常来思南府收购桐油、木油、灯草、土布等至涪陵、常德销售；江西商人在思南府城开设源荣号、十柱号、安家号、万家号、大盐号等十多家大商号，收购当地的农副产品和土特山货贩运至省外售卖，同时从外省运来洋广杂货，经过思南府城这个区域中心市场分销至贵州各地。

四 结论

综上所述，清代贵州商品市场，就其层级结构来说，可分为农村场市、商业城镇和区域中心市场三种类型。这三种类型的市场组成了清代贵州的市场网络体系，它是随着商品经济的发展而发展的。就其交换内容看，生活消费品（农副产品、土特山货、手工业日用品）市场面广量大，占统治地位，而生产资料市场很小。就其发育程度而言，农副产品的交易已打破地产地销、孤立闭塞的局面，长途贩运已兴起，商品交易范围不断扩大；出现了既有处于商品经济发达地区的、具有一定吸引力和辐射力的跨地区的市场（如黔北的遵义、黔中的贵阳等城市），也有处于商品经济不发达地区的市场（如黎平府的古州，都匀府的独山州等）。就其地区分布来看，市场的发展具有不平衡性，形成了以贵阳为中心由西到东、由北至南的梯度式发展的市场格局。这些都是由贵州各地自然资源、生产力布局、生产力发展水平以及交通条件等方面的不平衡性决定的。需要指出的是，上述农村场市、商业城镇和区域中心市场组成了一个覆盖全省、沟通邻近省区

---

① （清）爱必达、罗绕典纂：《黔南识略》，贵州人民出版社 1992 年版，第 141 页。
② （清）陈鼎纂，杨汉辉等点校：《黔游记》，贵州人民出版社 1997 年版，第 431 页。

的市场网络，是清代贵州商品经济发展的一个重要表现。在这个市场网络体系中，农村场市网是清代贵州商品流通网中一个极为重要的组成部分。正是这一基层集市网与处于流通干线上的商业城镇和区域中心市场相联系，沟通城乡市场甚至全国市场，使几乎每一州县，甚至每一村落，都可与其他区域甚至省外区域进行经济联系。

清代贵州制度变迁的动因、特征及其与财政经济的关系述论*

一　清代贵州制度变迁的动因

新制度经济学认为，当在现有的制度下，由外部性、规模经济、风险和交易费用所引起的收入的潜在增加不能内在化时，一种新制度的创新可能允许获取这些潜在收入的增加。也就是说，当存在潜在利润时，要获取它们就必须进行制度创新，这样才能实现外部潜在利润的内在化，使社会净收益增加。清代贵州制度变迁也是为了使外部潜在利润内在化。

（一）制度变迁需求的内生性

清代贵州制度变迁需求主要是由内部因素决定的。制度安排作为一种公共物品，如果没有对一种新的制度安排的内在需求，大规模的制度变迁是不可能发生的，即使设计出新的制度安排也不能生根下来并发挥应有的制度效应。清代对贵州驿道干线的整顿以及"改驿设铺"等制度变迁，对通往邻省的水路的疏通治理，既是清廷加强对贵州以至整个西南统治，强化军事控制的要求，也是在全国基本统一、各地区之间的交往日益密切的大背景下，贵州经济社会的需要。因为发展不能在一个封闭的环境中进行，要不断与外界进行信息和各种要素的交流。至于"改土归流"和调整完善行政建置，是清廷为了更有

＊　本文发表于《新西部》2011 年第 9 期（下旬理论版）。

效地治理贵州才进行的制度变迁。平定"三藩"之乱后，为了安定人心，减少统治成本，在贵州许多地区仍然利用土司对少数民族进行统治。到雍正年间，随着社会的逐步稳定和经济的发展，土司制度的弊端已越来越暴露无遗，特别是黔东南一带号称千里"苗疆"的地区仍然是一个所谓"化外"的"生界"地区，这种状况对加强中央集权、统治贵州和巩固西南非常不利。正因为在治理贵州和西南的过程中存在未解决的重要问题，才"内生"地产生了制度变迁的要求，而"改土归流"、开辟苗疆以及完善贵州的行政建置等，不过是对这些问题和要求的一种反应方式。其他的制度变迁如赋役制度变迁、鼓励移民垦荒、金融制度变迁以及实施鼓励农业、工矿业和商业发展的政策措施，也是如此。

（二） 制度变迁的直接原因

清代贵州制度变迁的直接原因可分为两个方面：一是从政治方面来看，制度变迁的首要目的是加强对贵州的统治，实行有效的军事控制。政治制度变迁是这样，经济制度变迁最终也是为政治统治服务的。仍以改土归流为例。清初，清廷在贵州的统治还很不稳定。清廷统一贵州后，仍沿袭明制在少数民族地区实行土司制度。这是为了在整体上将贵州全部纳入中央王朝的统治范围以减少各少数民族对清廷的阻力、降低统治成本的"权宜之计"。这种过渡性的土司制度对于当时维护中央王朝对贵州的统一具有重要意义。但后来土司制度与社会经济发展的要求越来越不相适应，如土司地区的财赋收入全由辖区的土官征收，这些财政收入当然由土司把持；土司府还私设牢房和制定各种法令规章，并建立土司武装，可以任意处置辖区内的属民；有的土司甚至公开对抗朝廷；土司之间时有仇杀发生，并经常挑起民族矛盾，非常不利于民族地区的稳定。土司制度对加强中央集权，实现对贵州乃至西南地区的长治久安就构成了一个威胁。因此，必然要废除土司制度，代之以利于中央王朝统治的流官制度。其他制度变迁如开辟苗疆、整顿交通、调整完善行政建置、在新辟"苗疆"实行屯军制度等，无一不是为了加强政治统治和军事目的之需要。开辟苗疆首先是为了将这一苗族地区纳入中央王朝的统治，其次是黔东南这一地区在贵州所处的重要战略地位。因为这一地区位于湘黔、滇黔驿道交通干道沿线，从云南经过贵州到湖南、湖北都要通过这一通道，并且从这里还有水路通往湖南和广西。所以要统治贵州并长期巩固西南地区，必须开辟苗疆，并布防驻军把守，建立基层汛塘制度，实行新的屯卫制度。

二是从财政收入方面来看，制度变迁有直接的财政压力原因，是为了增加贵州地方政府的财政收入。由于自然地理、历史等原因，贵州的经济社会落后，财政收入很少。清代前中期每年全省收入在 18 万—20 万两银；而年支出达 90 多万两，军费开支占很大的比重，仅兵饷每年就需 50 多万两银。巨大的军费开支成了高额财政支出的直接原因。收支相抵，每年不敷支出 70 多万两银。至清末，贵州的财政收入有所增加，但支出增长更快，每年不敷支出银超过清代中前期，多达 90 多万两。所以清代贵州财政入不敷出是常态。每年财政支出缺额依赖中央王朝从外省调拨协饷来解决。清代贵州历任地方官员都面临财政压力问题。因此，如何开辟财源，增加地方财政收入就成为制度变迁的直接原因。清代，中央王朝为了巩固在贵州的统治，实施一系列以扩大财政税收为目标的制度变迁。无论是"鼓励开垦、与民休息"的农业政策的颁布实施，还是对手工业、矿业和商业政策的调整或管制等，无一不是着眼于财政税收这个中心目标。也就是说，清政府所关注的焦点问题，并非如何发展贵州的农业、手工业和商业，而是如何增加税收、开辟税源才推行相应的制度变迁。在"改土归流"中，"清查田土，以增租赋"就成为直接的经济原因和目的。在调整行政建置中把原属于四川省的遵义府划归贵州管辖，也是为了给贫穷的贵州增加一些赋税收入。因为遵义府土地肥沃，经济发展水平较高，"富甲全省"。而实行地丁制度，也是为了增加收入。开辟苗疆也有经济因素，苗疆广阔的地域内盛产桐油、木材等土特山货，与外界交换可增加不少赋税收入。此外，对贵州矿业政策的调整和实施，移民垦荒、鼓励发展手工业，实行盐政制度改革，开征厘金税和土药税，以及金融制度的变迁等，无一不是为了增加财政收入。

制度变迁是一个制度创新的过程。清代贵州制度变迁既有政治制度变迁又有经济制度变迁，变迁的过程也非常复杂。主要表现出如下一些特征：

1. 强制性制度变迁与诱致性制度变迁相结合

强制性制度变迁是由政府命令和法律引入实现的。强制性制度变迁的主体是国家。国家的基本功能是提供法律和秩序，并保护产权以换取税收。清代贵州的制度变迁明显地表现为强制性变迁。特别是改土归流、开辟苗疆、调整和完善行政建置、新设屯卫等政治制度变迁和赋役制度改革、移民垦荒、开征厘金和土药税，实行盐政、金融改革等经济制度变迁是在清廷中央的统一领导下进行的自上而下的制度变迁，清王朝的政策、法令主导着制度变迁的方向和路径，并凭借其强制力推动制度变迁，减少变迁的阻力，在制度变迁中降低组织成本和实施成本。

但是清代贵州制度变迁并不是单纯的强制性变迁，而是强制性制度变迁与诱致性制度变迁相结合。如政府推行移民垦荒政策，这是一项强制性制度变迁。当一些人率先去开垦荒地时，政府对其田土给予产权界定并发给执照，使其"永为己业"，并在田赋上实行 6 年或 10 年升科，又贷给牛和种子等。这些优惠政策的实施提高了农民的生产积极性。于是，越来越多的农民和外省移民都因为利益驱动而"响应"政府号召，开垦荒芜土地。这一过程又具有诱致性变迁的性质。为了开辟新的财源增加财政收入，也为了解决人口过多的问题，贵州地方政府和不少地方官员倡导并鼓励发展各种手工业，如通过示范、"设局雇匠"教民纺织，对勤于纺织者给予奖励，鼓励民众种桑养蚕。这是一个诱致性制度变迁过程，通过长期的示范、引导和推广，贵州不少地方的民众纷纷从事丝织业和棉纺业，使清代贵州的棉纺织、丝织业一度勃兴。

值得一提的是，西方列强的政治经济入侵以及一系列不平等条约的签订，在条约制度的背景下，他们能深入贵州各地倾销商品并掠夺原料，这是一个外部性的强制性制度变迁，同时也是一个诱致性制度变迁。实施"条约制度"，通过倾销商品并掠夺原料将贵州强行和世界市场联系起来，这是一个强制性制度变迁。同时，倾销商品并掠夺原料，一方面使贵州地方的自然经济解体速度加快，部分地区耕与织、纺与织相分离；另一方面，商品性农业如种植经济作物不断扩大，部分手工业如织布业、造纸、榨油业等得到更快发展，流通业也越来越发达，这也是一个诱致性的变迁过程。

2. 宏观制度变迁与微观制度变迁相结合

清代，贵州的许多制度变迁都呈现出从宏观领域到微观领域的制度变迁特征。从改土归流来看，不但变土司统治为中央政府委派的流官管理，也调整了生产关系，由封建领主制变为地主制经济；不仅封建国家的财政税收体制发生了变动，即封建政府不但向原土司领地的属民征税，而且在微观经济运行方面发生了变革：贵州地方政府要重新大面积丈量原土司领地的土地，整顿赋税，清理钱粮，编审人口，实行统一税收政策，规定各府、厅、州、县按亩征税。又如，在改土归流中开辟苗疆，将这一地区纳入中央王朝的统治，这是一种宏观的制度变迁，但同时在微观制度层面也发生创新：新设立苗疆"六厅"不仅牵涉到人口管理和赋税管理机制的变化，在各村落建立了保甲制度，而且连黔东南苗疆地区绿营兵的布防也有调整，镇协营汛基层设置作了变更，并在基层建立了汛塘制度，更有利于清军对苗疆的军事控制。

3. 政治制度变迁与经济制度变迁相结合

清代贵州制度变迁是政治制度变迁与经济制度变迁相结合的。改土归流既是政治制度变迁又是经济制度变迁；调整行政建置、以改驿设铺为标志的陆路交通的整治和水路交通的疏浚开通等是政治制度变迁。经济制度变迁则包括赋税制度改革、盐政改革、金融制度，以及推行的有利于农业、工商业发展的政策措施。这实际上不是单项的制度变迁，而是制度结构的演进过程。在这些制度变迁过程中，政治制度变迁与经济制度变迁相互依存、相互促进。政治制度变迁为经济制度变迁和经济发展提供条件。清代完成贵州行政建置的调整、改土归流和开辟"苗疆"，水陆交通道路的改善，强化了清廷中央高度集权的封建统治并实现了在贵州地方建立一个统一有序的政治体系的目标，这些政治制度变迁对贵州经济制度变迁的推进产生了积极影响。

如有利于地方当局鼓励移民、奖励垦荒，一度实行轻徭薄赋政策，使贵州经济迅速得以恢复。只有在政治制度变迁后实现了社会的稳定，才可能进行赋役制度、盐政制度、金融制度变迁，实行鼓励经济发展的政策。而经济制度的变迁以及发展经济的政策措施的实行，推动了经济的发展，给贵州各族人民带来了实惠，保证了政治制度的顺利完成并巩固了政治改革的成果，西南边疆从此更加稳定。

4. 制度变迁中的路径依赖性

清代贵州制度变迁是在特定的政治、经济、历史和文化背景下进行的，同时也是在特定的法律和制度基础上进行的，这就使制度变迁容易产生自我强化的倾向，形成路径依赖。这种路径依赖性既是清代贵州制度变迁中显示出来的一个突出特征，同时又对清代贵州整个制度变迁进程产生深刻影响。

路径依赖就类似于人的行为"习惯"，一旦养成就很难改变。沿着既有的路径，政治和经济制度的变迁可能进入良性循环的轨道并迅速优化，也可能沿着错误的路径走下去，甚至被锁定在某种无效率的状态中。新制度经济学家诺思指出："有两种力量会规范制度变迁的路线：一种是收益递增，另一种是由显著的交易费用所确定的不完全市场。"[1] 初始的选择即使是偶然的，如果能带来"报酬递增"，结果就强化了这一制度的刺激和惯性；另外，由于交易费用的存在使大量没有绩效的制度变迁陷入闭锁状态而长期存在。所以路径依赖原理揭示：历史是重要的。"人们过去作出的选择决定了他们现在可能的选择。"[2] 正如诺思告诉我们的："路径依赖性意味着历史是重要的。如果不回顾制度变迁的渐进演化，我们就不可能理解当今的选择。"[3]

路径依赖形成的深层原因有两个方面：一个是利益集团的制约，另一个是非正式制度的影响。任何一项制度安排都会形成某种与这种

① 诺思著：《制度、制度变迁与经济绩效》，刘守英译，上海三联书店1994年版，第127页。

② 诺思：《经济史中的结构与变迁》，上海三联书店1994年版，中译本序。

③ 诺思著：《制度、制度变迁与经济绩效》，刘守英译，上海三联书店1994年版，第134页。

制度休戚与共的既得利益集团，他们会尽力巩固和维护现存的制度，阻挠制度变迁，哪怕新的制度安排更有效率。因为变革现有制度会损害他们的既得利益。所以制度变迁不可能完全按照新的制度设计进行，而是旧制度得到一定程度的保留，表现出制度变迁的路径依赖性。清代贵州赋役制度变迁过程及其结果就是最好的说明。贵州是全国当时推行地丁制度最晚的省，直到乾隆四十二年（1777）才推行，并且只在部分府州县实施。其他大部分府州县仍实行地赋和丁银分征的做法。这是由于贵州地方政府及其官员集团的利益与中央王朝的利益并非完全一致，地方政府及其官员集团极力维护他们自己的利益，加上其他因素的制约，使地赋和丁银分征这一旧制度因素在新的制度安排中延续下去。非正式制度也是形成路径依赖的一个重要因素，因为非正式制度在制度渐进的演进方式中起着重要作用。人们在原有制度条件下所形成的价值观念、行为习惯和文化传统等意识形态是一种相对稳定的因素，当新的制度安排取代旧的制度时，人们相对稳定的意识形态不会立即改变，而是继续存在于人们的头脑和行为习惯中并对新的制度产生重要影响，使新的制度安排或多或少保留原来制度的一些因素。路径依赖性在制度变迁中也表现出两种作用：一是积极作用。有些路径依赖可以降低制度变迁中的选择成本，减少变迁中的矛盾和阻力，提高制度变迁的效率。二是消极作用。有些路径依赖是制度变迁的阻碍因素，会增大制度变迁的阻力和矛盾，使制度变迁的成本增加，甚至会使制度变迁扭曲变形，把制度变迁引向旧的制度轨道。

如改土归流，这一清代贵州最大的制度变迁，就非常明显地体现出制度变迁中的路径依赖性特征。清政府统一贵州后，最初沿袭明制，在贵州实行土流并治。康熙年间，对当时贵州的大土司水西土司进行改土归流，但即使这样，水西地区仍保留不少中小土司，其他地区仍沿袭土流并治旧制；雍正年间，又对贵州的土司进行了大规模的改流，这次改土归流不是"一刀切"，有的改了有的未改，改流的程度也不一样。之后，贵州仍保留了不少土司，依旧是实行"土流并治"直到清末。不过，雍正后的"土流并治"与以前的土流并治有本质上的不同。贵州改土归流中的路径依赖性形成的原因有多方面：既有历史的原因（原来的制度选择对现在制度选择的影响），又有利益集团的制约（损害各地土司利益，他们会拼命抵抗，无数次大小土司的反叛就是例证）所造成的"显著的交易费用"，还有非正式约束（原土司领地的属民其思想观念一时不易接受"外来"流官治理）。为了降低制度变迁的交易成本，减小变迁中的矛盾和阻力，利用土民惧怕土司的有利"路径依赖"，借助土司更有效地统治土民，所以即使经过多次改土归流，贵州仍然保留众多土司土目。其他制度变迁也有明显的路径依赖性，如清初在贵州裁卫并县，调整行政建置，尽管在省际间的地界及所属人民作了划分调整，但大体上基本保持原貌，只是在原有基础上疆土有所扩大，人民增多，耕地面积及财政收入均有增加。清初进行过裁卫并县，但在雍正年间进行改土归流后，又在新辟苗疆新设"屯卫"制度，尽管这种屯卫制度不同于明代的屯卫，但仍带有很多明代屯卫制度的痕迹。如屯军依然是着装的农民，三分守城七分屯种，设立百户所、屯堡等。又如盐政制度变迁，乾隆时期实行四大口岸制度，光绪时期进行改革，实行"官运商销"后，仍沿袭在四大口岸运销川盐，带有明显的路径依赖性。其他制度变迁莫不如此。

二　清代贵州制度变迁与财政经济的互动关系

清代贵州制度变迁与经济发展、财政收入是一种互动的关系。清代贵州制度变迁是由财政需求推动的。也就是说，清代贵州庞大的财政支出，是贵州制度变迁的第一推动力。为了增加更多的财政收入，清廷及贵州地方政府就得扶植、培育税源，制定并推行有利于经济发展的政策和措施，实施制度变迁。制度变迁能直接影响经济发展，最终影响财政收入。当清政府供给的新的制度安排符合贵州地方经济发展规律时就推动贵州经济的发展，相应地就能增加地方财政收入。否则，就制约甚至阻碍、破坏贵州经济的发展，地方财政收入相应就下降。

（一）合理的制度变迁一定程度上促进了经济社会发展，增加财政收入

制度之所以能促进经济的增长，是因为它能对人们的行为产生激励或对人形成一种刺激，用诺思的话说就是"个人受到刺激的驱使去从事合乎社会需要的活动"。说到底，就是人们在新的制度安排下能获得额外的好处。清朝建立初期的 20 余年，连年战乱不断，贵州仍在明室官员、南明永历皇朝及吴三桂割据之下，各族人民灾难深重，处在水深火热之中。当周吴势力被消灭后，清政府统一了云贵地区，进行了"改土归流"，并实行轻徭薄赋、奖励垦荒、恢复农业生产的政策和措施；实行丈量土地、清理钱粮、改革赋税，把原来由土官管辖的土民和田地，改为流官直接管理；清查田亩，报亩升科，把由土司土目侵占的田赋税收收归国有。通过一系列制度变迁，刺激了人们生产的积极性，结果人口增加，耕地面积扩大，生产得到恢复，社会经济有所发展，增加了封建国家的赋税收入。

再如，咸同战事结束后，贵州经济社会遭到严重破坏，生产凋敝，田土荒芜，无法征收田赋。为此，贵州地方政府采取一系列措施，包括对农民休养生息、减免税收，整理田赋。官府发布通告，规定逃亡在外的田主，回原籍办理田土凭照；仍在原籍的田主须到善后局重新办理田土登记手续，领取凭照。规定要求所有田主一律照章交纳钱粮丁银。由于政府重新界定了农民田地的产权，对田赋进行了有效整顿，推行一系列有利于经济发展的政策，极大地提高了各族农民生产的积极性。经过近二十年的恢复发展，农业经济有较大改观，田赋收入比战事期间有明显增加。光绪十九年（1893），全省实收地丁银 49418 两，杂赋 1928 余两，粮折 28135 余两，耗羡银 20932 余两，合计：100413 余两。① 在新的经济政策的鼓励下，又经过 10 年的恢

---

① 梁方仲：《中国历代户口、田地、田赋统计》乙表 81，《光绪十九年各省实收田赋数》。

复发展，光绪二十九年（1903），贵州全省实征地丁银 118529 两，耗羡银 62861 两，共计 181390 两。①

（二）不合理的制度变迁阻碍甚至破坏贵州经济社会的发展，减少地方财政收入

以清末的禁烟为例，清政府为了增加税收和贪污中饱，竟以抵制洋烟入口和防止白银外流为借口，鼓励农民种植鸦片。这就是所谓"寓禁于征"的政策。从咸丰到光绪的"数十年赖种罂粟易银以补丁粮之不足"。光绪年间（1892），贵州全省每年厘金及税收仅 20 万两左右，而鸦片一项厘金约占 4/10。这就是"禁烟"越禁越多的原因。由于鸦片这种特殊商品的刺激，市场交易频繁，刺激了其他土特产品日益商品化，全省各地商品流通和交通运输均呈现畸形发展的状况。而且也破坏了农业和商品性农业的发展，因为种植鸦片所得经济利益超过种植粮食和其他经济作物，因而导致粮价高昂，影响人民的正常生产和生活。一旦禁止种植鸦片，全省经济急剧衰退，财政收入迅猛下降。

再以贵州厘金制度的建立为例，来说明制度变迁对财政经济发展的负面影响。贵州于咸丰十年（1860）开始实行厘金制度，初设厘金局 7 处，后来很快增加到 40 多处，至光绪年间增加到 50 多处，如果将全部各种局卡计算在内，总共有数百处之多。贵州厘金征收数在1861 年、1862 年时为 30 万两左右；自 1863—1872 年的 10 年间征收数额均在 15 万两以下。光绪年间如光绪二十九年（1903）、三十年（1904）征收数为 36 万两、37 万两。② 1863 年以前，即清代前中期，经过雍正、乾隆朝的治理，至嘉庆时，贵州社会转入正常和稳定，经济得到恢复，农业、手工业、商业得到较快发展，尤其是商业以前所未有的态势发展，所以钱粮收入比较正常，厘金收入达到 30 万两之多；1863—1872 年的 10 年间，厘金数的减少是由于战争导致商品经

---

① 梁方仲：《中国历代户口、田地、田赋统计》乙表 82，《光绪二十九年各省实收田赋数》。

② 《贵州省志·财政志》，贵州人民出版社 1993 年版，第 73 页。

济衰退，商品流通数量减少的缘故。咸同战事结束后，经过一系列的制度变迁和近 30 年的恢复发展，农业生产逐渐恢复，手工业、商业得到发展，商品流通数量增加，所以厘金征收数明显增加。然而，厘金的存在，加大了商品流通的成本，使商品流通的正常渠道发生扭曲，结果导致商品流通量减少。原来比较繁荣的滇黔大道，也因为厘金的缘故，商货大减。① 厘金不但为贻害民之事，亦为国家之绝大漏卮。国家所得于厘金者，不过 2/10，耗费及中饱者反得 8/10，有损于商务，无益于国库。② 所以厘金制度对清代贵州商品流通产生了极大的消极影响，其实是不利于财政收入增长的一种制度安排。

清代前期，贵州遵义地区的丝绸业发展较为迅速。但是丝绸手工业者到丝行卖丝要交较高的"行息"，商店卖丝绸要纳各种名目的捐税，商人把丝绸运出省外也遭到层层的官税盘剥。更有甚者，在道光年间，除官府按比例设税关十九处外，还私设"子口十四处，分派家人、书役稽查"。咸丰年间，官府更以"抽厘助饷"等名目剧增各种捐税，严重地削弱了遵义地区丝绸业的省内外销售市场。桐梓县在道光初年的丝绸贸易，交易额每年有"数十万金"，由于高额税收所致，自咸丰初年起，这里"皆无远商交易"，交易额仅为最好时期的20%—30%。

在矿冶业中，也因官府压价采办，课以重税，严重地损害了很多矿厂的扩大再生产甚至简单再生产，使贵州的矿业发展遭到破坏。乾隆年间，当矿冶业稍有发展时，官府就将原订的矿厂总产品二成上税，四成压价卖给官府，四成由矿商自卖的"二八抽课"制，改成为一成或四成上税，其余全部压价卖给官府的"一九"或"四六"抽课制，致使不少矿厂减产或倒闭。威宁铜川河铜矿厂，由于官府实行"一九"抽课制，余铜归官收买，每百斤给七两银，各炉户因工本不敷，大多数倒闭停厂。名目繁多的苛捐杂税严重影响贵州矿业的

① 彭泽益：《中国社会经济变迁》，中国财政经济出版社 1990 年版，第 323—379 页。
② 贝思福著：《保华全书》卷 4 第二十章，蔡尔康等译，第 9 页，转引自彭泽益《中国近代手工业史资料》第 2 卷，中华书局 1962 年版，第 305 页。

发展。

可见，政府如果实施合理的制度变迁，就能促进经济增长；经济的发展能直接增加政府的财政收入。不恰当、不合理的制度安排势必阻碍甚至破坏经济社会的发展，减少政府的财政收入。

清代云南经济的开发与商品经济的发展[*]

云南在明清时期，由于大量汉族移民的涌入，农业、手工业等得到了长足的发展。云南蕴藏大量的铜、锡、盐等资源，清代大量外来汉族移民自发涌入的一个重要原因，即在于云南矿业的开发与发展。正是由于清代云南经济在外来移民和本地居民的共同开发，云南在农业、手工业、矿业等许多领域出现了商品化的趋势，各种商帮，如"建水帮"、"蒙个帮"、"鹤庆帮"、"腾越帮"、"喜洲帮"等兴起即是云南商品经济发展的明证。

云南自古以来就是中国西南地区的对外门户，著名的古商道"西南丝绸之路"即北起今成都，途经云南后抵今印度。晚清时期，滇越铁路的开通和蒙自开关，云南对外贸易发展迅速。国外资本主义的侵入，使云南与国际市场的联系越来越紧密，商品经济也得到了进一步发展。云南商品经济之所以在清代获得巨大发展，这与当时云南的经济开发密不可分。因此，从清代云南经济的开发来探析商品经济的发展，才能了解其发展的内在动力。

一 清代云南的经济开发与生产的商品化

云南改土归流的实行，清廷采取一系列措施以适应生产关系的变化，如募民垦荒，扩大耕地面积；推广良种、发展经济作物；兴修水利，扩大灌溉面积；推广和改进牛耕技术，提高种植技术等。清政府

---

* 本文发表于《湘潭师范学院学报》（社会科学版）2008 年第 4 期。

十分重视边疆的开垦工作，顺治十八年（1661），云南被平定后，云贵总督赵延臣奏："滇、黔田土荒芜，当亟开垦。将有主荒田令本主开垦，无主荒田招民垦种，俱三年起科，该州、县给以印票，永为己业。"① 较为宽松的垦荒政策吸引了大量外来汉族移民，大批湖南、湖北、四川、贵州等省的穷困农民，不断涌入云南。史载："云南地方辽阔，深山密箐未经开发之区，多有湖南、湖北、四川、贵州穷民，往搭寨棚居住，斫树烧山，艺种苞谷之类。"② 云南经过康雍乾时期的开发，其垦田数得以剧增。《新纂云南通志》卷 138 统计：嘉庆十七年全省田地有 93151 顷，是明万历六年（1578）田地数 17993 顷的 5 倍多。

外来移民的开发、水利的兴修、复种指数的提高使云南的粮食人均产量也获得了提高，粮食产量的提高使一部分多余的劳动力转移到经济作物的种植上来。

茶叶是云南较重要的经济作物，檀萃指出："普茶，名重于天下，此滇之为产而资利赖者也，入山作茶者数十万人，茶客买卖运于各处，每盈路，可谓大钱粮矣。"③ 雍正时在思茅设立官茶局，商人经营茶叶要向官茶局领取"茶引"，每引为茶百斤，按引征收课银，每引收税银三钱三分，雍正十三年（1735）共颁发茶引三千引，共收税银960 两，乾隆年间每年颁发茶引五千引，年收税银 1500 余两，而嘉庆年间每年颁发茶引一万引，每引税银增为四钱五分，年收税银达 4500余两。茶叶是一种天然商品经济作物，云南的茶叶自古以来就销往西藏、东南亚等地。普洱茶税银在清代中叶的剧增，可知这一时期茶叶商品市场的兴盛。

云南药材资源丰富。药材是云南农村集市常见的交易品之一，也是内地商人到云南采购的主要商品。据《新纂云南通志》记载：药材、茶叶为云南输出之大宗。咸丰年间，鹤庆商人李恒春，"如渝、

---

① 《清实录·圣祖实录》卷 1。
② 道光《威远厅志》。
③ 檀萃：《滇海虞衡志》。

如汉沪皆设庄焉。标目为同兴德，所居积凡山货如贝母、黄连、茯苓、鹿茸、熊胆之属皆备，尤以麝香为大宗，岁销行勿虑数十万斤。其检选、提制、装饰均有秘传，名驰海外"。①

云南矿产资源也非常丰富，铜、锡、银、金、铅、锌等的蕴藏量都很大。清初，云南铜的开采在全国居重要地位，"滇铜自康熙四十年官为经理，嗣由官给工本。雍正初，岁出铜八九十万斤，不数年且二三百万……乾隆初，岁发铜本银百万两，四五年间岁出六七百万或八九百万，最多乃至千二三百万。户工两局暨江南、江西、浙江、福建、陕西、湖北、广东、广西、贵州九路，悉取给焉"。② 云南的铜矿已具有了工场手工业的生产形态，硐、尖、炉等生产单位有相当规模，拥有较多的工人并有一定程度的分工。个旧的锡矿较丰富，为全国最大的锡产地，康乾时期每年课税银达 4000 两以上，成为当时云南仅次于铜的第二大产业。

经过康雍乾时期的开发，在云南，不仅其独特的自然资源成为商品，而且人们的普通日常消费品逐渐商品化，人们的日常生活越来越离不开市场。云南粮食产量的增长，使商品交易粮激增。每个集市的街天，粮食行市十分热闹。在小农家庭内，家庭手工业是小农经济的重要部分，清代云南的小农越来越依靠市场，其家庭手工业已成为维系小农经济的支柱。如清代云南大部分州县都有纺织生产，其中已形成输出能力的有昆明大理、澄江、临安、丽江、永昌等府，比较有影响的有新兴、通海、大理、缅宁等地，如"缅宁织工妇女亦有四五千户，所织有白土布、芝麻布、花布等"。③

二 云南商品经济的发展与市场的形成

明清时期，全国开始形成一个整体市场网络。随着内地移民实

---

① 民国《鹤庆县志》。
② 《清史稿》卷124。
③ 《新纂云南通志》卷142。

边，云南农业垦殖事业不断发展；矿冶业如铜、锡的大量开采，加速了云南山区经济的开发。市场的出现，是商品生产和商品流通发展的必然产物，市场是流通领域本身的总表现。清代云南正是在商品频繁流通的基础上，形成了全省的统一市场网络。

云南农村市场的称谓有：街子、会、场、摆、市、镇、集、市集、街市和街镇等，大多地区称街子，相应将赶集称为赶街子。清代云南农村集市分布很广，从市场的发展程度可分为集会集市、定期市和常市三种类型。集会集市往往与少数民族的节日有关。在各民族喜庆节日聚会之时，往往也有物资交流活动。如彝族的"立秋会"、"三令会"、"花街"、"花会"、"山街"，苗族的"踩花山"，壮族的"陇端"等民族节日都已形成集会集市。市场是商品交换的场所，清代云南的一些集会集市的规模较大，如康熙《定远县志》记载彝族的"三月会"："三月二十八日，就城外南郊东岳宫赶市，四方远近，商贾汉彝，买卖农器货物，至四月初二方散"。还有一些是庙会，主要缘于各种宗教、民间信仰等，如大理三月街，邓川的渔潭会，丽江骡马会等。定期市是清代云南农村中最常见的一种贸易形式，其分布较为普遍，"街期各处错杂，以便贸迁"。① 这些定期集市大部分以十二生肖或天干地支命名，如马街、猪街、鸡街、狗街等；还有的以日期为固定街期，并出现了以街期命名的地名，如二街、四街、七街、九街、十街、四八街，通海县的七街集市，因赶集日定在农历的每月初七、十七、二十七故名七街。常市是在定期市的基础上发展起来的较为发达的农村市场贸易形式，这类市场不间歇地每天都在交易，并有固定的店铺。

在农村商品经济和基层市场发展的基础上，清代云南商业城镇开始崛起。云南商业城镇一般兴起在主要交通沿线或行政中心，如大理、楚雄、永昌、腾越、丽江、鹤庆、曲靖等。其次是由于矿业的大力发展而兴起，如东川、个旧、易门、白盐井、黑盐井、磨黑镇等。清代云南矿冶业的发展，刺激了全国许多绅商及移民入滇，在矿区逐

---

① 张泓：《滇南志略》。

渐形成了东川、个旧等矿业城镇。个旧原先属偏僻山乡，康熙年间发现了锡矿，内地各省移民涌入，"个旧为蒙自一乡，户皆编甲，屋皆瓦舍，商贾贸易者十有八九，土著无几……四方来采者，楚居其七，江右居其三，山陕次之，别省又次之"。① 个旧由于矿工的增多，其商业也发展起来，"商贾辐辏，烟火繁稠"。② 白盐井在开发前，"土瘠民贫，不事纺织，多以卤代耕"。③ 由于盐矿的开采，至乾隆年间，白盐井的商业贸易已十分繁盛，"商贩往来，车马辐辏，视附近州县，颇觉熙攘。诚迤西之重地，实财富之奥区也"。④

还有一些是因为与国外贸易的需要，而在西方资本主义渗透过程中兴起的，如红河岸边的蛮耗、河口等地。

三 清代云南商品经济的发展与商帮的发展

清代前期，云南商人力量弱小，"（滇省）巨富不过万金，以一二百金设典铺，亦称富商⑤"，无论从商人数量还是资本规模来看，本地商人都远逊于外省商人，1851 年以前，在昆明的商人会馆有两湖帮、江右帮、四川帮、山陕帮、江南帮、福建帮，而本省仅有迤西帮、建水帮。清中后期，云南本地商品意识增强，投身于商业的人越来越多，几成风气。

咸同年间的战乱使不少商路中断，外省商贾的经营由于受到冲击多撤出云南，本省商人迅速崛起。随着商品经济的迅速发展，云南商人出现群体整合的趋势，从而形成了规模较大的商帮。云南的商帮从地理位置上可分为迤西商帮和迤南商帮。迤西商帮主要包括鹤庆帮、腾越帮、喜洲帮。鹤庆商帮是滇西白族地区较早形成的一个商人集

---

① 康熙《蒙自县志》卷1《厂务》。
② 余庆长：《金厂行记》，载《小方壶斋舆地丛钞》第八帙，卷1。
③ 《滇南志略》卷6。
④ 乾隆《白盐井志》卷1。
⑤ 张泓：《滇南新语》。

团，他们经营的商号规模较大的有：福春恒、兴盛和、恒盛公、日心德、南裕号、泰德昌、庆顺丰、庆正裕、福兴号、复协和，此外，还有中小商号达三百余家。[①] 鹤庆商帮的各大商号除在省内的昆明设总号外，下关、腾冲、丽江、蒙自、昭通、思茅、勐海等地亦设有分号，此外在上海、武汉等城市也设有分号，甚至在缅甸、印度、中国香港都设有分支机构，经营生丝、茶叶、土特产的出口及国外棉纱、棉布及各种洋货的进口。迤南商帮主要包括建水帮、蒙个帮。建水帮主要依靠个旧的锡矿业而发展起来。清代末叶，建水人到个旧开矿的很多，有一些锡矿老板把资金投入流通领域，采购木炭等到个旧出售，这样逐渐形成了一些较大的商号。建水帮主要从事大锡、茶叶、棉纱等运销业务。蒙个帮是在蒙自开关后随商业兴起的一个商帮。由于蒙自成为货物的转运口岸，因此商业日趋繁荣，城内商旅辐辏，店铺林立，并出现了许多经营对外贸易资本额较大的商号，司裕号、广昌和、天德和、福顺昌、亿昌、裕昌、顺成号等，皆经营对香港的贸易。如顺成号与外国洋行在蒙自开关后联结推销外国商品，"代理海防法商普利洋行，垄断该行入口棉纱之销售权；代理亚细亚水火油公司，垄断该公司蒙、个、临、屏之水火油销售权"。[②]

云南本省商帮的崛起是清代云南商品经济发展的必然，云南经过清前期的开发，商品经济获得了长足的发展，全省统一市场逐渐形成。昆明作为全省的中心市场，将迤西的大理、保山、迤东的曲靖，迤南的蒙自、个旧连接起来。在全国商品流通过程中，本地民众商品经济观念增强，本省商人逐渐壮大。云南本省商帮的形成和发展既是当时商品经济发展的产物，又在很大程度上促进了当时商品经济的发展。

---

① 杨毓才：《云南各民族经济发展史》，云南民族出版社 1989 年版，第 430 页。
② 吴能清：《我所知道的蒙自顺成号》，《云南文史资料选辑》第 9 辑，第 107 页。

四 清代云南商品经济的发展与对外贸易

云南自古以来就是西南地区的对外门户,随着清代云南经济的开发和发展,对外贸易的地域范围和商品交流量也得到拓展;而对外贸易交流的增加,又进一步加快了云南商品经济发展的步伐。

清前期,云南与缅甸、越南的贸易就较为繁荣。滇西和滇西南是对缅贸易较集中的地区,商旅往来频繁。乾隆时期云贵总督张允随奏称:"滇南各土司及徼外诸夷,一切食用货物,或由内地贩往,或自外地贩来,彼此相需,出入贸易,由来已久。"① 云南和缅甸的边民互市也有发展,"蛮暮、新街一带,闻向为缅夷贸易处所,沿江南下,并有缅夷税口,则其地贸易之货之必……前些腾越州等处民人往来贸易,习为常事"。② 清政府对于边民互市也采取鼓励措施,尽量减少关口,"普洱府所辖各通缅之车里土司,内地小贩挑负往来,货物无多,不须设口"。③ 这种宽松的政策吸引了大批商人加入到云南对外贸易的行列中来,清代云南对外贸易得以大力发展。

英国入侵缅甸,法国占领印支后,即将侵略矛头指向云南,强迫清政府签订一系列不平等条约,打开了中国西南的大门。云南被纳入资本主义世界市场体系,给对外贸易的发展带来了深刻的影响。法国等资本主义国家通过一系列不平等条约,将云南变成其原材料的供应地和工业品的倾销市场。正是在这一背景下,云南对外贸易步入了近代化历程,对外贸易被动发展起来,"云南自开关后,对外贸易为划时代之转变,贸易日趋发达,而国际贸易亦于此后日趋繁荣"。④

蒙自开关后,云南对外贸易出现了划时代的转变。光绪十六年(1890)进出口总额为 927282 关平两,至宣统二年(1910)进出口

---

① 《云南史料丛刊》第 56 辑,第 77 页。
② 《〈清实录〉越南缅甸泰国老挝史料摘编》,云南人民出版社 1986 年版,第 678 页。
③ 光绪《大清会典事例》卷 329。
④ 《新纂云南通志·商业考》。

总额达 11464929 关平两，在 20 年内增长 11.36 倍。对外贸易的兴盛，加速了云南传统市场的变迁。滇越铁路开通后，棉纱棉布大量涌入，这对于云南传统的手工业和商品市场均产生了巨大影响。商埠开辟，西方工业品大量涌入，外国资本主义势力加强了对云南经济和资源的掠夺，伴随云南对外贸易的发展，英法德美等国资本家纷纷设立洋行，以不断向中国内地倾销其商品，并将触角伸向广大农村地区。随着洋货的侵入，如洋纱大量输入，很多农民购买洋纱织布，土布的市场日渐缩减，"本省购用洋纱织布者，年多一年矣"。① 棉货涌进云南，成为云南进出口贸易入超的主要原因，《清实录》记载："近来纱布进口，日益增多，实为漏卮之一大宗。民间纺织，渐至失业，固由工作之未精，尤因种植之不善，利源外溢，何所底止。"

云南具有由资源、地域优势决定的经济优势，蒙自开关和滇越铁路的开通，加强了云南对外商品的流通。陈征平认为 1900 年前后云南的运行机制已开始发生质的变化。在调控方式上，已从皇朝的经济统制为主向权利下移地方与民间自由经济的方向转化；在导向上，从一种内向型的经济逐渐向外向型经济转化；在经济结构上，强化甚至游离了农业中的纺织行业，使社会分工的范围与程度都得到进一步拓展和深化；在社会资本积累的流向上，商业部门占大头，其次是投向矿业、纺织等手工业的发展；最后是农业。②

晚清云南由于政府控制的松弛，地方自主能力提高。对外贸易在开关后迅猛发展，这对云南近代市场的转型产生了深远的影响。

五　云南商品经济的发展与早期工业化

清前期云南商品经济有了长足的发展，并形成了以昆明为中心的

---

① 《昆明市志长编》卷7，第33页。

② 陈征平：《云南早期工业化进程研究（1840—1949）》，民族出版社 2002 年版，第89—90 页。

市场网络，1910年滇越铁路的建成通车不仅促进了云南对外贸易的激增，而且还刺激了云南的早期工业化。陈征平认为，"滇越铁路的建成对云南地区来说，尤如在一个封闭体中导入了一条与外部联接的强劲脉流，沟通并加速了云南与周边地区乃至世界经济的交往与对流，带来了资本、技术和人才，开拓了云南的市场，冲击了传统社会根深蒂固的自然经济基础……可见滇越铁路的建成对云南地区经济发展与促成由传统向现代的转型过渡所具有的重要意义，它对云南早期工业化的发生与进程起了极为重要的作用"。[①]

云南早期工业化在1910年后出现，并不是一个偶然的现象，它是与清代云南商品经济的发展分不开的，是历史发展的必然。云南在清前期的交通已获得了较大发展，形成了通往缅甸、越南以及四川、贵州、广西的几条边境线约2000公里，滇缅贸易成为明清以来云南边境贸易的热点，在腾越一带便曾设置了八关。云南从缅甸进口棉花，出口黄丝、石磺等均取道此交通线。在国内，由于外来移民的迁入，云南经济与邻省联系越来越密切。云南在清前期商品交换规模也有较大的拓展，并形成了几个重要的货物集散地。如曲靖、永昌（保山）、大理、楚雄、普洱等，这样，滇东、滇南、滇西均形成了各自的经济中心和主要商品集散地。这些区域中心城市的出现为云南早期工业化提供了市场基础。

在工业化进程中，作为行为主体的推动力：一方面是政府的政策、措施；另一方面是民间的力量。马敏曾指出："要成功地推行现代化，一个社会系统必须创造出新的政治体系，即用国家行为来推动社会和经济改革；实现社会化的第二个条件，是该社会系统必须有能力将新兴社会势力成功地吸收进政治体系之中，并由此获得经济要素之外的现代化动力。正是在这一意义上，官（政府力量）与商（民间力量）构成推动现代化进程的两根最有力的杠杆，而能否正确处理

---

① 陈征平：《云南早期工业化进程研究（1840—1949）》，民族出版社2002年版，第182—183页。

二者的关系，又成为各国现代化成败的关键。"① 云南在清代由于商品经济的发展，商人群体力量的增强，商人组织商会逐渐增多，商人组织的发生与一个地区商品经济的发展程度是紧密地联系在一起的，"它的产生不仅是城市工商业发展的产物，而且在它的初创时期对当时工商业的发展也起到了一定的保护或促进作用"。② 云南拥有丰富的矿藏资源，矿业也是政府最早致力于工业化改造的产业，因而，矿业作为云南早期工业化的主导产业也具有了一种历史的必然性。由此可知，晚清开始的云南早期工业化进程与清前期商品经济的发展密不可分。

综上所述，云南经过元明清时期的开发和发展，人均粮食产量有了极大的提高，在此基础上，一部分剩余的劳动力开始从农业中脱离出来，从事家庭手工业、矿冶业。清前期农村草市镇崛起，街子遍布各个乡村，在商品经济的推动下，云南形成了以昆明、大理、保山、曲靖为中心的区域市场。商人群体日益壮大，并形成了许多商帮。蒙自开关以及滇越铁路的开通，为云南纳入国际资本主义市场提供了契机，云南对外贸易额剧增。国外资本主义的侵入，改变了云南传统的市场类型，为早期工业的发展奠定了基础，也正是在这一基础上，云南开始向近代化转型。

---

① 马敏：《官商之间——社会巨变中的近代绅商》，天津人民出版社 1995 年版，第 368 页。

② 彭泽益：《中国工商行会史料集》上册，中华书局 1995 年版，第 6 页。

清代贵州矿业政策的演变及其影响[*]

清代，贵州财政入不敷出的问题非常严峻。尽管田赋在所有收入中是除盐厘外的最大一项，但相对于庞大的财政支出来说还是杯水车薪。因此，在重视农业的同时，清政府及贵州地方官并没有把工矿业、商业放在"末位"加以排斥，而是制定并调整有关政策鼓励工矿业、商业的发展，扩大税源，以弥补农业税的严重不足。因此，清代贵州的产业政策导向是以增加财政收入为目标，这一产业政策导向决定了当时贵州矿业政策变迁的方向：从消极的矿业政策——禁止采矿，演变成为增加财政收入而弛禁——有限制地准许开采。清政府在贵州矿业政策的变迁一定程度上促进了贵州矿业的开发，不仅增加了贵州的财政收入，一定程度上刺激了贵州经济的发展，而且使贵州与外界的经济文化交流更加密切，促进了贵州社会的进步。

一 消极的矿业政策：禁止采矿

清代贵州，由于军事统治的需要，常年驻有约 4 万人的军队，所以军费开支在全省整个财政支出中占的比例相当大，成为清代贵州财政入不敷出的主要原因。一般来说，要增强军事力量就得要有强大的财力作为军费开支，为此，须依赖两种经济政策：一种是产业政策；另一种是财政税收政策。但对清政府而言，产业政策有明显的社会限制，所以军费补养就主要依赖于财政税收政策。也就是说，以财政税

---

　　* 本文发表于《现代物业》2014 年第 11 期。

收政策为主要的军费（财政收入）弥补手段。

之所以说清政府的产业政策有明显的社会局限性：一方面，是因为清政府在贵州的开矿政策和在全国其他地方一样是非常消极的：原则上严禁开采矿山，除非矿山于政府财政有利。乾隆三年，清政府《矿厂事宜例》制定之际，曾有谕旨："凡产铜系山矿，实有有裨于鼓铸，先行结报始准开采，其他金银矿悉行封闭。至黑铅即系银母，亦严禁之。"由于铜矿作为清朝政府鼓铸钱币的材料，当时在贵州实行有限制的开采。其他如铁、硫黄、汞等矿，由于可供军需或政府可获利，允许民众在官府的监控下开采。

另一方面，清政府实行消极的矿业政策主要是恐惧人民"闹事"。有下列史料证实：（1）康熙五十二年，大学士九卿等议奏："开矿一事，除去云南督抚及湖广山西地方商人王纲明等各雇本地人民开矿不议外，所有他省之矿，向未经开采者，仍行严禁。其本地穷民现在开采者，由地方官员查明姓名记册，听其自开。若有别省之人往开，及本处殷富之民霸占者，即行重处。"上谕批示云："有矿地方初开时，即行禁止。……要在地方官处置得宜，不致生事耳。"① （2）雍正五年，湖南巡抚布兰泰奏请开矿之上谕："开采一事，目前不无小利，集聚人多，为害甚巨。从来矿徒率皆五方匪类，乌合于深山穷谷之中，逐此末利。今聚之甚易，将来散之甚难也。"②

以上史料显示，清政府对其他省禁止开矿的事，虽然没有谈到贵州，但确实是清朝政府对各省的一般矿业政策，贵州当然也不例外。也就是说，清廷害怕百姓聚众"滋事"，在贵州也是禁止开矿的。

再看下面三条史料：

（1）乾隆六年，户部准贵州总督张允随奏称："黔省威宁州属致化里产有铜矿，砂引颇旺。现开凿洞七十二口，内有十四口已获百余斤，招厂民二千余名，设炉二十座，采试有效，应准其开采。"③

---

① 濂希逸所辑《中国财政史辑要》（光绪二年刊）卷32，坑冶下。
② 同上。
③ 《清高宗实录》卷150。

（2）乾隆七年贵州总督张广泗又奏："黔省之格得、八地及铜川河等厂，均产铜斤，较购运滇铜实多节省，亟应上紧开挖。"①

（3）乾隆十六年贵州巡抚开泰奏："黔省威宁州属匀录地方，产有铜矿，业经查明，并无妨碍田园，请准募民开采。"②

上述史料表明，清政府害怕民众聚集"滋事"（当然可能也有其他原因：如怕毁坏农田，破坏农业生产等），在贵州严禁民间开矿。否则，贵州地方官就不会向中央政府提出"应准其开采"、"请准募民开采"等请求。

总之，清政府在贵州实行消极化的矿业政策：一是由于对于农业生产力减退的恐惧心理，因为在传统的农耕社会，农业是国家税收的主要来源；二是由于对失业者发生的恐惧心理，即害怕人民因生计所迫起来造反，动摇封建王朝的统治。清朝以异族而入主中国，特别是统治西南和贵州之后，在贵州这个自古以来就被称为"蛮夷"的地方，这种心理自然更为浓厚；而这种恐惧心理，就造成了清朝政府对贵州矿业政策的消极甚至退化的态度，阻碍了本来就很落后的清代贵州经济社会的发展。这就是前文所说的清政府在贵州的产业政策的社会限制或社会局限性，此种社会局限性，是清代贵州经济社会发展的重大的阻滞力量，像开矿政策的消极化，不过是其局部的表现而已。

二　矿业政策演变：为增加财政收入而弛禁

清政府怕民众聚集闹事，因而实行消极的矿业政策，这是一方面。另一方面，贵州在雍正年间进行了大规模的改土归流以后，贵州各族人民反抗清廷的大规模武装起义连续不断。为了加强对贵州的政治、军事控制，清廷在贵州的常驻军队绿营兵一般都近 4 万人。因此，军费支出一直居高不下。为缓解财政紧张的问题，特别是为应付

---

① 《清高宗实录》卷 1025。

② 民国《贵州通志·前事志》。

庞大的军费开支，在本省田赋税收有限、外省协款经常不能按时足额到位，而其他税收收入又非常微小的情况下，清政府不得不改变在贵州严禁开采矿冶业的政策，代之以征收一定矿税的前提下有限制地开采矿业的政策。因此，清代的矿业缓慢发展，是在财政税收政策的引导下徐徐进行的。也就是说，清政府有限制地准许贵州民间开采矿业的制度和政策，都是围绕增加财政税收这个中心目标进行的。

贵州多山，矿产资源丰富。如前所述，尽管清政府不准在贵州开矿，但为了缓解贵州财政入不敷出的矛盾，要增加来自开采矿业的税收；同时铜、铅又是专供清廷、贵州和东南各省官府铸钱的原料，所以，清政府不得已准许贵州有限制地开采。以下列举有关史料，证明清政府以征收矿税为主要目的，在贵州推行的矿业政策：

（1）康熙元年，在贵州开州斗甫厂，关于水银每年征收九五斤现物税，闰年加课十斤一事，上谕云："变价充本省之兵饷。"①

（2）雍正间，"威宁旧铜厂复旺，遂议开采鼓铸。黔既开铸……始以黔厂归黔。今每岁威宁之妈姑、羊角、新发等厂抽课及采办白铅四百二十八斤有奇；柞子珠矿、倮布戛等厂抽课及办黑铅五六十万斤"。②

（3）乾隆时期，贵州巡抚张广泗上奏朝廷请求开采天柱县和思南府等地金矿，称："天柱县属之相公塘、东海洞金厂，自乾隆七年十月开采，至八年十二月俱三七抽课。……思南府属之天庆寺、大河之西九皇阁一带山内，土人挖石淘沙，可得金末，如有自备工本，情愿承办者，准其续开具报，照例纳课。"③

（4）据史料记载：道光七年（1827），兴义府回龙湾各水银厂"水银岁解税银一千五百两有奇"。④

从以上所引征之史料，可以窥见清代贵州以矿税作为扩大财政收

---

① 濂希逸所辑《中国财政史辑要》（光绪二年刊）卷32，坑冶下。

② 《黔语》卷下，《铸钱》。

③ 贵州600年经济史编委会：《贵州600年经济史》，贵州人民出版社1998年版，第161页。

④ 《黔南识略》第27卷。

入的一大渠道。正是清政府及地方官围绕矿税这一中心目标，在一系列矿业政策的约束下，推动清代贵州矿业较快地发展。

三　矿业政策演变的效果及影响

如前文所述，清代贵州由于要缓解紧张的财政局势，迫切需要将矿税纳入财政范围；与此同时，由于官府铸币需要大量的铜、铅作为原料，导致对矿产的需求量激增。于是，清政府调整了贵州的矿业政策，对矿业开始弛禁，从禁止开采到实行有限制的开发。清政府在贵州矿业政策的演变产生了一定的积极效果。

一是促进了贵州矿业的发展。由于清政府对贵州矿业的扶持政策，加上贵州地方政府因财政问题也非常重视矿冶业；加之当时的矿冶业技术的改进，如使用钢钎打眼、火药爆矿，改进的土炉冶炼矿石①，开采技术和冶炼的劳动生产率有一定程度的提高。这些都为贵州矿冶业的发展提供了基础，有力地促进了贵州矿业的发展。这一时期，汞矿、铜矿、金银矿、铁矿、铅矿以及煤矿的开发较快，尤其是汞矿和铅矿的开采和冶炼在全国占有重要地位。

清政府不仅在开矿政策上一改旧制，鼓励贵州地方开采发展矿业，增加地方财政收入，而且还在资金周转和产品流通环节给予支持。随着贵州矿业的发展，一方面，矿冶业的产量不断增加；另一方面，由于贵州是一个多山地区，铜铅等矿厂多处于偏僻深山，山路崎岖，当时的交通状况不好，运输工具是原始的人力和畜力，靠肩挑马驮运输矿产品，因而矿产品输出有一定困难，结果许多矿厂出现产品积压的现象。矿产品积压导致矿山企业资金周转困难，再生产无法继续进行。为了解决这个问题，清政府责成贵州地方官：一方面由贵州地方政府收购积压的矿产品；另一方面，由政府组织外销队伍赴省外销售积压的矿产品。据史料记载：雍正五年，政府"就拨银二万两，

---

① 咸丰《兴义府志》卷43，《特产志·土产·货属》。

收铅二百万斤，运销二十万"。① 同时还制定优惠政策，鼓励外省商人来贵州运销矿产品。这些措施的实施，无疑进一步推动了贵州矿业的发展。

二是增加了贵州地方的财政收入。清代矿业税率以 20% 为原则，这是从康熙十八年官定各省铜、铅税率为 20% 以来所规定的。② 清代贵州征矿税，主要征自铅和水银，当然，金、银、铜、锑、锰及煤、雄黄、硫黄等矿也征矿税，只是没有铅和水银的税额那么大而已。贵州产铅最多，乾隆时全省产铅曾达 1000 多万斤，以后起伏不定。鸦片战争前，贵州平均每年产铅量在 500 万斤左右。约按二八抽课算，全省产铅最盛时全年可得铅课约 200 万斤，按当时每百斤铅值银 2 两计，全年可收税银 4 万两。加上耗羡和其他税费，全年可得铅矿税收约 5 万两。即使按平均水平计算，全年也能得铅矿税收二三万两。

清代乾隆年间，贵州额定年征水银税 160 多两，以后不断增加，至道光时增至每年水银抽课变价银约 3820 两。加上全省其他各地水银矿课税，全省每年水银课税当不下 4200 两银，是铅税以外的又一项大矿税。仅以水银和铅两项矿税加起来，全省每年矿税达 54200 两，若全省财政收入以 180000 两计算，则矿税收入占全省总体财政收入的 30%；这里还不包括其他矿税，如果将其他矿也统计在内，则矿税收入所占全省财政收入比重会更大，估计达到 33% 左右。③

三是极大地促进了贵州地方经济的发展，增强了贵州经济实力。一方面，最直接的表现就是增加了贵州地方的财政收入。同时，对贵州农村经济的发展和繁荣起到了积极的推动作用。因为，矿厂的开发及矿产品的外运需要大量的人力和物力，吸引了本地或外地大量的商贾、矿工、运夫和马匹云集矿区，不仅为矿厂提供劳动力，还提供开矿所需要的生产工具及粮食、蔬菜和肉类等生活资料。如大定府威宁州一带的铜、铅矿区，常年云集着成千上万的矿工，还有外地来的商

---

① 《朱批谕旨·鄂尔泰奏折》雍正六年十月二十日。
② 濂希逸所辑《中国财政史辑要》（光绪二年刊）卷 32，坑冶下。
③ 何伟福：《制度变迁与清代贵州经济研究》，中国时代经济出版社 2008 年版，第 136 页。

人，他们的生产生活所需，都依赖附近农村提供；这就促进了地方商品性农业、手工业和商业的发展，带动、活跃了贵州原先封闭落后的农村经济。另一方面，加快了贵州城镇的形成和发展。由于矿区吸引大批民众前往，如铜仁万山汞矿区和普安回龙湾汞矿区，有数千甚至上万矿工从事开矿、外运产品；特别是开州白马洞汞矿区两流泉，正好位于"川黔湘古道交叉点"上，发展为新兴的汞矿交易市场。同时，由于外地商人大量进入贵州从事矿产品开发、交易和外运，带来了先进的生产方式、开矿技术和文化，使贵州各地与外部的联系和交流日益密切并不断扩大，促进了贵州社会的进步。同时，推动了贵州现代工业的发展。如光绪十二年（1886）贵州创办的全国第一个"官商合办"企业青溪铁厂，从英国购买炼铁高炉和机器设备，使用全套机械设备冶炼铁矿，实现了机械化作业，尽管后来失败了，但开了贵州现代化的先河。

云南与西南五省（市、区）
外贸发展比较研究[*]

改革开放以来，云南的对外贸易取得了较快发展。但是，与全国及东部发达地区相比，云南的外贸无论在规模、结构上，还是在贸易方式及其对经济增长的作用等方面，都呈现出较低水平，且差距有逐步扩大的趋势。就西南地区而言，云南的对外贸易规模低于四川、广西，高于重庆、贵州、西藏。下面以海关进出口统计数据作为基础，对云南与西南五省（市、区）外贸状况进行分析比较。

一 云南与西南五省（市、区）
对外贸易发展比较

对外贸易规模和地位、出口商品结构、出口企业结构、贸易方式等是衡量一国或地区对外贸易发展水平的重要指标。通过分析这些指标，可以看出一国或地区的对外贸易发展状况。

（一）外贸进出口规模及地位

自 2003 年以来，云南外贸进出口规模在西南地区的排名，除 2004 年居第四位外，其他年份连续 4 年稳居第三位，排名仅次于四川和广西，位于重庆、贵州、西藏之前。由表 1 可知，从总体上来看，进出口规模排名第三位的云南对外贸易发展态势良好，但排名第一位的四川对外贸易发展更迅猛，因此，云南进出口规模与四川的差距越

---

* 本文发表于《经济问题探索》2008 年第 9 期。

来越大；但与位居第二位广西的差距没有多大变化，近 5 年来大体保持在 4.4 亿—5 亿美元。

表1　2003—2007 年云南与西南其他省（市、区）进出口总值比较

单位：亿美元

年份	四川	广西	云南	重庆	贵州	西藏
2003	56.40	31.92	26.70	25.95	9.84	1.61
2004	68.70	42.88	37.50	38.57	15.14	2.24
2005	79.00	51.83	47.40	42.93	14.04	2.05
2006	110.20	66.74	62.30	54.70	16.17	3.28
2007	143.85	92.80	87.80	74.45	22.73	3.93

资料来源：2003—2007 年西南六省（市）区国民经济与社会发展统计公报。

从表 1 具体来分析，2003 年云南外贸规模以 26.70 亿美元在西南六省（市）区中居第三位，低于四川近 30 亿美元，低于广西 5.22 亿美元，略高于重庆 0.75 亿美元，与贵州、西藏比较保持了较大的优势。至 2007 年，云南的对外贸易首次突破 80 亿美元大关，达到 87.8 亿美元，比 2006 年增长 40.9%，增幅超过同期全国平均水平 17.4 个百分点，列全国第五位；这一增速列西南地区贵州（40.5%）、广西（39.2%）、重庆（36.0%）、四川（30.5%）、西藏（19.8%）之首排名第一位。2007 年云南进出口总值（87.80 亿美元）与四川（143.85 亿美元）相比保持很大落差（相差 56.05 亿美元），同时低于广西 5 亿美元；但是，与重庆（74.45 亿美元）特别是与贵州（22.73 亿美元）和西藏（3.93 亿美元）相比呈现出较大优势。[①] 2003—2007 年，西南六省（市）区重庆、云南、广西、贵州、西藏、四川的进出口年均增长速度分别为 33.6%、31.82%、30.92%、28.92%、26.78%、26.66%，云南外贸进出口增速位于第二位，低于重庆市年均增速（33.6%）1.7 个百分点，高于其他省区 0.9—5.2 个百分点，增速处于相对优势。造成这一趋势的主要原因是，云南拥

---

① 1978—2007 年中国国民经济和社会发展统计公报，中国发展门户网，http://cn.chinagate.com.cn/reports/2007-03/02/content_2368315.htm。

有得天独厚的区位优势和地缘优势，近几年来积极调整对外贸易政策，扩大招商引资领域和范围，发挥比较优势，不断创新外贸工作机制，营造有利于进出口的软硬环境。

(二) 出口商品结构比较

机电产品和高新技术产品出口规模及占出口比重是反映外贸竞争力的重要指标。表2是2006年西南地区各省（市）区机电、高新技术产品出口规模和占全国该类产品出口的比重。从表2可以看出，2006年西南地区各省（市）区机电产品出口规模和占全国机电产品出口（5494.2亿美元）比重从大到小排列，依次为：四川，24.5亿美元，0.45%；重庆，22.59亿美元，0.41%；广西，8.1亿美元，0.15%；云南，4.5亿美元，0.08%；贵州，1.73亿美元，0.032%。在西南各省（市）区中排在前三位的四川、重庆、广西的机电产品出口额分别是云南的5.44倍、5.02倍、1.8倍，由此对比可以看出，云南与四川、重庆、广西的差距非常明显；但云南机电产品出口对贵州的优势也很明显（是贵州的3.2倍）。2006年西南各省（市）区机电产品出口额占各省出口比重，按从大到小顺序排列，依次是：重庆，67.4%；四川，37%；广西，22.5%；贵州，16.7%；云南，13.2%，从这组数据来看，云南机电产品出口占出口总额的比重偏低。

表2　　　　　　　　西南地区机电、高新技术产品出口比较

单位：亿美元、%

比较类别	四川	重庆	广西	云南	贵州	全国
机电产品出口规模	24.5	22.59	8.1	4.5	1.73	5494.2
机电产品出口占全国比重	0.45	0.41	0.15	0.08	0.032	1
高新技术产品出口规模	9.7	1.36	1.06	6.7	0.32	2815
高新技术产品出口占全国比重	0.34	0.05	0.04	0.24	0.01	1

资料来源：根据2006年国家和西南地区各省（市、区）国民经济和社会发展统计公报有关数据计算得出。

从2006年西南各省（市）区高新技术产品出口额来看，按出口规模和占全国高新技术产品出口（2815亿美元）比例从大到小排列，

依次是：四川，9.7 亿美元，0.34%；云南，6.7 亿美元，0.24%；重庆，1.36 亿美元，0.05%；广西，1.06 亿美元，0.04%；贵州，0.32 亿美元，0.01%。由上述数据可知，四川高新技术产品出口规模是云南的 1.45 倍，云南在西南地区中列第二位，要想赶超四川还有一定难度。但是，云南与重庆、广西、贵州相比较有极大的优势，云南高新技术产品出口额分别是重庆、广西、贵州的 4.9 倍、6.3 倍、21 倍。如果按照 2006 年高新技术产品出口额占各省外贸出口额的比重大小排列，依次为：云南 19.6%，四川 14.7%，重庆 4.06%，贵州 3.1%，广西 2.9%。2006 年高新技术产品出口额占西南地区各省外贸出口额的比重，云南排在四川前列，贵州排在广西前列，是因为四川、广西外贸出口额分别比云南、贵州大，四川约为云南的 2 倍；广西为贵州的 3.5 倍。

（三）贸易方式比较

2007 年云南一般贸易进出口额为 64.7 亿美元，排在四川（97.8 亿美元）、广西（65 亿美元）之后，在重庆（63.6 亿美元）、贵州（19.56 亿美元）之前，居西南地区第三，但与四川的差距较大，与排名第二的广西和第四的重庆相差不大，赶超广西应该说问题不大，同时，短期内很可能会被重庆赶上或超过。同期云南一般贸易增幅（52%）居西南之首，排名在贵州（49.6%）、广西（39.5%）、重庆（34.8%）、四川（21.1%）之前。

从加工贸易来看，2007 年，云南加工贸易进出口 11.6 亿美元，列四川（36.5 亿美元）之后，居广西（9.5 亿美元）、重庆（5.1 亿美元）、贵州（3.02 亿美元）① 之前，在西南地区排名第二，但与四川的差距很大，还不及四川的 1/3。同时，对广西的优势不很明显，随时有被赶超的可能。

（四）外贸经营主体结构比较

从表 3 可知，2007 年，云南私营企业进出口总额为 23.2 亿美元，

---

① 2007 年西南各省（市、区）国民经济和社会发展统计公报，省市数据网，http://provincedata. mofcom. gov. cn/communique/index. asp。

同比增长 50.4%，虽然规模远落后于四川（仅出口就达 37.2 亿美元）、广西（38.1 亿美元），但与排名第三的重庆（24.9 亿美元）相差不大；同期云南私营企业进出口增速是重庆的 1.6 倍，短时期内赶超重庆的势头十分明显。尽管同期贵州私营企业进出口增速（57.7%）高于云南，但由于贵州的私营企业进出口规模太小（1.98 亿美元），因此，云南相对于贵州的优势仍十分明显。

表3　　　　2007 年西南 5 省（市、区）出口企业结构比较

单位：亿美元

类别	四川	重庆	广西	云南	贵州
私营企业进出口总额	（出口）37.2	24.9	38.1	23.2	1.98
外商投资企业进出口总额	49.7	30.2	28.9	5.6	2.45
外商投资企业进出口增速	71.4%	47.5%	31.9%	14.5%	25.1%
国有外贸企业进出口总额	（出口）27.3	19.1	22.9	55	17.7
国有外贸企业进出口增速	30.5%	25.7%	28.9%	39.8%	44.5%

资料来源：根据 2007 年西南各省（市、区）国民经济和社会发展统计公报计算。

云南的外商投资企业在西南 5 省（市、区）区中实力较弱，2007 年仅排名第四位。从表 4 可以计算出，2005—2007 年外商投资企业进出口总值增长最快的是四川，增长 2.34 倍；其次是重庆、广西，分别增长 0.94 倍、0.61 倍；云南增长 0.4 倍，贵州增长 −0.09 倍。

表4　2005—2007 年西南 5 省（市、区）外商投资企业进出口总值①

单位：亿美元

省（市、区）	四川	重庆	广西	云南	贵州
2005 年	14.9	15.6	17.9	4.0	2.7
2006 年	29.0	20.5	22.0	4.9	1.9
2007 年	49.7	30.2	28.9	5.6	2.5

①　国家统计局贸易外经统计司编：《2007 中国贸易外经统计年鉴》，中国统计出版社 2007 年版，第 658 页；2007 年西南 5 省区国民经济和社会发展统计公报，省市数据网，http://provincedata. mofcom. gov. cn/communique/index. asp。

2007 年，西南地区有 3 个省份外商投资企业进出口值超过 20 亿美元，分别是：四川 49.7 亿美元，增速 71.4%；重庆 30.2 亿美元，增速 47.5%；广西 28.9 亿美元，增速 31.9%。2007 年云南外商投资企业进出口值为 5.6 亿美元，同比增长 14.5%；同期云南外商投资企业进出口规模在西南地区居第四位，增速居第 5 位。虽然云南外商投资企业进出口规模是贵州（2.45 亿美元）的 2.3 倍，但贵州的增速（25.1%）较高，经过一段时期后有赶超云南的可能。

表 3 显示，相对于西南其他省份，云南国有企业实力明显较强，2007 年外贸进出口总值为 55 亿美元，排名如果不是第一，至少也是第二（因四川省国有企业同期出口为 27.3 亿美元，缺乏国有企业进口统计数据）；2007 年广西、重庆、贵州国有企业进出口总值分别为 22.9 亿美元、19.1 亿美元、17.7 亿美元。同期云南国有企业进出口增速为 39.8%，仅次于贵州（44.5%），高于广西（28.9%）、重庆（25.7%）和四川（30.5%），排名第二。

通过上述几个方面的比较分析可以看出，云南外贸总体发展态势良好，外贸进出口规模在西南 5 省（市、区）排名居中间位置，部分指标排名靠前（如加工贸易总值、高新技术产品出口规模和国有企业进出口总值及增速等），但同时，外贸规模、进出口商品结构及发展速度等指标都与四川、广西存在明显差距，如果与全国及东部地区相比，差距更大。

二　云南对外贸易中存在的主要问题

虽说云南对外贸易自改革开放以来，特别是近几年来发展迅速，取得了显著成绩，在推动云南经济发展过程中发挥了重要作用。但同时在发展中也存在一些问题，主要有以下几个方面：

一是云南经济的开放度不够。外贸依存度和国际投资开放度在一定程度上可以反映一国或地区经济的开放程度。以 2005 年为例，云南外贸依存度（11.19%）略高于西部地区平均值（11.04%），低于中部地区平均数（20.00%），大大低于全国平均水平（63.62%），与东部地区（91.63%）相比差距更大。同期，云南省国际投资开放度为 0.45%，不仅低于中部平均值（0.85%），而且低于西部平均值（0.47%）；[①] 而全国和东部地区的国际投资开放度分别是云南的 7.2 倍和 8.3 倍。由于云南经济的开放水平低，在一定程度上制约着对外贸易的发展。

二是区位限制，出口商品运输成本高。云南与越南、老挝、缅甸等国家接壤，自古以来就是中国通往东南亚和南亚的重要陆上通道，是中国参与澜沧江—湄公河次区域合作的主要省份，在建设中国—东盟自由贸易区中发挥着桥头堡的作用。这一得天独厚的区位优势对云南的对外贸易无疑是十分有利的。但同时，我们应清醒地看到，这一区位也有很大的局限性。云南虽然在加快建设通往南亚、东南亚的国际大通道，但进出口商品主要是靠陆路运输，已经开通的澜沧江—湄公河水运航道、中缅之间的伊洛瓦底江水陆联运，由于许多非经济因素、国际因素的影响而不能正常发挥其水运功能。因此，云南对外贸易缺少足够的水运商道，特别是没有直接的海洋运输通道，使进出口商品运输成本昂贵而影响外贸进出口。海洋自古以来就是对外贸易的动脉和纽带，海运的优势是陆运不可比拟的。相比之下，西南地区中唯一有海洋运输通路的省区是广西，所以，从内地运输商品特别是大宗商品出口到东南亚、南亚等国家，选择从广西出海自然比从云南经陆路运输出去要便利得多。在从事经济活动特别是进行对外贸易时，人们往往追求自身效用最大化或交易成本最小化，千方百计降低货物运输成本。正因为如此，2006 年云南水陆运输年货物吞吐量仅为 200 万吨，而同期广西仅防城港运输的货物就达到 1394.1 万吨。[②] 因此，云南商品出口主要依靠陆路运输，陆路商品运输成本高，相应地就制约着云南的对外贸易快速发展。

---

① 李楷诗、岳春梅、徐明祥：《云南省边贸发展的问题分析和对策选择》，《当代经济》2007 年第 7 期（下）。

② 张邬：《云南对外贸易发展与前景分析》，《云南民族大学学报》（哲学社会科学版）2007 年第 5 期。

三是云南出口贸易结构不优。从出口商品结构来看，云南省目前还是一个以资源性产品出口为主的省份，"两高一资"产品（即高耗能、高污染及资源型产品）在出口商品中还占相当大的比重。一方面，云南外贸出口受国家宏观调控影响较大。近几年来，随着宏观政策的调整，国家相继取消或降低高耗能、高污染及资源型产品的出口退税，涉及云南省20多种出口商品，占云南出口总额20%以上。[①]以矿产品出口为例，云南省有色金属中的锡、锌、锑及锑制品和磷化工等24种产品，因出口税收政策的调整，部分企业被迫停止出口，造成产能闲置，已直接影响云南省出口约8亿美元，使云南省传统产业和产品出口竞争力下降，极大地影响云南外贸出口规模。

另一方面，由于云南低效益的资源性出口产品比重大，而具有高附加值的机电产品和高新技术产品出口规模小、比重低，严重制约了外贸出口质量的提升和效益的提高。以2006年为例，云南机电产品和高新技术产品出口额分别为4.5亿美元、6.7亿美元，仅占云南出口比重的13.8%和19.6%。而同期全国机电产品和高新技术产品出口占出口总额的56.7%和29.3%。[②]

从贸易方式来看，云南还是以一般贸易为主，一般贸易比重偏大而加工贸易比重偏小。近几年，云南一般贸易出口占全省出口商品的比重达70%以上，而加工贸易出口仅占10%左右，与全国（如2006年全国加工贸易出口占出口总额的比重为53%）及东部发达地区（70%以上）相比，差距实在太大。

从出口企业性质来看，国有企业仍然保持外贸出口的主体地位，外商投资企业和其他企业的比重偏小。2006年，云南国有企业进出口39.4亿美元，占全省进出口总额的63.2%，外商投资企业和其他企业进出口22.9亿美元，占全省进出口总额的36.8%。而同期全国国有企业进出口额占全国出口总额的比重仅为23.5%，比云南省低近

---

① 赵颖新：《云南对外贸易发展问题及对策》，《中共云南省委党校学报》2007年第4期。

② 《中华人民共和国2006年国民经济和社会发展统计公报》，新华网，http：//news. xinhuanet. com/politics/2007－02/28/content_ 5783954_ 3. htm。

40 个百分点；外商投资企业和其他企业进出口额占 76.5%，这一指标高于云南近 40 个百分点。2007 年，云南国有外贸企业进出口总额 55 亿美元，也占全省进出口总额的 62.6%，外商及其他企业进出口总额占全省进出口总额仅 37.4%。

从出口市场结构来看，云南出口市场仍然主要集中在东盟、日本和中国香港等国家和地区，约占出口总额的 80%，出口市场多元化的格局尚未真正形成。仅以 2007 年为例，云南对东盟出口高达 21.7 亿美元，占同期云南出口额的 46%；而出口欧盟、北美洲和非洲市场不到 20%。

三 结论与对策

通过以上比较分析，我们可以得出如下结论：包括云南在内的西南 5 省（市、区）对外贸易发展滞后于全国水平，更加滞后于东部发达地区水平，也滞后于本省本市本区经济社会发展的需要。云南经济的开放度偏低的现象制约了经济的发展，不利于云南在西部地区的崛起。就西南 5 省（市、区）而言，云南尽管有沿边的地缘优势，但对外贸易发展没有处于优势，而是位居中等水平，这可以从进出口规模、出口商品结构等指标反映出来。云南的对外贸易发展滞后已成为制约云南经济发展和崛起于西南的重要原因之一。但同时也表明云南对外贸易具有较大的发展空间。

党的十七大报告提出，要拓展对外开放广度和深度，提高开放型经济水平；要扩大开放领域，优化开放结构，提高开放质量；要"深化沿海开放，加快内地开放，提升沿边开放，实现对内对外开放相互促进"。在新的历史条件和时代背景下，云南对外贸易面临新的发展机遇。我们认为，要实现云南对外贸易又好又快发展，需要加强以下几方面的工作：

（一）要解放思想，更新观念，扩大开放

在经济全球化的背景下，随着我国经济的不断发展，改革开放的深化扩大，综合国力和国际影响力的增强，对云南和西南地区对外贸易提出了新的更高的要求，同时也对加快对外贸易的发展提供了更加广阔的舞台。因此，要不断更新观念，解放思想，深刻认识对外贸易对促进云南和西南地区经济发展的重要意义；要一切从实际出发，充分考虑云南在西南地区的区位、产业发展水平、资源禀赋、现实条件等内部因素，同时，又要考虑全国、西部、沿海、沿江及周边对外开放的态势、国家宏观调控政策等外部因素。既不能好高骛远、一味"追赶"发达地区，也不能安于现状、无所作为，必须找准符合云南发展实际的定位，把中央实现又好又快发展的要求同云南的实际结合起来，制定准确的对外贸易发展目标和战略，大力发展开放型经济，提高开放型经济水平。

特别需要指出的是，在发展对外贸易中云南要紧紧抓住建设中国—东盟自由贸易区的历史机遇，继续扩大对东盟国家的开放合作，实现对东南亚南亚开放的新突破。因为云南面向东盟北部 5 国（越南、老挝、缅甸、泰国、柬埔寨）和南盟（南亚区域合作联盟）7 国（孟加拉国、不丹、印度、马尔代夫、尼泊尔、巴基斯坦、斯里兰卡），具有良好的地缘优势，虽然东盟国家在资源禀赋、产业结构、需求结构和经济增长阶段等方面与云南有相同或相似之处，但云南背靠大西南，双方人口众多，有较大的市场容量，尤其是在天然禀赋、产业结构和产品结构上具有很强的互补性，有利于提高云南和西南地区与东盟国家分工合作的水平。因此，云南要继续解放思想、扩大开放，善于抓住机遇，利用有利的地缘优势抢占先机，到这些国家去开拓市场，在更高层次上扩大对东南亚和南亚的开放与合作。

（二）积极引导企业参与国际竞争，提升产业竞争力

要树立竞争意识和开放意识，大力发展开放型经济，提高开放型经济水平。要坚持对内、对外开放，用好用活"两种资源"和"两种市场"，培养企业的竞争力。首先要提倡、引导、鼓励各种性质的企业在国内公平竞争、共同发展，然后利用云南所处的地缘优势鼓励企业"走出去"参与国际竞争。利用国内国外"两种资源"和"两种市场"，特别是通过国际市场选择实现优胜劣汰，云南就能形成更具竞争力的外贸企业集群。"走出去"的企业越多，占领的国际市场就越大，外贸企业的实力就越强，经济的开放程度就越高。针对云南省目前多数外贸企业规模相对偏小的实际，云南省政府有关职能部门应从制度安排上鼓励、推动企业资产重组，通过并购、产权交易和境外上市等方式，促使跨行业、跨地区、跨所有制、跨国大集团企业的形成，推进产业组织结构的调整，扩大其出口规模和比重，实现规模经济，提升产业的竞争力。

（三）加大招商引资力度，提高利用外资水平，改善外贸出口结构

在经济全球化背景下，发达国家把劳动和资源密集型的产业和高新技术产业中的劳动密集型生产环节向发展中国家转移是一种大趋势。沿海发达省份积极参与全球化，主动承接发达国家的产业转移，加工贸易比较发达。2005 年全国加工贸易占进出口总额的 54.7%，广东省为 77.3%，外商投资企业是加工贸易的主体。而同期云南省加工贸易进出口比重仅占 15%，出口贸易仍以一般贸易为主，而且加工贸易水平不高。今后云南应将出口贸易与招商引资结合起来。一方面通过招商引资吸收国外的资金和先进技术，实施技术创新，开发新产品；另一方面利用外商的分销网进入国际市场，扩大云南外贸在国际市场的占有率。

要进一步提高利用外资的水平。利用外资要以制造业为主，在扩大机电产品和高新技术产品出口的同时，加快云南优质农产品如烤烟、茶叶、香料油、咖啡、蔬菜、花卉、食用菌、水果、乳制品等的加工增值和出口创汇步伐。要注重自主品牌的培植，又要大力发展加工贸易。要通过利用外资和外贸进出口，改造重组云南的支柱产业和传统产业，改造和提升国有企业，不断优化出口商品结构，降低"两高一资"产品的出口比重，提高以磷化工为代表的化工产品和有色金属为重点的矿产品的附加值和创汇能力。要实施出口主体和出口市场的多元化战略，逐步提高三资企业、集体民营企业在出口中的比重；努力开拓国际市场，在重点做好东盟、南盟、日本、中国香港等传统市场出口的基础上，增大出口拉美、非洲、欧盟和大洋洲、北美市场的比重。值得一提的是，云南作为西南地区对外开放的前沿地带，不仅具有得天独厚的地缘优势，还具有边境线长的特点，仅云南与缅甸国境分界线就长达 1997 千米。应充分利用这一特点，大力开放市场，推动边境贸易快速发展，以弥补大宗交易的不足。

（四）着力改善投资软硬环境，提高外贸出口竞争力

要加快云南对外贸易的发展，利用外资提高外贸的国际竞争力，就必须进一步转变政府职能，创新基础设施环境和制度环境，营造良好的投资氛围。一方面要继续加快交通、运输、电力、能源和邮电通信等基础设施建设。交通不便是云南发展对外贸易的最大"瓶颈"和制约因素，云南省委省政府早就看到这一点并作出了建设国际大通道的战略决策；2007 年年初，我国政府提出"中国—东盟未来 10—15 年交通合作战略规划"，因此，云南要按照"推进合作、促进繁荣、发展云南、服务全国"的思路，加快推进面向东南亚、南亚的"国际大通道"建设。一旦这条"国际大通道"建成，云南的区位将发生革命性的变化，它将成为连接中国市场、东盟市场、印度市场"三大市场板块"和"两大海洋"（印度洋、太平洋）的陆路交通要道[①]，云南的对外贸易将得到迅猛的发展。

另一方面，除了进一步改善基础设施等硬环境外，政府应高度重视投资软环境的改善。一是要转变政府公务员特别是领导干部的工作作风，牢固树立服务意识，为外贸企业做好服务工作。二是加强法制环境、金融环境建设，加强外贸运行监测与协调机制，完善各种服务体系包括公共信息服务网络，加快物流系统建设，改善外经贸发展软环境，为外商生产提供快捷方便的配套服务，以吸引更多的外商来投资，促进云南产业结构的升级换代，提高出口竞争力。三是切实转变政府职能，简化审批手续，提高办事效率和服务质量。政府作为经济发展领域的管理者和服务者，要建立市场经济运行的规则，为经济主体的公平、公正竞争创造良好的市场环境，规范市场行为，引导包括外贸企业在内的经济主体健康发展；同时，政府有关职能部门如工商、税务、公安、金融、土地、环保、城建、消防等部门，要按照"管理就是服务"的要求，切实保护好投资者和经营者的合法权益，为他们的合法经营提供优质便捷服务。

---

① 田云：《对外开放与云南经济的跨越式发展》，《中共云南省委党校学报》2007 年第 2 期。

云南装备制造业振兴路径探析[*]

装备制造业是关系到国民经济发展，并为国防建设提供技术装备的基础性、战略性产业，是国民经济增长的动力、产业升级的手段和国家安全的保障。温家宝总理在 2009 年 2 月 4 日主持召开国务院常务会议，审议通过《装备制造业调整和振兴规划（2009—2011）》并发布执行。该规划是继 2006 年国务院 8 号文件"关于加快振兴装备制造业若干意见"后，中央下发的第二个振兴装备制造业纲领性文件，为应对全球金融危机对国内经济的冲击，加快装备制造业振兴，进行了全方位的战略部署，是落实党的十七大精神，推动国民经济科学发展的战略举措。装备制造业是云南传统优势产业，曾经有过辉煌的历史。抗战初期的昆明电缆厂制造出中国第一根电缆。抗日战争时期和新中国成立后的"三线"建设时期，内地一批重要的国防机械装备制造业先后转移到云南，为近现代云南装备制造业的发展打下了坚实基础。20 世纪 50—60 年代，云南成为全国电力装备制造业的人才摇篮。振兴和大力发展云南装备制造业，对推动国民经济又好又快发展具有十分重要的战略意义和现实意义。

一 装备制造业发展总体趋势

近年来，由于网络技术和信息技术的发展，世界装备制造业发生了重大变化，导致装备制造业向集群化、全球化、信息化、服务化、

---

* 本文发表于《经济问题探索》2009 年第 11 期。

品牌化、绿色化、多样化、个性化等趋势发展，其中，集群化、全球化、信息化、服务化趋势最为突出。

（一）集群化发展趋势

1990 年，美国哈佛大学教授波特在《国家竞争优势》一书中提出："产业是研究国家竞争优势的基本单位。一个国家的成功并非来自某一项产业的成功，而是来自纵横交织的产业集群。"①波特从国家竞争优势的视角展开了产业集群的研究，提出了著名的"钻石模型"，并从组织变革、价值链、经济效率和柔性方面所创造的竞争优势角度审视产业集群的形成机理。他认为，地理集中性使得各个关键要素（即"钻石模型"中的四个关键要素：生产要素、需求条件、企业战略、结构与竞争）的功能充分发挥，各要素的互动推动产业集群的形成。1998 年波特又发表了《集群与新竞争经济学》一文，系统地提出了新竞争经济学的产业集群理论，波特进一步解释了产业集群的含义："集群是特定产业中互有联系的公司或机构聚集在特定地理位置的一种现象。集群包括一连串上、中、下游产业以及其他企业或机构，这些产业、企业或是机构对于竞争都很重要，它们包括了零件、设备、服务等特殊原料的供应商以及特殊基础建设的提供者。集群通常会向下延伸到下游的通路和顾客上，也会延伸到互补性产品的制造商以及和本产业有关的技能、科技或是共同原料等方面的公司上。最后，集群还包括了政府和其他机构——像大学、制定标准的机构、职业训练中心、贸易组织等——以提供专业的训练、教育、资讯、研究以及技术支援。"②

在波特看来，产业集群是集中在特定区域的，在业务上相互联系的一群企业和相关机构，主要由企业构成，其中包括制造商和垂直联系的上下游企业之间形成的供应商和顾客的合作关系，以及既竞争又合作的水平联系的企业。此外，还包括提供专业化培训、教育、信

---

① Porter M. E. The Competitive Advantage of Nation [M]. New York: Free Press, 1990.

② Porter M. E. Clusters and New Economics of Competition [J]. Harvard Business Review, 1998, 76 (6): 77–79.

息、研究与技术支持的政府或非政府机构，如大学、质量标准机构、思想库、短期培训机构，以及金融机构、贸易协会等中介机构。

世界各地产业集群的发展已经成为全球化背景下的一种世界性的经济现象。进入 21 世纪以来，全球装备制造业集群化发展趋势更加明显。在美国，硅谷 IT 产业集群、波士顿 128 公路的微电子集群、底特律的汽车制造业集群、明尼阿波利斯的医学设备业集群等；在德国，图特林根的外科器械产业群、索林根的刀具业群、斯图加特的机床业群、韦热拉的光学仪器业群等；在意大利，都灵和皮亚琴察的自动化设备产业群、卡斯泰尔戈弗列多的照明设备集群等；在法国，巴黎森迪尔区的网络产业群等都是世界上较为典型的产业集群。此外，在英国、瑞士、日本、以色列等发达国家也有许多著名的装备制造业产业集群。在发展中国家也有不少的装备制造业集群，如印度卡纳达邦的班加罗尔的电子软件业群、旁遮普邦的金属加工业集群。20 世纪 80 年代以来，我国长江三角洲、珠江三角洲、京津冀环渤海地区，形成了电子信息、机械制造、汽车汽配等装备制造业集群。北京中关村就是我国最有名的高科技电子产业集群；上海浦东的高科技产业群，武汉的光电子产业群、重庆的摩托车产业群和云南的烟草加工设备产业群等在我国有极大影响。

（二）全球化的发展趋势

信息及网络技术的飞速发展正在加速装备制造业的全球化发展趋势，从根本上改变了装备制造业的生产、流通和消费方式，并在贸易领域引起了巨大变化，加速了装备制造业的全球化进程。装备制造业全球化是指各跨国制造公司抢占世界市场的首选战略，广泛利用别国的生产设施与技术力量，制造出最终产品，并进行全球销售。就产品制造和销售而言，跨国化在迅猛发展，产品从订单开始，产品的技术开发、设计、制造加工、销售以及售后服务等行为，跨国化过程贯穿始终。就产业重组而言，全球化正在改造着装备制造业的产业结构与组织结构。一方面，装备制造企业的跨国并购、重组和整合趋势在加速，装备制造资源在全球范围不断流动和优化配置；另一方面，装备制造业中纵向一体化的趋势正在减弱，契约分包的合作方式逐渐加强。总之，世界装备制造业正向研发、设计全球化、生产全球化、销售全球化、服务全球化、融资全球化、并购重组全球化的趋势发展，全球化的装备制造体系正在迅速形成。

（三）信息化发展趋势

信息化是充分利用信息技术，开发利用信息资源，促进信息交流和知识共享，提高经济增长质量，推动经济社会发展转型的历史进程。信息化是由计算机与互联网的革命所引起的工业经济转向信息经济的一种社会经济过程。它包含三个层面、六个要素。三个层面是指作为信息化建设基础的信息技术的开发和应用，作为信息化建设的核心与关键的信息资源的开发和利用，作为信息化建设的重要支撑的信息产品的制造过程。六个要素包括信息技术、信息产业、信息网络、信息资源、信息法规环境与信息人才。

在经济全球化背景下，装备制造业正向全面信息化方向发展，主要表现为整个制造过程通过信息控制，信息化贯穿于装备制造业产品全寿命周期：从订单开始，产品的技术开发、设计、制造加工、物流运输、销售、售后服务等都依赖于信息化。目前，装备制造业信息化呈现出新的发展趋势，主要表现是柔性制造系统、柔性制造单元、数控系统、计算机集成制造系统的开发与推广应用，并逐渐向制造智能化的方向发展。在技术特征方面，表现为技术的融合化；在产品特征方面，表现为产品的高技术化，即产品的高附加值化、智能化和系统化；在系统管理方面，表现为集成化和网络化，集成化又包括系统集成、软件集成、技术集成和接口集成；而网络化的制造、销售、采购、售后服务以及承揽订货等方式，成为装备制造企业必不可少的重要手段和工具。

（四）服务化发展趋势

近年来，随着信息化和电子商务的发展，装备制造业服务化的趋势在日益加强。服务化包括从市场调查、产品开发或改进，产品的生产制造、销售、售后服务，直到产品的报废、回收的全过程，涉及产品的整个生命周期，已成为制造业发展的趋势。好的服务不仅能增强企业的市场竞争能力，而且能保持现有客户，甚至扩大潜在客户，培养客户对某种装备制造品牌的忠诚，延长产业链，是企业扩大利润空间的重要方式。国际上一些知名的大企业均在积极地开展与产品相关的全寿命周期内的服务，并积极推进网络销售、网络承揽订货、网络售后服务等。例如，美国通用电气公司，不仅为自己的用户，而且为竞争对手的用户提供服务。其服务作为该公司的独立领域，所创造的价值相当于其海外工程承包总额的 70%。①

二　云南装备制造业比较优势分析

（一）比较优势理论简述

大卫·李嘉图在 1817 年出版的代表作《政治经济学及赋税原理》中提出了著名的比较成本贸易理论，后人称为"比较优势贸易理论"。该理论主张，两个国家分工专业化生产和出口其具有比较优势的商品，进口其处于比较劣势的商品，则两国都能从贸易中得到利益，这就是比较优势原理。1933 年，瑞典经济学家伯蒂尔·俄林出版了他的《区间贸易和国际贸易》一书，从生产要素比例的差别而不是生产技术的差别出发，解释了生产成本和商品价格的不同，以此说明比较优势的产生。这个解释克服了李嘉图贸易模型中的局限性，形成了完整的要素禀赋理论。根据俄林的理论，资本、土地以及其他生产要素与劳动力一起都在生产中起重要作用并影响劳动生产率和生产成本；不同的商品生产需要不同的生产要素配置，而各国生产要素的储备比例和资源禀赋不同，正是这种生产资源配置或要素禀赋上的差别才是国际贸易的基础。这一理论的核心内容是：一国应该出口运用本国丰饶的生产要素所生产的产品，进口运用本国短缺的生产要素所生产的产品。比较优势理论不仅仅是指导国际贸易的基本原则，在社会生活的其他诸多方面，都应该成为进行合理社会分工，以取得最大社会福利

---

① 中国投资咨询网，http：//www.ocn.com.cn/market/200811/zhuangbeizhizaoye191532.htm. 2008 - 11 - 19。

与劳动效率的原则。按照比较优势理论，各地应根据自己的资源或要素禀赋情况，发展具有比较优势的地方特色产业，建立具有相对优势的产业模式，避免地区间产业结构趋同。

（二）云南装备制造业比较优势分析

根据比较优势理论，云南应利用具有相对比较优势的资源、产业或条件，发展具有比较优势的装备制造产业，把装备制造业做大、做优、做强，形成竞争优势。按照国民经济行业分类，云南装备制造业主要包括金属制品业、通用设备制造业、专用设备制造业、交通运输设备制造业、电器机械及器材制造业、电子及通信设备制造业、仪器仪表等类产品。以柴油发动机和汽车、高性能数控机床、电工装备产品、大型铁路养护机械、自动化物流成套设备、光机电一体化产品、重化工业成套设备等产业和产品在国内具有一定的规模和技术优势，市场占有率较高，具有一定的影响力，其比较优势明显。业内人士都知道，"昆明机床"、"电工摇篮"、"云南光学"、"云内动力"、"昆明船舶"、"昆明中铁"、"云变电气"等老品牌曾经鼎盛一时，在中国装备制造业发展史上走过一段流金岁月。因此，云南应创造环境，加快这些优势产品和产业的发展。

1. 汽车产业

云南汽车及配件产业在全国有一定实力和影响，目前，轻（微）型汽车发动机连杆全国销量第一；汽车用柴油机销量位居全国同类产品第4名；昆明云内动力股份有限公司是国内最大的多缸小缸径柴油发动机开发生产基地。云南目前基本形成滇西中重型载货汽车基地、滇东轻型汽车基地，2007年，滇西中重型载货、滇东轻型汽车基地已分别达到产值40亿元、20亿元的规模，形成了轻、中、重型车及乘用车等多种车型共同发展的局面。2008年7月云南省委、省政府召开的全省加快推进新型工业化会议，在《中共云南省委云南省人民政府关于进一步加快推进新型工业化的决定》中对装备制造业提出新的目标要求，其中，车辆机床产量达到50万台（辆），其中汽车25万辆、拖拉机10万辆。要在大理地区，重点形成重型载货车、拖拉机及零配件产业基地和产业集聚区；在曲靖地区，重点形成轻中型载货车、乘用车和重化装备产业基地和产业集聚区。

2. 数控机床

目前，云南基本形成了以昆明为中心的机床产业群，机床产业集群效益初步显现。2007 年，机床产业群已形成产值 32. 47 亿元，大型高精度五轴联动数控铣镗床代表了国内数控铣镗床的最高水平。昆明机床中高端产品比例高，数控化率达 85%，出口大型数控机床产品单价平均为 110 万美元以上，近年来毛利率保持在 35% 以上，高于同行业的上市公司，也高于主要竞争对手武重和齐二机床。即使在目前国际金融危机的背景下，高精密、重型机床订单仍然源源不断，昆机大型落地铣镗床销售额在全国排名第二。云南省委、省政府对发展机床产业提出新的目标：到 2012 年机床年产量要达到 15 万台，把云南打造成我国重要的大型数控机床基地。

3. 电力装备产品

云南的电工行业在全国有一定影响和优势。2007 年，电工产品实现产值 50. 36 亿元。"十五"以来，昆明电缆厂的产品已经走进高等级电压装备市场；云南变压器厂生产的铁路牵引变压器占领了全国 70% 的市场；云南企业生产的电力装备在西藏市场占有率很高。云南围绕电力产业发展积极开发电力装备，开发了单机容量 10 万千瓦的水能发电机组，使全省发电设备的生产制造能力提高到一个新的水平，云南的水轮发电机组产量居全国第 6 位。"十一五"期间，全省新增装机 2318 万千瓦，电网建设投入资金将达到 300 多亿元，到 2020 年，全省装机要达到 7500 万千瓦以上，水电装机达到 6000 万千瓦以上。云南省机械行业协会提出，电力装备力争到 2010 年实现主营业收入达到 120 亿元以上。

4. 大型铁路养护机械

云南大型铁路养护机械产销量连续多年在全国位居第一，市场占有率高达 80%，是全国最大的大型铁路养护设备生产基地。昆明中铁大型养路机械集团公司实现了大型养路机械主要机型的配套国产化，使我国铁路养路机械整体装备水平跨入世界先进行列。即使在现今全球经济不景气的形势下，昆明中铁大型养路机械集团有限公司生产的养路机械等都有大量订单,需求仍较旺盛,走势依然较强。省政府早已规划把云南打造成我国重要大型铁路养护设备基地。目前,总投资12亿元的国家大型铁路养护设备昆明产业基地建设项目正顺利推进。

5. 重化工业成套设备

云南重化工业成套设备在国内占有相当的份额。云南设计制造出我国第一台自主研制的目前国内最大、最重的超大型不锈钢超限化工设备——年产50万吨合成氨装置甲醇洗涤塔、汽化炉、高压高温飞尘过滤器,成为全国4大化工装备基地之一。云南在不久还要发展形成100万吨合成氨、50万吨甲醇、200万吨焦化等重大装备的主体设备生产能力,以及特种材料设备制造能力,为煤化工、磷化工、精细化工、盐化工、生物化工等产业发展提供大型成套设备。

6. 自动化物流设备

云南的自动化物流系统设备在国内具有较强的竞争力。2007年,国内烟草业最先进自动化物流系统落户曲靖,标志着云南在自动化物流设备行业方面取得重大进展。到2012年,云南省以昆明市为核心的城市综合服务功能将进一步提升,并逐步建成面向东南亚、南亚和服务泛珠三角地区的区域性物流中心。为实现这一目标,进一步提高自主创新能力,云南省将加快发展烟草、家电、机电等自动化物流系统、商业配送系统,逐步拓展为其他方面服务的物流设备。围绕面向各产业的物流配送自动化最终解决方案,全面提升云南现代化物流设备的研发制造能力,使物流自动化成套设备始终保持国内一流、国际先进水平。

三 振兴云南装备制造业的路径选择

振兴云南装备制造业,应以科学发展观为指导,紧跟世界装备制造业的发展趋势,充分发挥云南装备制造业的比较优势,选择适合云南省情又符合装备制造业特点的发展路径。

（一）重点发展现代新兴装备制造业

现代新兴装备制造业包括两方面：其一，是指以信息处理及通信技术、航天航空、生物智能技术以及新材料技术等为代表的高新技术；其二，是指利用高新技术改造和提升传统装备制造业，增加其技术含量并提高附加值，极大地提升产品功能和档次。目前及今后相当长一段时期，云南装备制造业发展重点是建设好6个装备研发生产基地，发展8大优势装备制造产业，培育8类重点产品。建设好6个装备研发生产基地：一是建成光电子产品研发基地；二是建成数控机床制造研发基地；三是建成电力装备研发基地；四是建成铁路养护机械制造研发基地；五是建成现代物流设备及烟草机械研发基地；六是建成高原型载货车及农用车制造基地。发展8大优势装备制造产业：数控机床制造业、电力装备制造业、铁路养护设备制造业、自动化物流设备制造业、光电子产品制造业、汽车及柴油发动机产业、重化工业成套设备制造业、农业及生物资源开发加工机械制造业。培育8类重点产品是：数控机床、电力装备、铁路养护设备、自动化物流设备、光电子产品、汽车及柴油发动机、重化工业成套设备、农业及生物资源开发加工机械。

（二）做大做强具有比较优势的装备制造业产业集群

云南装备制造业发展的关键是找准比较优势，发展地方特色产业。首先，地方政府要为发展具有比较优势的装备制造业科学制订产业集群发展规划，大力实施产业集群战略，促进云南装备制造业的快速发展。根据云南的比较优势，目前，云南应大力培育发展数控机床产业集群、电力装备产业集群、汽车及柴油发动机产业集群、铁路养护设备产业集群、自动化物流设备产业集群、光电子产品制造业集群、重化工业成套设备产业集群、农业及生物资源开发加工机械产业集群八大装备制造业产业集群，带动数控机床制造业、电力装备制造业、铁路养护设备制造业、自动化物流设备制造业、光电子产品制造业、汽车及柴油发动机产业、重化工业成套设备制造业、农业及生物资源开发加工机械制造业8大优势装备制造业的发展，建设好6个装备制造业研发生产基地，把云南建成我国重要的装备制造业基地。

（三） 充分发挥地方政府在装备制造业发展中的重要作用

新制度经济学认为，国家的存在是经济增长的关键。[①] 而国家是通过政府对经济运行的指导和宏观调控发挥作用的，这种指导和宏观调控又是借助制度安排、政策或法律法规来实现的。因此，要加强地方政府的指导和宏观调控作用，采取相应的法律法规支持和推动装备制造业的发展。发达国家的装备制造业水平在世界处于领先地位，一个重要的原因是通过产业政策和相应的法律法规来规范或调控装备制造业的发展。如日本，从 1956—1970 年，曾先后颁布了三个《机械工业振兴临时措施法》，这三部法律对振兴日本机械工业都规定了明确的目标、范围和政策措施，促进了日本装备制造产业的迅速发展。因此，云南应借鉴国内外装备制造业的先进经验，制定出符合云南实际的装备制造业发展的政策法规，解决目前装备制造业存在的诸多问题。如在建设装备制造业产业集群时普遍存在的土地、税收、产业导向、外贸、科技、项目审批、投融资体制、人才等问题。这些问题必须依靠政府来帮助解决。地方政府在制定产业集群发展政策时，必须对相关经济政策进行系统的调整，从宏观的、全局的角度来制定产业集群政策，各种政策要配套，能相互衔接，单独调整一两项政策往往无助于产业集群的发展。因此，云南省各级政府应根据装备制造业发展的具体情况，系统调整或制定装备制造产业发展相关政策，以各种优惠的政策鼓励、吸引相关企业向产业基地"迁移"，促进汽车产业集群、机床产业集群、电力设备产业集群等八大装备制造业产业集群的形成。

（四） 建立云南装备制造业信息化公共服务平台，提高技术创新能力

装备制造业不同于一般制造业的一个最大特点是资金密集型、技术密集型产业。装备制造业的发展不仅需要地方政府提供宏观指导和政策支持，还需要政府提供组织协调和公共服务，建立公共平台。因

---

① ［美］道格拉斯·C. 诺思著：《经济史中的结构与变迁》，陈郁、罗华平等译，上海三联书店、上海人民出版社 1994 年版，第 20 页。

此，要建立云南装备制造业信息化公共服务平台，为企业和研发机构科技创新提供公共基础条件。比如，借助这个公共平台，可以充分发挥省内外大专院校和科研院所的作用，加强与国内外研发机构的交流与合作，整合分散在政府、企业、科研机构、中介机构等组织中的科技资源，实现资源共享，让企业或科研机构在科技活动中实现资源互补或联合攻关共性关键技术，降低创新成本和风险；通过这个公共服务平台，能有效促进企业间研发网络的形成与发展，充分利用各个装备制造企业的资源优势，达到优势互补，降低研发网络的总体研发成本，增强创新优势；可以将装备业配套体系建设中的重点、方向、优惠政策及时、广泛地向社会发布，吸引社会力量和社会资金投入机床、汽车零部件、电力设备等具有比较优势的领域，吸引省外零部件企业到云南投资建厂，为主机企业配套服务；依托这个平台，可以组织省内企业围绕机床、汽车、柴油发动机研发的新产品配套需求，改造生产线，增强省内配套能力；还可以建立汽车、机床配套体系支持专项资金，解决企业"融资难、融资慢"的问题，为企业技术创新和扩大规模提供资本支持。

提升贵州外贸国际竞争力的对策研究[*]

贵州作为"欠发达、欠开发"的省份，改革开放以来，特别是"十五"规划以来，对外贸易取得了快速发展，外贸逐渐成为推动贵州经济发展的重要力量。2001—2006 年，贵州进出口总值由 6.46 亿美元增加到 16.17 亿美元，6 年间年均增长率为 25.1%，实现了较快发展。海关统计数据表明，2007 年 1—10 月贵州省外贸进出口继续保持快速增势，共完成进出口总值 17.73 亿美元，比 2006 年同期增长35.4%，快于全国进出口平均增幅 11.9 个百分点，增幅列全国第 10。同期贵州的 GDP 也较快增长，由 2001 年的 1082.19 亿元增加到 2006年的 2267.43 亿元，年均增长 18.25%。但是，我们也应看到，与其他省份相比，贵州外贸总体竞争力不强，市场份额较小，对经济的拉动作用有限；同时，贵州对外贸易高速增长背后还隐藏着许多问题。因此，研究贵州对外贸易国际竞争力对于全面提升贵州外贸竞争力具有重要意义。

一 贵州外贸竞争力现状分析

外贸竞争力是指一个国家或地区可贸易的本国产品、产业以及从事贸易的企业在向本国开放的外国市场上所具有的开拓、占据其他市场并获得利润的能力。本文运用国际市场占有率、贸易竞争指数、出口商品结构转换率、显示性比较优势指数对贵州省近年来外贸竞争力

* 本文发表于《经济问题》2008 年第 7 期。

现状进行分析。

(一) 国际市场占有率

国际市场占有率是指一国或地区产品出口额占全世界产品出口总额的比重。这一比重越大，就说明该出口商品的国际竞争力越强；如果该比重越小，说明出口商品的国际竞争力就越弱。我们分别以中国、贵州出口总额占世界出口总额的比重来计算中国、贵州 2001—2006 年的国际市场占有率。从 2001—2006 年，中国出口总额由 2661.0 亿美元增加到 9691.0 亿美元，年均增长 44.03%；国际市场占有率由 4.4% 提高到 8.0%。同期贵州进出口贸易总额由 6.5 亿美元增加到 16.17 亿美元，年均增长 24.8%，低于全国平均水平 40.9%，国际市场占有率由 0.007% 提高至 0.009%，而贵州占中国出口额的比重从总体上来看呈现出下降的趋势，由 0.16% 逐渐下降至 0.11%。[①] 这说明贵州出口贸易在国际市场上的占有率虽有提高的趋势，但与其他省市相比还有较大差距。

(二) 贸易竞争力指数

贸易竞争力指数又称 TC 指数，主要从商品进出口数量来分析某类商品在国际市场上竞争力的强弱。其计算公式为：$TC = (V - U)/(V + U)$，其中，TC 代表某类产品贸易竞争力指数；V 代表某类产品的出口值，U 代表某类产品的进口值。TC 指数取值范围在 -1 与 1 之间，通常，当 $TC > 0$ 时，则表示该产品净出口；$TC \geq 0.8$ 时，则表示该产品或产业具有很强的出口竞争力，越接近 1，出口竞争力越强；$0.5 \leq TC < 0.8$，表示该产品具有较强出口竞争力；若 $0 \leq TC < 0.5$，表示该产品具有强出口竞争力；若 $TC = 0$，表示该产品具有一般出口竞争力；若 TC 的值为负，则表明该产品为净进口，出口竞争力弱。若 $TC = -1$，表示一国或地区某类产品只有进口没有出口；若 $TC = 1$，表示一国或地区某类产品只有出口没有进口。

2001—2005 年，贵州出口商品中有六类产品的 TC 指数大于 0，

① 贵州省统计局编：《贵州统计年鉴》，中国统计出版社 2001—2006 年版；国家统计局贸易外经统计司编：《中国对外经济贸易年鉴》，中国统计出版社 2001—2006 年版。

它们分别是：农产品、食品（饮料、酒及醋、烟草及烟草代用品的制品）、化工及相关工业产品、塑料及橡胶制品、贱金属及其制品、车辆和航空器及有关运输设备。其中，农产品的出口竞争力较强，2002—2005 年的 TC 指数分别为 0.941、0.977、0.896、0.987，农产品的出口专业化水平较高，是贵州省的出口强项。属于出口专业化水平较高的还有食品（饮料、酒及醋、烟草及烟草代用品的制品），2001—2004 年 TC 指数分别为 0.667、0.936、0.947、0.885；化学工业及相关工业产品，2001—2004 年 TC 指数分别为 0.852、0.874、0.900、0.857。高新技术产品 TC 指数为负，2003—2005 年分别为 −0.451、−0.192、−0.138，属于进口专业化、净进口产品，但 TC 指数一直保持上升趋势。机电产品属于进口专业化产品，2001—2004 年 TC 指数分别为 −0.407、−0.318、−0.251、−0.098，2005 年机电产品的 TC 指数为 0.011[①]，转为出口专业化产品。

（三）出口商品结构转换率

出口商品结构转换率通常以工业制成品在出口总值中所占的比重来表示，是用来评价一国或地区出口商品竞争力发展趋势的重要指标，计算公式为：$P = N/M × 100\%$，其中，P 代表出口商品结构转换率，N 为工业制成品出口值，M 为一国或地区的出口总值。

"十五"规划以来，贵州省出口结构不断优化，出口商品中初级产品比重下降至 30% 左右，工业制成品的出口超过了初级产品，占出口商品的比重达 70% 左右，2004 年，工业制成品的出口比重达到 80.4%，表明工业制成品出口已经成为贵州出口的主导力量。出口商品结构转换率的提升说明贵州出口商品的竞争力在不断增强。但在出口的工业制成品中，机电产品和高新技术产品出口占出口总额的比重偏低，如 2005 年贵州机电产品、高新技术产品出口占出口总额比重仅为 24.4% 和 8.6%，表明贵州出口商品结构仍不合理，出口商品国际竞争力弱。所以，从长远来看，贵州必须加大力度改善出口产品结

---

① 杨晓东、胡勇：《贵州对外贸易发展状况实证分析》，《贵州财经学院学报》2007 年第 2 期。

构，才能真正提高出口贸易的国际竞争力。贵州省 2002—2006 年出口商品比例（初级产品和工业制成品）如表 1 所示：

表 1   贵州省 2002—2006 年出口商品比例   单位:%

年份	初级产品出口所占比重	工业制成品出口所占比重
2002	31	69
2003	25	75
2004	19. 6	80. 4
2005	32	68
2006	30	70

（四）显示性比较优势指数

显示性比较优势指数（RCA），是指一国或地区出口中某类产品所占份额相对于该产品在世界贸易总额中所占比例的大小。其计算公式为：$RCA = (X_i/X)/(Y_i/Y)$，其中，X_i 为一国或地区某类产品的出口额；X 为一国或地区所有产品的出口额；Y_i 为该类产品的世界出口额；Y 为所有产品的世界出口总额。一般来说，RCA < 1，则表明该国或地区在该产业或产品上处于比较劣势；RCA < 1，则表明该国或地区在该产业或产品上处于比较优势，RCA 越大则比较优势越大。若 RCA ≥ 2.5，则具有极强的竞争力；若 1.25 ≤ RCA ≤ 2.5，则具有较强的竞争力；若 0.8 ≤ RCA ≤ 1.25，则具有一般的竞争力；若 RCA < 0.8，则具有较弱的竞争力。

由于统计资料有限，本文在此仅把贸易产品分为初级产品和工业制成品两大类，以 2002—2005 年的 RCA 指数来分析贵州出口贸易的概况（见表 2）。

表 2   2002—2005 年贵州出口商品的 RCA 指数

年份	初级产品的 RCA 指数	工业制成品的 RCA 指数
2002	1. 21	0. 93
2003	2. 27	0. 84
2004	1. 03	0. 99
2005	1. 19	0. 93

资料来源：依据《贵州统计年鉴》（2001—2006）计算得出。

从表 2 可以看出，贵州初级产品的国际竞争力处于中等或一般，其 RCA 指数在 1.03—2.27；同时，工业制成品指数 RCA < 1，说明贵州的工业制成品在对外贸易中仍处于比较劣势地位。因此，贵州在对外贸易中，应在提高初级产品的附加值增加出口创汇的同时，着重培育工业制成品的国际竞争力。

二 影响贵州对外贸易国际竞争力的因素分析

由以上分析可见，作为西部欠发达省份，贵州省近几年外贸虽增幅较高，外贸竞争力整体呈上升趋势，但因基数较低，总体规模一直较小，国际市场占有率较低。贵州对外贸易国际竞争力较弱的原因主要有以下几个方面。

一是科技水平较低，出口产品结构不合理。一个国家或地区的外贸竞争力不仅取决于该国或地区的自然禀赋和资源要素，而且更需要经过投入大量资金、人力资本进行创新后才能获得高科技水平等高级要素的支撑。贵州是欠发达欠开发省份，长期以来由于经济落后，加上体制、政策等诸多原因，科技经费投入少，科技发展总体水平较低。2004 年，全省全社会 R&D 经费投入占 GDP 比重仅为 0.55%，远远低于全国 1.33% 的平均水平，与沿海发达地区相比差距更大。2004 年，贵州省综合科技进步指数排名全国第 28 位，综合科技创新能力排名全国第 27 位；科技促进经济社会发展指数排名全国第 31 位。企业科技创新投入严重不足，企业技术进步受到制约。贵州出口商品结构"十五"规划以来虽逐步得到改善，从原来以初级产品为主导转向以工业制成品为主，但由于科技水平较低，大多数出口产品加工程度较低，属于低科技含量和低附加值的劳动密集型产品，出口竞争力较弱；而机电产品和高新技术产品出口比重偏低，在国际上的竞争力较弱。2003 年，贵州机电和高科技产品出口额占出口总额比重为 27%，工矿产品出口仍占主导地位，约为 60%；2005 年全国高新技术产品出口额占总出口的 28.6%，机电产品出口额占出口总额的 56.1%。而同期贵州高新技术产品和机电产品出口额占出口总额比重分别为 8.6% 和 24.4%，分别与全国平均水平相差 20 个百分点和 32 个百分点。贵州这种出口结构在很大程度上制约了其外贸出口竞争力的提高。

二是出口企业结构不优，外贸经营主体相对集中在国有企业。由于体制等原因，贵州外贸长期以来以国有企业为主。从出口企业所占比重大小来看，贵州国有企业出口所占的比重偏高，而外商投资企业和民营企业所占份额较小，特别是外商投资企业出口增长缓慢，对全省出口拉动作用较弱。以 2005 年为例，贵州外贸出口仍然是以国有企业为主，所占份额最大，达 62.8%，排在第 1 位；其他企业出口占 18.6%，排在第 2 位；外商投资企业出口占 17.4%，排在第 3 位。而从同期全国平均水平来看，国有企业出口比重占 22.2%；外商投资企业是目前全国出口增长和出口结构升级的主要拉动力量，2005 年外商投资企业出口占 58.2%；其他企业出口比重占 19.6%。同期广东国有企业、外商投资企业和其他企业出口所占份额分别为 18.7%、65.0%、16.3%。①贵州国有企业出口比重高出全国平均水平 40 个百分点，高出广东 44 个百分点；而外商投资企业出口比重与全国平均水平相比低 41 个百分点，与广东省相差 47.6 个百分点。贵州长期以来利用外资水平一直较低，外商投资企业出口水平也低，对全省出口拉动的贡献较小。因此，提升贵州外贸出口整体水平，需要进一步加大招商引资力度。

三是出口市场相对集中。从出口市场结构来看，主要集中在欧美、日韩、东南亚和中国香港等地区，约占出口总额比重的 70%，对少数国家和地区市场的依存度过大，而对广大的拉美、非洲、中东、俄罗斯及东欧等国家和地区的出口规模较小，市场多元化格局尚未真正形成。假如其他因素不变，一般而言，外贸出口受制于进口国政

① 杨晓东、胡勇：《贵州对外贸易发展状况实证分析》，《贵州财经学院学报》2007 年第 2 期。

治、经济和军事等因素变化的影响。由于出口市场结构过于集中，不利于出口企业规避风险，也极易导致出口企业之间的无序竞争（如低价倾销等），使贵州全省的外贸出口面临极大的不确定性和风险。

四是加工贸易发展严重不足。从贸易方式看，贵州加工贸易近几年来虽取得长足进展，但出口贸易方式仍以一般贸易为主。2005 年贵州一般贸易占出口总值的 66.3%，加工贸易出口只占 33.7%。而沿海发达地区加工贸易是对外贸易的主体，如广东省 2005 年加工贸易出口占全省出口总额的 73.5%，一般贸易出口比重仅占 22.4%，而同期全国平均一般贸易出口比重占 41.4%，加工贸易占 54.7%；贵州加工贸易所占比重落后全国平均水平 21 个百分点，落后广东省近40 个百分点。而且贵州一般贸易出口的商品多为劳动密集型产品，在国际上极易遭受反倾销制裁。加工贸易发展的严重滞后，在一定程度上影响了贵州出口结构的调整和外贸竞争力的提升。

三 提升贵州外贸出口竞争力的对策

要增强贵州外贸的竞争力，实现外贸收益的最大化，本文认为要重点做好以下几个方面的工作：

（一）调整优化出口商品结构，大力发展优势产业

要面向国际、国内市场，真正实现贵州出口商品由低附加值的初级产品为主向工业制成品为主的战略转变。一方面要大力促进机电和高新技术产品出口，不断增大机电和高新技术产品出口的比重；同时，选择出口潜力较大的机电、化工、制药、车辆、航空器和农产品加工等行业，组织重点攻关，进一步扩大其产业化、市场化和国际化的范围。另一方面，要立足比较优势，发展竞争优势。必须承认，贵州资源密集型和劳动密集型产品的优势依然存在。因此，廉价劳动力和矿产资源还是贵州对外贸易中的两个重要因素。要进一步增强对那些已形成一定规模的资源性产品的精、深加工能力，支持和鼓励企业引进高新技术和先进的管理经验，提高资源性产品附加值和科技含

量，把贵州的资源优势转化为经济优势和竞争优势。同时，积极创新农产品流通体制，大力支持特色农产品出口，提高绿色产品的技术水平和国际市场竞争力以及市场占有率，扩大农产品出口规模以形成规模效应。

（二）积极引导企业参与国际竞争，提升产业竞争力

要树立竞争意识和开放意识，大力发展开放型经济。要坚持对内、对外开放，用好用活"两种资源"和"两种市场"，培养企业的竞争力。首先鼓励企业间的国内竞争，然后"走出去"参与国际竞争。不参与竞争就没有竞争力，只有融入世界产业发展体系，以积极主动的姿态参与国际竞争，在激烈的国际竞争中经受考验并不断完善发展，才能适应国际市场增强自身的竞争力和综合实力。鼓励各种性质的企业公平竞争、共同发展，通过市场选择实现优胜劣汰，形成更具竞争力的企业群体结构。这是培育和增强贵州产业国际竞争力的根本方向。针对贵州省目前多数外贸企业规模相对偏小的实际，省政府有关职能部门应从制度安排上鼓励、推动企业资产重组，通过并购、产权交易和境外上市等方式，促使跨行业、跨地区、跨所有制、跨国大集团企业的形成，推进产业组织结构的调整，扩大其出口规模和比重，实现规模经济，提升产业的竞争力。

（三）加大招商引资力度，扩大加工贸易

经济全球化背景下，发达国家把劳动和资源密集型的产业和高新技术产业中的劳动密集型生产环节向发展中国家转移是一种大趋势。沿海发达省份积极参与全球化，主动承接发达国家的产业转移，加工贸易比较发达。2005 年全国加工贸易占进出口总额的 54.7%，广东省为 77.3%，外商投资企业是加工贸易的主体。而同期贵州省加工贸易出口比重占 33.7%，出口贸易仍以一般贸易为主，而且加工贸易水平不高。今后贵州应将出口贸易与招商引资结合起来。一方面通过招商引资吸收国外的资金和先进技术，实施技术创新，开发新产品；另一方面利用外商的分销网进入国际市场，扩大贵州外贸在国际市场的占有率。

（四）着力改善投资软硬环境，提高外贸出口竞争力

贵州由于位于西南内陆地区，不沿江不沿海，吸引和利用外资的

优势不如广东、上海明显，也没有云南和广西那种区位优势。因此，贵州要想加快对外贸易的发展，利用外资提高外贸的国际竞争力，就必须进一步转变政府职能，创新基础设施环境和制度环境，营造良好的投资氛围。一方面要继续加快交通、运输、电力、能源和邮电通信等基础设施建设；另一方面，加强法制环境、金融环境建设，加强外贸运行监测与协调机制，完善各种服务体系包括公共信息服务网络，加快物流系统建设，改善外经贸发展软环境，为外商生产提供快捷方便的配套服务，以吸引更多的外商来投资，促进贵州产业结构的升级换代，提高出口竞争力。

关于全球化背景下贵州对外贸易发展的思考[*]

一 经济全球化对国际贸易的影响

(一) 经济全球化的实质

目前，对"经济全球化"尚未形成统一的定义。经合组织首席经济学家奥斯特雷认为，经济全球化主要是指生产要素在全球范围内的广泛流动，实现资源最佳配置的过程。美国哈佛大学约瑟夫·奈教授指出："经济全球化即商品、服务、资金、信息远距离的对流。"国际货币基金组织对经济全球化的定义是：跨国商品及服务贸易与国际资本流动规模和形式的增加，以及技术的广泛传播使世界各国经济的相互依赖性增强。笔者认为"经济全球化"的内涵至少应包括这样几点：第一，经济全球化是世界经济发展到一定阶段的结果，它是一个动态的过程；第二，经济全球化是商品（包括有形商品和无形商品）、生产要素（资本、技术、信息）的跨国流动，是一个全球资源配置的过程；第三，经济全球化使各国之间的经济依赖性更强。

经济全球化作为世界经济发展的一种趋势，其主要表现为三个方面：一是企业经营全球化。跨国公司已成为世界经济的主体，它的发展极大地推动了经济全球化进程。二是生产的全球化，主要是跨国公司的生产国际化，即根据国际水平分工将商品生产分散到有关各国进行，这些国家成为生产的国际车间。三是贸易的全球化。目前全球已

* 本文发表于《贵阳学院学报》（社会科学版）2008 年第 2 期。

有 100 多个国家加入 WTO，随着全球化生产的发展，国际分工更加细化，越来越多的国家将加入 WTO，国际贸易将更加繁荣，贸易全球化正在发展。四是金融的全球化。生产和贸易的全球化推动金融全球化形成，金融全球化又反过来促进生产和贸易的全球化进程。

经济全球化，其实质是一场以发达国家为主导、跨国公司为主要动力的世界范围内的产业结构调整。它不但表现在一些产业的整体转移，更表现在同一产业的一部分生产环节的转移。全球化背景下产业结构调整有两种形式：一是发达国家之间，通过跨国公司相互交叉投资、企业兼并，在更大的经济规模基础上配置资源、开拓市场、更新技术，实现了产业升级。二是发达国家把劳动和资源密集型的产业和高新技术产业中的劳动密集型生产环节向发展中国家转移。①

（二）在经济全球化背景下国际贸易的特点

经济全球化使各国经济相互依存和互动加强，对国际贸易产生直接的影响：它使各国之间的货物、服务、资金、技术流动及市场高度融合的趋势明显加强，一国经济的衰退或增长就会影响别的国家，进而影响国际贸易；经济全球化还促使人们的贸易观念更新，把传统的货物贸易与直接投资、金融、服务、技术等因素综合加以考虑，并适应全球化贸易的需要，主动调整本国本地区的产业结构，改革经济体制，发展开放型经济。因此，在经济全球化背景下，国际贸易出现一些新的特点：一是商品结构日趋高级化。技术密集型、高新技术密集型产品贸易的增长速度大于其他商品贸易的增长速度。二是国际贸易格局呈现出全球化与集团化并存的趋势，区域贸易协定（RTA）特别是双边自由贸易协定（FTA）发展迅速。三是绿色贸易开始兴起，绿色环保产品和绿色消费的比重逐步上升，初级产品在贸易中的比重开始下降，特别是掠夺性开发自然资源的初级产品贸易正在受到严格限制，绿色壁垒成为国际贸易保护网。四是贸易网络化，网络贸易的比重上升较快。五是技术壁垒成为发达国家贸易保护主义的新策略。②

---

① 龙永图：《经济全球化与我国对外经贸工作》，《中国经贸》1998 年第 5 期。

② 彭红斌：《当代国际贸易发展的特点探析》，《桂海论丛》2007 年第 4 期。

六是发展中国家制成品出口日渐增多,在国际贸易中的地位正在稳步上升。七是各国外贸额占 GDP 比重大幅升高,贸易仍将是各国经济增长的重要推动力。

二 贵州对外贸易现状

(一) 外贸进出口发展较快

"十五"时期以前,贵州的进出口总额很小,直到"九五"期末的 2000 年才达到 6.6 亿美元。自"十五"时期以来,贵州的进出口贸易有了长足的发展。据海关统计,2005 年,贵州进出口总值达到 14.0 亿美元,比"九五"期末的 2000 年增长 1.1 倍,5 年间年均增长率为 16.3%,实现了较快发展。其中,2004 年突破 15 亿美元大关,创下历史最高水平,同比增长 53.8%,高出全国平均水平 27.3 个百分点,增幅列全国第三位。[①] 2007 年,贵州外贸进出口突破 20 亿美元大关,达到 22.73 亿美元,比上年增长 40.5%,增速在西部地区列新疆(50.7%)、甘肃(43.7%)、云南(41%)之后,排名第四位。外贸依存度(进出口总额/GDP)由 1978 年的 0.61% 发展为 2005 年的 5.92%,2007 年外贸依存度达到 6.31%。从表 1 可以看出,贵州省自"十五"时期以来,除 2004 年超常发展外,其余年份外贸总额和外贸依存度呈逐年递增态势。

表1　　　　　　　　"十五"期间贵州外贸总额及外贸依存度[②]

单位:万美元、%

指标	2001 年	2002 年	2003 年	2004 年	2005 年	2007 年
贵州贸易总额	64645	69147	98431	151373	140334	227300
外贸依存度	4.712	4.603	5.712	7.468	5.922	6.310

资料来源:据贵州省商务厅统计数据、贵州统计年鉴整理得出。

---

① 杨晓东、胡勇:《贵州对外贸易发展状况实证分析》,《贵州财经学院学报》2007 年第 2 期。

② 《贵州统计年鉴》,中国统计出版社 2003—2005 年版。

（二） 外贸市场结构开始向多元化发展

随着世界经济和国际市场需求的持续增长，经济全球化进一步加快，贵州加大了与各国经济贸易合作的力度，逐步形成了有重点、全方位的多元化对外贸易市场格局。根据贵州省商务厅对本省近五年的进出口贸易统计数据分析，贵州省已与 120 多个国家和地区建立了直接贸易关系，产品出口遍及 124 个国家和地区。其中，美国、中国香港、日本、欧盟、东盟已成为贵州省的主要出口市场，多年来贵州对以上"五大传统出口市场"的出口额占全省出口总额在 60%—70%，2005 年，这一比重为 66.3%。具体来说，出口前九名的国家和地区是日本、美国、越南、中国香港、菲律宾、中国台湾、印尼、澳大利亚、泰国，出口占全省出口总额的 67.1%。贵州进口来源地有 54 个国家和地区。进口前十名的国家和地区是印度、加拿大、日本、澳大利亚、美国、泰国、德国、韩国、印度尼西亚和马来西亚，从上述国家和地区的进口额占全省进口总额的 82%。以上数据表明，贵州省外贸市场结构正在明显改善。

（三） 贵州外贸中存在的主要问题

第一是总量偏小。作为西部欠发达省份，贵州省近几年外贸虽增幅较高但因基数较低，总量仍然不大，与全国相比仍未摆脱"资源大省、外经贸小省"的总体特征。贵州省外贸各项指标在全国所占的份额少，对全省经济的外向带动作用不强。2005 年，全省进出口贸易额为 14.03 亿美元，占全省 GDP 的 5.92%，只占全国进出口总额的 0.1%；2007 年全省外贸进出口也只占全省 GDP 的 6.31%。从国际市场占有率来看，2005 年中国出口总额为 7620 亿美元，国际市场占有率为 6.5%，同期贵州出口总额为 8.6 亿美元，国际市场占有率为 0.073‰，国际市场占率太小。横向比较不难发现贵州省对外贸易与发达地区的差距仍然较大。2005 年贵州省进出口总额为广东省的 0.33%。就算与周边的湖南、广西、重庆、四川、云南相比，贵州对外贸易发展明显滞后。2007 年，贵州外贸进出口总额在西南五省区中，位于四川（143.8 亿美元）、广西（92.8 亿美元）、云南（87.8 亿美元）、重庆（74.45 亿美元）之后，处于末位。

表 2 2005 年贵州对外贸易与部分地区比较①

地区	GDP（亿元）	进出口总额（亿美元）	外贸依存度（%）	外贸依存度（%）（1978年）	出口商品中机电产品的比重（%）
贵州	1979.06	14.04	5.92	0.61	23.52
湖南	6511.34	60	7.55	1.86	20.1
广西	4075.75	51.82	10.41	6.11	22.56
云南	3400.15	47.39	12.17		
重庆	3070.49	42.93	11.45	62.12	
四川	7385.11	79.02	8.77	0.47	33.4
湖北	6520.14	90.55	11.38	1.97	25.5
江西	4056.76	40.65	8.21	1.4	19.26
广东	22366.54	4279.65	156.74	14.7	69.04
全国	183084.8	14219.06	63.62	9.8	56.01

资料来源：根据《中国统计年鉴》和各省统计年鉴整理。

　　第二是结构虽有改善，但仍不优。主要表现在以下几个方面：（1）从产品结构上看，出口商品资源型、初级化，以低价格数量扩张为主的问题仍非常突出。2003 年，贵州机电和高科技产品出口占出口总额的比重为 27%，工矿产品出口仍占主导地位，约为 60%；2005年机电和高新技术产品出口占出口比重分别为 24.4% 和 8.6%，而资源型和初级产品出口仍占很大比重。而同期全国高新技术产品出口额占总出口的 28.6%，机电产品出口占出口总额的 56.1%。（2）从出口企业结构来看，贵州外贸出口仍然是以国有企业为主，2005 年国有企业出口比重占 62.8%，外商投资企业出口比重占 17.4%，其他企业出口占 18.6%。外贸企业的效益普遍不高。（3）从出口市场结构来看，主要集中在欧美、日韩和东南亚地区，占出口总额的近 70%，对少数国家和地区市场的依存度过大，而对广大的拉美、非洲、中东、俄罗斯及东欧等国家和地区的出口规模较小，市场多元化格局尚

────────────

① 《中国对外经济贸易年鉴》，中国统计出版社 2003—2005 年版。

未真正形成。（4）从贸易方式上看，加工贸易虽取得长足进展，出口贸易方式仍以一般贸易为主，2005 年一般贸易占出口总值的 66.3%，加工贸易出口只占 33.7%。从沿海发达地区来看，加工贸易是对外贸易的主体，如广东省 2005 年加工贸易出口占全省出口总额的 73.5%。并且贵州一般贸易出口的商品多为劳动密集型产品，在国际上极易遭受反倾销制裁。

三 加快发展贵州对外贸易的对策

经济全球化的进一步发展将促使贵州对外贸易全面参与国际分工与合作，并经受日趋激烈的国际竞争的考验。如何进一步增强贵州外贸的竞争力，在国际竞争中占据有利地位，实现外贸收益的最大化，对于提升贵州省的经济实力和综合竞争力有重要意义。本文认为要重点做好以下几个方面的工作：

（一）积极引导企业参与国际竞争，提升产业竞争力

要树立竞争意识和开放意识，大力发展开放型经济。要坚持对内、对外开放，用好用活"两种资源"和"两种市场"，培养企业的竞争力。首先鼓励企业间的国内竞争，然后"走出去"参与国际竞争。不参与竞争就没有竞争力，只有融入世界产业发展体系，以积极主动的姿态参与国际竞争，在激烈的国际竞争中经受考验并不断完善发展，才能适应国际市场增强自身的竞争力和综合实力。应鼓励各种性质的企业公平竞争、共同发展，通过市场选择实现优胜劣汰，形成更具竞争力的企业群体结构。这是培育和增强贵州产业国际竞争力的根本方向。针对贵州省目前多数外贸企业规模相对偏小的实际，省政府有关职能部门应从制度安排上鼓励、推动企业资产重组，通过并购、产权交易和境外上市等方式，促使跨行业、跨地区、跨所有制、跨国大集团企业的形成，推进产业组织结构的调整，扩大其出口规模和比重，实现规模经济。

（二）调整、优化出口商品结构，做大做强优势产业

要面向国际、国内市场，真正实现贵州出口商品由低附加值的初级产品为主向工业制成品为主的战略转变。一方面，要大力促进机电和高新技术产品出口，不断增大机电和高新技术产品出口的比重；同时，选择出口潜力较大的机电、化工、制药、车辆、航空器和农产品加工等行业，组织重点攻关，进一步扩大其产业化、市场化和国际化的范围。另一方面，要立足比较优势，发展竞争优势。必须承认，贵州资源密集型和劳动密集型产品的优势依然存在。因此，廉价劳动力和矿产资源还是贵州对外贸易中两个重要因素。要进一步增强对那些已形成一定规模的资源性产品的精、深加工能力，支持和鼓励企业引进高新技术和先进的管理经验，提高资源性产品附加值和科技含量，把贵州的资源优势转化为经济优势和竞争优势。同时，积极创新农产品流通体制，大力支持特色农产品出口，提高绿色产品的技术水平和国际市场竞争力以及市场占有率，扩大农产品出口规模以形成规模效应。

（三）加大招商引资力度，扩大加工贸易，实现贸易方式的多样化

经济全球化背景下，发达国家把劳动和资源密集型的产业和高新技术产业中的劳动密集型生产环节向发展中国家转移是一种大趋势。沿海发达省份积极参与全球化，主动承接发达国家的产业转移，加工贸易比较发达。2005 年全国加工贸易占进出口总额的 54.7%，广东省为 77.3%，外商投资企业是加工贸易的主体。而同期贵州省加工贸易出口比重仅占 33.7%，出口贸易仍以一般贸易为主，而且加工贸易水平不高。今后贵州应将出口贸易与招商引资结合起来。一方面通过招商引资吸收国外的资金和先进技术，实施技术创新，开发新产品；另一方面利用外商的分销网进入国际市场，扩大贵州外贸在国际市场的占有率。

（四）进一步改善投资环境，提高外贸竞争力

贵州由于位于西南内陆地区，不沿江不沿海，吸引和利用外资的优势不如广东、上海明显，也没有云南、重庆和广西那种区位优势。因此，贵州要想加快对外贸易的发展，利用外资提高外贸的国际竞争力，就必须进一步转变政府职能，创新基础设施环境和制度环境，营造良好的投资氛围。一方面，要继续加快交通、运输、电力、能源和邮电通信等基础设施建设；另一方面，加强法制环境、金融环境建设，加强外贸运行监测与协调机制，完善各种服务体系包括公共信息服务网络，加快物流系统建设，改善外经贸发展软环境，为外商生产提供快捷方便的配套服务，以吸引更多的外商来投资，促进贵州产业结构的升级换代，提高出口竞争力。

西南五省（市、区）外贸发展比较研究[*]

一 西南5省（市、区）对外贸易现状比较

对外贸易规模和地位、出口商品结构、出口企业经营主体结构、贸易方式等是衡量一国或地区对外贸易发展水平的重要指标。通过分析这些指标，可以看出一国或地区的对外贸易发展状况。

（一）外贸进出口规模及地位

自2003年以来，西南5省（市、区）的对外贸易取得了显著成绩，进出口总值从2003年的150.81亿美元增加到2007年的421.63亿美元，增长了约180%。比较表1中5省（市、区）各年度进出口总值可知，各省市区对外贸易发展态势良好，但外贸进出口规模和地位有很大差异。从总体上来看，自2003年到2007年，西南5省（市、区）外贸进出口规模，按从大到小顺序排列，依次为四川、广西、云南、重庆、贵州。近几年来，贵州对外贸易发展较快，但排名前四位的四川、广西、云南、重庆外贸发展更迅猛，因此，贵州外贸进出口规模与四川、广西、云南、重庆的差距越来越大。

2003—2007年，西南5省（市、区）进出口总值年均增长速度按从大到小的顺序排列，依次是重庆33.6%、云南31.82%、广西30.92%、贵州28.92%、四川26.66%，贵州外贸进出口年均增速位于第四位，分别低于重庆、云南、广西年均增速4.68个、2.9个、

———————————
 * 本文发表于《现代经济》，《现代物业》（下半月刊）2008年第13期。

2.0 个百分点，但同时高于四川 2.26 个百分点。2007 年，西南 5 省
（市、区）外贸进出口总值平均比上年增长 37.4%，增幅比全国平均
水平（23.5%）高 13.9 个百分点。其中，同年增幅最大的是云南
（40.9%），其次是贵州（40.5%），增幅排列后三位的分别是广西
（39.2%）、重庆（36.0%）、四川（30.5%）。①贵州近五年外贸进
出口年均增速之所以高于四川，2007 年增长速度在西南 5 省（市、
区）中列第二位，同年四川外贸进出口总值增长速度排末位：一是由
于近几年来贵州根据国家宏观形势和政策，积极调整对外贸易战略，
扩大对外贸易领域和范围，改善外贸软硬环境和工作机制，对外贸易
取得了长足进步。二是由于四川是西南地区的外贸进出口规模最大的
省，进出口基数大，每增加一个百分点都十分不易，所以增长速度相
对缓慢。

表 1　　　2003—2007 年西南 5 省（市、区）进出口总值比较

单位：亿美元

年份	四川	广西	云南	重庆	贵州
2003	56.40	31.92	26.70	25.95	9.84
2004	68.70	42.88	37.50	38.57	15.14
2005	79.00	51.83	47.40	42.93	14.04
2006	110.20	66.74	62.30	54.70	16.17
2007	143.85	92.80	87.80	74.45	22.73

资料来源：2003—2007 年西南 5 省（市、区）国民经济与社会发展统计公报。

（二）出口商品结构比较

机电产品和高新技术产品出口规模及占出口比重是反映外贸竞争
力的重要指标。以 2006 年为例，西南 5 省（市、区）机电产品出口
规模和占全国机电产品出口（5494.2 亿美元）比重从大到小排列依

---

① 1978—2007 年中国国民经济和社会发展统计公报，中国发展门户网，http://
cn. chinagate. com. cn/reports/2007 – 03/02/content_ 2368315. htm。

次为：四川，24.5 亿美元，0.45%；重庆，22.59 亿美元，0.41%；广西，8.1 亿美元，0.15%；云南，4.5 亿美元，0.08%；贵州，1.73 亿美元，0.032%。[①] 排名第一、第二的四川和重庆，机电产品出口规模大约是广西的 3 倍、云南的 5 倍还多；排在前四位的四川、重庆、广西、云南的机电产品出口额分别是贵州的 14.16 倍、13.06 倍、4.68 倍、2.6 倍，由此对比可以看出，贵州机电产品出口与四川、重庆、广西、云南的差距非常明显。2006 年西南 5 省（市、区）机电产品出口额占各省出口比重，按从大到小排列，依次是：重庆，67.4%；四川，37%；广西，22.5%；贵州，16.7%；云南，13.2%。从这组数据看，贵州排名第四位，位居云南之前，这是因为云南出口绝对数（33.9 亿美元）大于贵州出口绝对数（10.39 亿美元）。

2006 年西南 5 省（市、区）高新技术产品出口额，按出口规模和占全国高新技术产品出口（2815 亿美元）比重从大到小排列，依次是：四川，9.7 亿美元，0.34%；云南，6.7 亿美元，0.24%；重庆，1.36 亿美元，0.05%；广西，1.06 亿美元，0.04%；贵州，0.32 亿美元，0.01%。[②] 排名第一、第二的四川和云南，高新技术产品出口额比排名后三位的重庆、广西、贵州占绝对优势；排名前四位的四川、云南、重庆、广西高新技术产品出口规模分别是排在末位的贵州的 30 倍、21 倍、4.25 倍、3.31 倍，因此，贵州高新技术出口在西南地区中处于落后地位，想赶超其他省份非常困难。如果按照 2006 年高新技术产品出口额占各省外贸出口额的比重大小排列，依次为：云南 19.6%，四川 14.7%，重庆 4.06%，贵州 3.1%，广西 2.9%。这一指标排序贵州位居广西之前，是因为广西同期外贸出口额（35.99 亿美元）远大于贵州出口额（10.39 亿美元）的缘故，广西为贵州的 3.5 倍。

---

① 根据 2006 年国家和西南地区各省国民经济和社会发展统计公报有关数据计算得出。省市数据网，http://provincedata.mofcom.gov.cn/communique/index.asp。

② 同上。

（三）贸易方式比较

2007 年西南 5 省（市、区）一般贸易出口按从大到小的顺序排列，依次是四川 97.8 亿美元、广西 65 亿美元、云南 64.7 亿美元、重庆 63.6 亿美元、贵州 19.56 亿美元。虽然贵州一般贸易出口额排名在末位，但贵州一般贸易比上年增长 49.6%，增幅仅次于云南（52%）居西南第二位，排名在广西（39.5%）①、重庆（34.8%）②、四川（21.1%）③ 之前，说明贵州外贸出口以一般贸易为主。

2007 年，5 省（市、区）加工贸易进出口规模从大到小顺序依次排列为：四川 36.5 亿美元、云南 11.6 亿美元、广西 9.5 亿美元④、重庆 5.1 亿美元⑤、贵州 3.02 亿美元⑥。比较以上数据不难看出，四川、云南、广西无论是一般贸易还是加工贸易，发展都较快；重庆排名较后；贵州排名在最后，并且与排名前四位的差距很大，四川、云南、广西、重庆加工贸易规模分别是贵州的 12.1 倍、3.8 倍、3.2 倍、1.7 倍。

（四）外贸经营主体比较

2007 年，西南地区私营企业进出口规模最大的是四川，仅出口就达 37.2 亿美元；广西（38.1 亿美元）位居第二，重庆（24.9 亿美元）排名第三，云南（23.2 亿美元）居第四，贵州的私营企业进出口规模太小（1.98 亿美元），排名最后一位。虽然贵州私营企业进出口规模最小，但增长速度却是最快的，达 57.7%；其他省份私营企业进出口在同期增幅分别为云南的 50.4%、广西的 53.9%、重庆的 31.1%、四川的 30.7%。这表明贵州的私营企业发展迅猛，是贵州创

① 桂经网，http：//www.gxi.gov.cn/xbkf/xbrd/200802/t20080226_29833.htm。

② 重庆市统计局外网，http：//www.cqtj.gov.cn/sa/3065.htm。

③ 商务部驻成都特派员办事处网，http：//cdtb.mofcom.gov.cn/aarticle/zhuantdy/v/200803/20080305421137.html。

④ 桂经网，http：//www.gxi.gov.cn/xbkf/xbrd/200802/t20080226_29833.htm。

⑤ http：//www.cqgcc.com.cn/2008－01－15/1196882893380.html。

⑥ 2007 年贵州省国民经济和社会发展统计公报，贵州统计信息网，http：//210.72.41.100/index3.jsp? I_CoteID = 4249&&I_ObjectID = 23780&&I_TypeID = 0&&I_CoteType = 1。

新私营企业发展机制，采取切实可行的措施促进私营经济发展的结果。

2005—2007 年，西南 5 省（市、区）外商投资企业进出口值如表 2 所示：[①]

表 2　　2005—2007 年 5 省（市、区）外商投资企业进出口总值

单位：亿美元

省区	四川	重庆	广西	云南	贵州
2005 年	14.9	15.6	17.9	4.0	2.7
2006 年	29.0	20.5	22.0	4.9	1.9
2007 年	49.7	30.2	28.9	5.6	2.5

从表 2 可以计算出，2005—2007 年外商投资企业进出口总值增长最快的是四川，增长 2.34 倍；其次是重庆、广西，分别增长 0.94 倍、0.61 倍；云南增长 0.4 倍，贵州增长 -0.09 倍。

从国有企业进出口规模来看，云南国有企业实力明显较强，2007 年外贸进出口总值为 55 亿美元，在西南地区排名如果不是第一，至少也是第二，因四川省国有企业同期出口为 27.3 亿美元，缺乏进口统计数据；云南国有外贸企业进出口总值占同年全省外贸进出口总值的 62.6%，国有外贸企业在云南外贸中仍然保持主体地位。同期广西、重庆、贵州国有企业外贸进出口总值分别是 22.9 亿美元、19.1 亿美元、17.7 亿美元，分别占各省（市、区）当年外贸进出口总值的 24.7%、25.7%、77.9%，由此看出，贵州国有企业在外贸进出口中占有主体地位。2007 年四川国有企业出口额占全省出口比重的 31.7%，几乎占外贸出口的 1/3。

---

① 国家统计局贸易外经统计司：《2007 中国贸易外经统计年鉴》，中国统计出版社 2007 年版，第 658 页；2007 年西南 5 省（市、区）国民经济和社会发展统计公报，省市数据网，http：//provincedata. mofcom. gov. cn/communique/index. asp。

二 西南5省（市、区）对外贸易中存在的主要问题

近几年来，西南地区对外贸易发展迅速，在推动西南5省（市、区）经济发展过程中发挥了重要作用，但同时在发展中也存在一些问题：

一是经济的开放度较低。外贸依存度和出口依存度在一定程度上可以反映一国或地区经济的外向型程度。根据2007年西南各省（市、区）国民经济和社会发展统计公报有关数据，计算全国及西南各省区外贸依存度和出口依存度如表3所示：[①]

表3 2007年全国、西南各省（市、区）外贸依存度、出口依存度情况

单位：%

类别	四川	广西	重庆	云南	贵州	全国
外贸依存度	10	12	14	14	6	66
出口依存度	6	7	8	8	4	37

资料来源：根据2007年西南地区各省（市、区）及全国国民经济和社会发展统计公报计算。

表3显示，2007年西南5省（市、区）外贸依存度太低，最高的重庆和云南也只是14%，最低的贵州仅6%；5省（市、区）同年平均外贸依存度为11.2%，低于全国平均值54.8个百分点，如果与东部发达地区相比差距更大。2007年出口依存度最高的云南和重庆也不到10%，5省（市、区）平均出口依存度仅为6.6%，低于同期全国平均水平30.4个百分点。这说明目前西南地区经济的开放度还很不够，外向型经济发展严重滞后，在一定程度上制约着对外贸易的规模

---

① 2007年全国及西南各省份国民经济和社会发展统计公报，省市数据网，http://provincedata. mofcom. gov. cn/communique/index. asp。

和质量。

二是出口商品结构不合理。西南地区出口商品资源型、初级化、以低价格数量扩张为主的问题仍非常突出，而机电和高新技术产品出口严重不足。2006 年西南 5 省（市、区）机电和高新技术产品出口总额分别是 61.42 亿美元、19.14 亿美元，仅占同期全国机电产品和高新技术产品出口总额的 1.12%、0.68%，与广东、浙江、上海、福建、山东等沿海发达地区相比，差距相当大，5 省（市、区）机电和高新技术产品出口总额及在全国同类产品的出口中所占比重远远不及发达省份。如同期广东、浙江、山东机电产品出口额占全国机电产品出口比重分别达 34.9%、9.97%、3.37%，高新技术产品出口占全国同类产品出口比重分别为 37.10%、3.61%、2.30%。

三是贸易方式不合理。西南 5 省（市、区）进出口商品中还是以一般贸易为主，一般贸易比重偏大而加工贸易比重偏小。2007 年，广西、四川、云南、重庆、贵州一般贸易进出口占各省市区进出口商品的比重分别达 70.0%、68.0%、73.7%、85.4%、86.1%，5 省市区一般贸易进出口总值占全部进出口商品的比重平均为 76.6%，比当年全国平均水平（44.5%）高出 32.1 个百分点；而加工贸易进出口分别占各省市区进出口比重的 10.2%、25.4%、13.2%、6.9%、13.3%，5 省市区这一比重平均为 13.8%，较同期全国平均水平（45.4%）低 31.6 个百分点。说明西南地区贸易方式仍以一般贸易为主，加工贸易虽取得可喜成绩，但还相当不够。

四是出口企业经营主体结构不合理，国有企业在西南 5 省（市、区）中仍然保持外贸出口的主体或支柱地位，外商投资企业和其他企业的比重偏小。以 2007 年贵州为例，国有企业出口占全省出口总额的 62.8%，超出全国平均水平 40.2 个百分点；外商投资企业出口比重为 17.4%，低于同期全国平均水平 41 个百分点。同期广东国有企业、外商投资企业出口所占份额分别为 18.7%、65.0%。① 这表明外

① 杨晓东、胡勇：《贵州对外贸易发展状况实证分析》，《贵州财经学院学报》2007 年第 2 期。

商投资企业对西南地区外贸出口的拉动作用还不大，需要进一步提高外商投资企业出口的规模和水平。

五是出口市场结构不尽合理。西南5省（市、区）出口市场主要集中在欧美、日韩、东南亚和中国香港等地区，约占出口总额比重的70%，对少数国家和地区市场的依存度过大，而对广大的拉美、非洲、中东、俄罗斯及东欧等国家和地区的出口规模较小，市场多元化格局尚未真正形成。假若其他因素不变，一般而言，外贸出口受制于进口国政治、经济和军事等因素变化的影响。由于出口市场结构相对过于集中，不利于出口企业规避风险，也极易导致出口企业之间的无序竞争（如低价倾销等），使西南地区的外贸出口面临极大的不确定性和风险。

三 结论与建议

通过以上比较分析，我们不难得出如下结论：包括四川、重庆、广西、云南、贵州在内的西南5省（市、区）对外贸易发展滞后于全国水平，更加滞后于东部发达地区水平，也滞后于本地区经济社会发展的需要。就西南5省（市、区）而言，由于历史的、交通等原因，经济发展在全国处于落后水平，尽管对外贸易取得了长足的发展，但还是处于相对劣势地位，这可以从进出口规模、出口产品结构、贸易方式等指标反映出来。西南5省（市、区）经济的开放度偏低的现象制约了经济的发展，不利于西南在西部地区的崛起。西南地区的对外贸易发展滞后已成为制约西南各省（市、区）经济发展和崛起于西部的重要原因之一。同时也表明西南地区对外贸易具有较大的发展空间。

党的十七大报告提出，要拓展对外开放广度和深度，提高开放型经济水平；要扩大开放领域，优化开放结构，提高开放质量。我们认为，要实现西南地区对外贸易又好又快发展，需要加强以下几方面的工作：

第一，要解放思想，更新观念，扩大开放。在经济全球化的背景下，随着我国经济的不断发展，改革开放的深化扩大，综合国力和国际影响力的增强，这对西南地区对外贸易提出了新的更高的要求，同时也对加快对外贸易的发展提供了更加广阔的舞台。因此，要不断更新观念，解放思想，深刻认识对外贸易对西南发展的重要意义；要一切从实际出发，充分考虑西南地区的区位、产业发展水平、资源禀赋、现实条件等内部因素，同时，又要考虑全国、西部、沿海、沿江及周边对外开放的态势、国家宏观调控政策等外部因素；既不能好高骛远、一味"追赶"发达地区，也不能安于现状、无所作为，必须找准符合西南地区实际的定位，把中央实现又好又快发展的要求同西南地区的实际结合起来，制定准确的对外贸易发展目标和战略，大力发展开放型经济，提高开放型经济水平。积极引导企业参与国际竞争，提升产业竞争力。鼓励各种性质的企业公平竞争、共同发展，通过市场选择实现优胜劣汰，形成更具竞争力的企业集群。

第二，提高利用外资水平，改善外贸出口结构。根据西南地区外贸出口中加工贸易比重偏低的实际，今后西南各省区应将出口贸易与招商引资结合起来。一方面通过招商引资吸收国外的资金和先进技术，实施技术创新，开发新产品；另一方面利用外商的分销网进入国际市场，扩大西南各省市区外贸在国际市场的占有率。要进一步提高利用外资的水平，利用外资要以制造业为主，在扩大机电产品和高新技术产品出口的同时，加快农产品的加工增值和出口创汇步伐。要通过利用外资和外贸进出口，改造西南地区的支柱产业和传统产业，改造、提升国有企业。不断优化出口商品结构，降低"两高一资"产品的出口比重，提高以磷化工为代表的化工产品的附加值和创汇能力。要实施出口企业经营主体和出口市场的多元化战略，逐步提高外商投资企业、其他企业在出口中的比重；努力开拓国际市场，在继续做好东盟、日本、中国香港、美国、欧盟等传统市场出口的基础上，开辟并增大拉美、非洲、中东、俄罗斯及东欧等国家和地区市场出口的比重。

第三，着力改善投资软硬环境，提高外贸出口竞争力。进一步转变政府职能，创新基础设施环境和制度环境，营造良好的投资氛围。一方面，要继续加快交通、运输、电力、能源和邮电通信等基础设施建设；另一方面，加强法制环境、金融环境建设，加强外贸运行监测与协调机制，完善各种对外贸易服务体系包括对外贸易政策体系、公共信息服务体系，培育外经贸中介服务组织，加快物流系统建设，改善外经贸发展软环境，为外商生产提供快捷方便的配套服务，以吸引更多的外商来投资，促进西南地区产业结构的升级换代，提高外贸竞争力。

贵州矿业经济可持续发展战略选择[*]

一 贵州矿业发展中存在的问题

近几年来，贵州矿业对全省经济发展的贡献越来越大，根据资料反映 2007 年，矿业经济已占全省 GDP 的 45%；[①]2009 年，贵州矿业经济总产值已达 1548.52 亿元，占全省规模以上工业企业总产值的 67%，占全省 GDP 的 48.8%，矿业经济已占全省经济的半壁江山，矿业已经成为贵州省的支柱产业。[②]

虽然贵州矿业对全省经济社会发展发挥了重要作用，但也存在一些不容忽视的问题。主要有四个方面的问题。

从宏观调控上来看，没有制定可行性的矿产资源开发规划和矿产资源产业政策，矿产资源的开发缺乏控制和指导。导致矿业产业结构不合理，矿业经济效益和社会效益较差。表现在两方面：一是以资源的高消耗、高排放、高污染和低效益，以牺牲环境为代价的增长模式；二是以低级、粗放型的开发模式为主，小矿山多，大中型矿山企业少；矿山企业经济效益差、产值小，矿产资源优势没有转化为经济优势。

从矿山结构和规模来看，大、小型矿山结构不合理。一方面，贵

---

* 本文发表于《现代物业》2014 年第 11 期。

① 新华网，2007 年 1 月 28 日。

② 新华网，2009 年 10 月 1 日。

州矿山以小型矿山为主，小矿山占全部矿山数的98％左右，而大型矿山还不到1％；① 另一方面，虽然贵州的一些优势矿产资源如煤、磷、铝土矿、汞、锑、锰、金、重晶石、硫铁矿、稀土、镓等，储量大分布广，在全国占有重要地位，但是，这些重要的矿产资源目前已经开发出来的基地少，规模不大，没有形成规模经济。为此，急需调整和优化矿山的规模和结构。

从矿产资源开发利用方式来看，粗放型、外延式的开发模式为主，采矿回采率、选矿回收率和综合利用率等指标偏低，用国家关于矿产资源产业开发的有关政策和行业标准衡量，差距还很大，矿产资源综合利用效率低，对资源和生态环境造成严重破坏。比如，"占全省原煤产量70％以上的乡镇个体煤矿，回采率平均为15％左右。同时，采矿引起的植被破坏、水土流失、河床淤塞等现象增多，引发的地质灾害日渐频繁，使本已十分脆弱的生态环境遭到进一步的破坏"。②

从矿产企业的规模和加工能力来看，从事矿产开发的企业规模普遍小，缺乏精深度加工和防污治污能力，生态环境破坏严重。贵州省的矿产企业以小型企业为主，约占全部矿产企业的97％，大中型矿产企业数量不到3％；小型企业受资金、技术和人才的限制，缺乏对生态环境的保护、修复意识和能力，矿产资源的综合利用水平和能力极低。比如，全省大多数小矿山企业生产技术落后，目前仍采用"手工挖矿、车拉肩扛式"的原始采矿方法，"采易弃难，采富弃贫"成为大多数矿产企业的潜规则，在矿产资源开发中浪费现象普遍严重；多年来，乡村个体私营小矿山企业非法开采和经营问题一直没有得到有效治理，矿产资源和生态环境因无序胡乱开采遭到严重破坏。

---

① 朱学书等：《贵州矿产资源开发利用现状分析》，《贵州地质》2012年第3期。
② 袁景国、朱德彬、王林：《贵州矿产资源开发与可持续发展问题初探》，《中国科技信息》2008年第19期。

二 贵州矿业经济可持续发展战略选择

贵州矿业经济要实现可持续发展，必须走矿业循环经济的路子。为此，要选择以下发展战略。

1. 打造矿业经济产业集群

发展矿业循环经济就要着力提升矿产品加工的档次，加强矿产品深加工业和提高附加值，延长矿业的产业链，走产品多样化、特色化的路子。贵州矿业经济由于受技术水平落后、人才不足、资金短缺等因素的制约，开发利用方式粗放，主要矿产如铝、煤、磷矿等深加工不够，没有形成完整的产业链，或者说产业链条短，矿业经济的增长主要是依靠原矿或初级矿产品的贸易拉动，属于粗放、外延式增长，缺乏核心竞争力。为了培育贵州矿业企业的市场竞争力，推动矿业经济的健康发展，一方面，贵州矿业产业要千方百计延长产业链。可以通过矿业企业之间的纵向联合或兼并来做长产业链条。为此，要大力引进先进技术，以冶炼业为龙头，优先发展冶炼业，提高冶炼业技术水平，开发新产品，提高矿产品的附加值。为矿产品的进一步精深加工或延长产业链打下基础。另一方面，加快培育贵州矿业产业集群速度，充分利用矿业集群效应，推动矿业经济可持续发展。因为，"产业集聚可以通过竞争效应、学习效应和产业关联效应提高产出效率"。[①] 贵州应充分发挥矿产资源丰富的优势，吸纳有竞争力的省外、国外的矿业企业和财团来黔投资，有序、优先开发煤电化、煤电铝、磷化工产业，打造煤、磷、铝业新品牌。贵州的煤、磷、铝三大矿业企业可优先联合电力、冶金、化工、电信业等，形成联合体；选择与国内外有实力、技术先进的大型企业合作或合资，合作方式上可以是横向联合也可以是纵向合并，实现技术、管理、资金、市场的全面

---

① 胡蓉：《白山市矿产资源型产业集群发展研究》，博士学位论文，中国地质大学，2010年。

联合。

贵州发展矿业产业集群要注意优化矿产资源开发布局与结构。要按照贵州省委省政府提出的"工业强省"、"城镇化"带动战略,加速推进磷矿资源整合,加快建设织金—息烽—开阳—瓮安—福泉磷煤化工经济带;积极推进六盘水、黔北、黔西等煤化工基地建设;加快建设黔西—织金—清镇煤电铝、煤电化循环经济区,以及黔中、黔北铝、锰等资源精深加工区。通过发展矿业产业集群,就可以延长贵州矿业产业链条,改变矿业粗放生产的局面,达到综合利用矿产资源的目的。

2. 走资源节约型和环境友好型发展路子

贵州要完成"两加一推"战略目标,必须走资源节约型和环境友好型发展路子。"发展资源节约型产业,对矿产资源循环利用具有节约自然资源、能源和环境保护三重效应"。[①] 发展贵州矿业循环经济要强化资源型产业节约和高效利用的政策导向,要坚决淘汰那些高消耗、高排放、重污染、生产技术落后的矿业企业。贵州的矿产资源企业必须依靠科技进步,转变经济发展方式,走集约开发、可持续发展的道路,合理利用矿产资源,建设资源节约型和环境友好型社会,这也是贵州实现"两加一推"战略目标的重要内容。

贵州要按发展循环经济的思路建立矿产资源开发利用新模式,不断提高矿产资源开发利用效率。要真正发挥市场对矿产资源配置的决定性作用,优化配置煤、磷、铝土矿、汞、锑、锰、金、重晶石、硫铁矿、稀土等重要和优质矿产资源,节约使用资源和能源,减少资源浪费,争取资源消耗和环境破坏最小化,社会效益和经济效益最大化,实现资源效益、经济效益、环境效益和社会效益的统一,逐步建立资源节约型的社会生产体系和社会消费体系。

如前所述,由于贵州的矿产企业以小型企业为主,开矿技术水平落后,对矿产资源的加工利用方式粗放,治理污染和保护环境的技术

---

① 罗杰·珀曼著:《自然资源与环境经济学》,张涛译,中国经济出版社 2002 年版,第 60—69 页。

手段欠缺，对矿区生态环境造成了严重破坏。加之贵州矿业长期以来重开发轻保护，忽视对生态环境的保护和修复，本来就欠下了沉重的环境旧债。所以，总体来看，贵州生态环境在发展矿业经济中遭受的污染比较严重，环境治理、生态恢复工作任重道远。因此，贵州在开发利用矿产资源时要大力推行清洁生产和节能减排，不断降低万元矿业产值的能耗、水耗和污染物排放量；同时，严格遵循"开发与保护并重"的原则，加强政府对矿山生态环境的监管工作，建立"源头治污"工作机制，严格控制或减少污染源的产生，努力实现"三废"达标排放。

3. 实施人才战略，发展技术先导型产业

贵州属于西部欠发达、欠开发地区，不仅缺乏资金，而且还缺乏人才和技术。贵州虽有一批矿产资源勘查研究机构和一定数量的从事矿产资源开发的专业人才队伍，但与全国其他省份相比，与贵州实施"工业强省"、"城镇化"带动战略对人才的需求相比，矿业循环经济方面的人才还有很大缺口。贵州发展矿业循环经济，要实施矿业人才引进战略，制定优惠政策，积极引进新型人才，尤其是具备高素质、高技术的矿业人才和矿业企业家，引领贵州省矿业循环经济的健康发展。

贵州的矿产资源产业要形成自己的特色才有市场竞争力，矿产资源优势才能转化为经济优势。因此，技术创新就成为贵州矿产资源产业发展的重点和方向。一方面，发展科技先导型的矿产资源产业，将先进适用的现代科学技术与贵州矿业生产结合起来，把科技成果转化为现实的矿业生产力，依靠科技进步不断提高矿业生产的技术密集程度，推动资源型产业的优化升级，提高贵州矿产资源产业的竞争力；另一方面，发展高技术型的资源产业，拓展矿业产业空间，带动相关产业如机械制造业、智能机械、现代服务业的发展。

4. 建立循环经济生态矿业园区，推动矿业经济可持续发展

循环经济生态矿业园区是一种在矿业园区内部的循环运动，是发展矿业循环经济的主要载体。"它将一定区域内的矿业按照物质循环、生物和产业共生原理组织起来，构成一个矿产资源充分利用的产业链

条和产业网",将单个矿业企业内无法综合利用的一部分废料、矿渣、能量、副产品等投入到矿业园区内其他矿业企业,作为其他企业的原材料或动力,首尾相接相互耦合,"通过废物交换、循环利用、清洁生产等手段"①,在园区内形成一个物质闭路循环和能量多级利用的企业网络组织。"在网络内实现物流、能量流和信息流的和谐流动"②,以最大限度地充分利用资源和减少负面环境影响,最终达到物质和能量的最大化使用和废弃物的最小排放的状态,实现矿业循环经济和可持续发展的目标。

---

① 刘江龙、吴湘滨:《循环经济理念下西部地区矿业发展模式研究——以贵州省松桃苗族自治县为例》,《资源与产业》2011 年第 5 期。
② 李赋屏:《广西矿业循环经济发展模式研究》,博士学位论文,中国地质大学,2005 年。

落实科学发展观 促进贵州经济
又好又快发展[*]

党的十六大以来的 5 年，贵州各族人民在省委省政府的领导下，全面贯彻落实科学发展观，经济发展取得巨大成就，全省 GDP 由 2003 年的 1344.31 亿元增加到 2007 年的 2710.28 亿元，增加了 1 倍多，是我省经济发展最快、效益最好的时期。但是，由于贵州是"欠发达、欠开发"省份，经济文化比较落后，与其他地区特别是与东部发达地区相比，贵州的经济发展水平相对较低。省第十次党代会报告深刻指出，实现历史性跨越，今后 5 年是我省重要的战略机遇期。我们一定要进一步增强抢抓机遇、加快发展使命感、责任感和紧迫感，发扬"人一之我十之，人十之我百之"的锲而不舍、顽强拼搏精神，紧紧抓住、切实用好这些机遇。所以，我们应全面落实科学发展观，积极抢抓机遇，进一步扩大开放，加快转变经济发展方式，促进贵州经济又好又快发展。

一 十六大以来贵州经济
发展取得巨大成就

（一）经济总量跨上新台阶，经济质量明显改善

贵州省统计局的统计数据显示，2003—2007 年，贵州省生产总值

＊ 本文发表于《现代经济》，《现代物业》2008 年第 2 期。

由 1344.31 亿元增加到 2007 年的 2710.28 亿元①，5 年年均增幅达 11.7%，比 1998—2002 年的年均增幅 8.7% 快 3 个百分点。

过去的 5 年，贵州经济发展不仅速度是贵州历史上最快的时期之一，而且质量和效益也是最好的时期。2007 年，贵州实现财政总收入 556.78 亿元、地方财政收入 284.9 亿元，这两项指标分别是 2002 年（203.03 亿元、108.28 亿元）的 2.7 倍、2.6 倍，5 年分别年均增长 22.4% 和 21.4%，分别比 1998—2002 年年均增长 10.5% 和 13.5% 快 11.9 个和 7.9 个百分点。工业经济效益大幅度提高，规模以上工业综合指数从 2002 年的 98 点提高到 2007 年的 192 点，提高了 94 点；规模以上工业企业实现利润由 2002 年的 21.41 亿元增加到 2007 年的 176.49 亿元②，增加了 7 倍多。

（二）产业结构不断优化，重点产业对经济增长的贡献明显增强

2007 年生产总值的三次产业比例调整为 16.8∶42.3∶40.9，第一产业的比重比 2002 年降低了 7 个百分点，第二、第三产业的比重分别比 2002 年提高了 2.1 个和 4.9 个百分点。5 年来，贵州坚持把培育和壮大重点产业作为工业结构调整的重点来抓，工业结构呈现出新的格局。全省工业增加值由 2002 年的 370 亿元增加到 2007 年的 1006.02 亿元，增加了 1.72 倍，年均增长 14.8%，比 1998—2002 年年均增幅 9.9% 快 4.9 个百分点。能源、冶金、烟酒、化工、民族制药等特色行业在国民经济中的主导地位不断巩固，这五大行业对工业增长的贡献率达到 75.2% 以上，电力工业作为第一大支柱行业的贡献作用进一步加强。

（三）全社会固定资产投资每年跨上一个新台阶

2003—2007 年是贵州经济建设发展最快的时期，也是全省固定资产投资规模不断扩大和增速最快的时期。全省全社会固定资产投资总额 2002 年为 631.5 亿元，比上年增长 18.3%；2003 年投资总额突破

---

① 贵州省统计局：贵州省国民经济和社会发展统计公报，2003—2007 年，华通数据中心，http：//data.acmr.com.cn。

② 中国经济网数据中心，http：//database.ce.cn/district/fxbg/xb/200802/13/t20080213_14506899.shtml。

700 亿元，达到 754.13 亿元，增长 19.2%；2004 年突破 800 亿元 （867.16 亿元），增长 15%；2005 年突破 1000 亿元大关，达到 1014.63 亿元，同比增长 17.8%；2006 年突破 1100 亿元（达到 1193.31 亿元），增长 17.2%；2007 年突破 1400 亿元大关（达到 1485.57 亿元），比 2006 年增长 24.0%。2003—2007 年全省全社会 累计完成固定资产投资总额 5314.8 亿元，年平均递增 18.6%，投资 总量实现历史性突破，一批以交通、水利、能源为重点的基础设施建 设取得历史性突破。

（四）以国企改革为重点，体制创新取得突破性进展

2003 年以来，贵州国企改革取得突破，国有企业建立现代企业制 度、实行股份制改造顺利推进。截至 2007 年年底，在国内上市的企 业全省共 17 户，其中 5 户是 2003—2007 年新上市的。非公有制经济 在国民经济中发挥越来越重要的作用，2007 年非公有制经济占全省 GDP 的比重为 31.4%。

（五）加大招商引资力度，扩大对内对外开放

招商引资成效显著，以沃尔玛为代表的一批世界 500 强企业进入 贵州。2003—2007 年累计引进省外到位资金和实际吸收外资分别达到 1154.5 亿元和 4.23 亿美元，年均增长 49.8% 和 25.3%。对外贸易取 得突破性进展，2003—2007 年累计完成进出口总额 76.21 亿美元，是 1998—2002 年进出口总额的 2.4 倍。其中，2007 年完成进出口总额 22.73 亿美元，比上年增长 40.5%。

（六）城乡居民收入保持较快增加

全省城镇居民的人均可支配收入逐年上升，由 2002 年的 5930 元 增加到 2007 年的 10678.4 元，扣除价格因素，5 年年均增长 9.7%， 比 1998—2002 年年均增长 6.9% 快 2.8 个百分点。农村居民收入增长 也较快，由 2002 年的 1490 元增加到 2007 年的 2374.9 元，扣除物价 因素，比上年实际增长 11.6%，比 2002 年增长 885 元，考虑价格因 素，2003—2007 年农民人均纯收入 5 年年均增长 6% 以上。

二　贵州经济发展中存在的主要问题

（一）经济总量小，人均水平低

2007 年，贵州全省 GDP 为 2710.28 亿元，在全国 31 个省市区中的排名（不含港澳台）列第 26 位，在西部地区 12 个省市区中仅列第 8 位；按常住人口计算，人均 GDP 为 6835 元（按 2007 年人民币年均汇率，1 美元兑换 7.5215 元人民币，折合成 909 美元），与全国平均水平（18665 元）相差 11830 元，[①] 在全国和西部地区都排名末位。

财政收支方面，2007 年贵州实现地方一般预算收入 284.94 亿元，比上年增长 25.6%；财政支出 787.59 亿元，同比增长 29.0%。从总额来看，分别列西部地区第 8 位和第 7 位，但从增长速度来看，却分别居于第 11 位和第 7 位。

以上数据表明，贵州的经济发展水平在西部也处于中下游水平，贵州要实现跨越式发展面临极大的挑战。

（二）城镇化严重落后于经济发展水平

资料显示，现在世界上发达国家的城镇化水平普遍在 70% 以上，欠发达国家的城镇化平均水平达到了 45%，我国的城镇化水平也达到 43.9%，按国际上公认的"世界平均模式"（即人均收入在 1000—1500 美元的国家，城镇化率应在 35%—45%）衡量，贵州 2007 年人均 GDP 为 900 美元左右，按"世界平均模式"，城镇化率应该达到 35%，2006 年贵州省城镇化水平为 27.5%，落后于世界同等经济发展水平的国家和地区 7.5 个百分点。分别比全国和西部平均水平低 16.4 个和 8.2 个百分点，仅相当于全国 1991 年的水平，并且差距呈逐年拉大的趋势，是全国城镇化水平唯一低于 30% 的省份。城镇化严重滞后于经济发展水平。城市化水平的滞后，严重影响了生产要素特

---

① 2007 年全国及各省市区国民经济和社会发展统计公报，省市数据网，http：//provincedata. mofcom. gov. cn/communique/index. asp。

别是农村剩余劳动力的流动，造成了城乡经济发展水平悬殊，农业现代化进程受阻，大大限制了第二、第三产业的发展。

（三）产业结构不合理

贵州三次产业结构演变的总趋势是不断优化，农业比重明显下降，而第二、第三产业比重同步较快提升，三次产业的比重由 2002 年的 23.8：40.2：36 演变成 2007 年的 16.8：42.3：40.9。但由于贵州工业基础薄弱，与全国（11.7：49.2：39.1）相比，2007 年第一产业高出全国 5.1 个百分点，第二产业低于全国 6.9 个百分点。

第二产业中仍以传统工业为主，工业基础差，增长方式仍然粗放，高新技术产业产值在工业总产值中的比重偏低。轻、重工业发展不协调，轻工偏轻、重工偏重，产业链条短，产业层次处于低端，精加工、深加工、高附加值产品较少。而且现有工业企业规模偏小，产值及利润较低。2007 年，贵州全省进入全国工业企业 500 强的仅有 3 家，规模工业增加值（843.74 亿元）仅占全国的 0.89%，而利润仅占全国的 0.77%。

第三产业中内部结构很不合理，仍以劳动生产率较低的传统服务业为主导，新型服务业和现代服务业发展不足。生产性服务业的发展落后于消费性服务业的发展。服务业的发展主要集中在批发零售、交通运输、餐饮住宿等劳动密集型部门，而金融、信息、科研、文化、咨询等技术密集型和知识密集型的新兴现代服务业仅仅处于起步阶段，增长缓慢，比重较低。2007 年，全省批发和零售业、住宿和餐饮业及交通运输、仓储业等实现增加值 387 亿元，占第三产业的比重为 35%；而新兴现代服务业如金融业、房地产业占第三产业的比重分别仅为 8.6%、9.1%。贵州现代服务业领域狭小，竞争力弱，发展后劲不足。

（四）增长方式粗放，结构性矛盾突出

根据国家统计局、国家发改委、国家能源领导小组办公室联合发布的 2006 年各省、自治区、直辖市单位 GDP 能耗等指标公报，贵州省 2005 年、2006 年单位 GDP 能耗为 3.25 吨标准煤/万元、3.188 吨标准煤/万元，高于同期全国 2.03 吨标准煤/万元、1.982 吨标准煤/

万元；单位工业增加值能耗分别为 5.38 吨标准煤/万元、5.21 吨标准煤/万元，分别高于同期全国 2.79 吨标准煤/万元、2.68 吨标准煤/万元；单位 GDP 电耗分别是 2461 千瓦时/万元、2633.8 千瓦时/万元，分别高于同期全国 1102.5 千瓦时/万元、1237.9 千瓦时/万元。[①] 以上数据对比表明，贵州各项能耗指标均高于全国同期水平，反映贵州的经济发展走的仍然是高投入、高消耗、低产出、低效益的粗放型道路。如果不尽快转变经济发展方式，大量消耗能源和矿产资源，传统的粗放型的经济发展方式不仅难以为继，而且会严重影响生态平衡，给贵州经济社会发展带来严重的后果。

此外，体制和机制的问题突出，市场化和对外开放水平不高，非公有制经济比重偏小等问题依然存在，需要加大改革力度加以解决。

三　促进贵州经济又好又快发展的建议

党的十七大报告提出，促进国民经济又好又快发展，实现未来经济发展目标，关键要在加快转变经济发展方式、完善社会主义市场经济体制方面取得重大进展。这一深刻论述，对贵州经济发展具有十分重要的指导意义。要完成贵州省第十次党代会提出的实现贵州经济社会发展的历史性跨越的奋斗目标，必须认真贯彻落实科学发展观，把促进贵州经济又好又快发展作为中心工作抓紧抓好。为此，笔者认为应重点从以下几方面着手。

（一）深刻领会和正确处理"又好"与"又快"的辩证统一关系

什么是又好又快地发展？经济发展中的"好"包含有经济平稳发展以及发展的总体效果要好的意思，是指经济发展质量提高、效益增长、结构优化、消耗降低，强调的是经济发展中的质量和效益；"快"，是指经济发展的速度较快。两者是辩证统一的关系，互为前提

---

① 国家统计局综合司：2005 年、2006 年各省（市、区）单位 GDP 能耗等指标公报，http：//www.stats.gov.cn/tjgb/qttjgb/qgqttjgb/t20070712_ 402417255.htm。

和基础。又好又快就是要保持经济平稳较快发展，防止出现大的起落。这反映了中国经济发展理念的一大转变，即由过去更多地强调发展的速度，转为更注重发展的效益、增长的质量，实现科学发展。也就是说，经济快速发展要与结构、质量、效益相统一，要与社会发展相统一，要与广大人民群众生活质量的普遍提高相统一。

目前，贵州的经济总量虽然比较小（在全国和西部地区的排名分别为第 26 位和第 8 位），但贵州经济的发展具备许多有利条件和难得机遇，因此，要"好"字优先，在确保质量和效益的基础上，按照能快则快的原则加快经济的发展。否则，就势必使贵州与其他省份的差距越拉越大。

（二）明确政府在经济发展中的定位，切实转变政府经济管理职能

经济的发展离不开政府的作用，现代经济的发展更是如此。正如诺思在《经济史中的结构与变迁》一书中所指出的："国家的存在是经济增长的关键，然而国家又是人为经济衰退的根源。"① 但是，政府要有所为有所不为，应由市场机制发挥作用的领域，就要充分发挥市场对资源配置的基础性作用，由市场来调节和配置资源，防止政府越位。因此，必须明确政府在经济发展中的定位，加快转变政府的经济管理职能，正确发挥政府在经济发展中的作用。政府在经济发展中的作用主要是为市场主体提供服务，创造良好的环境，维护公平竞争的秩序，如提供公正的法律框架，保障市场经济的正常秩序；确保宏观经济运行稳定，防止通货膨胀，保证充分就业，实施社会保障并维护社会公平，保护生态平衡等。为此，要加快推进政企分开、政资分开、政事分开、政府与中介组织分开，减少并规范行政审批，完善投资核准和备案制度，规范政府投资行为。

（三）落实科学发展观，转变经济发展方式

要实现经济发展方式的转变，必须以科学发展观为统领，解决制约转变的深层次问题。

① ［美］诺思：《经济史中的结构与变迁》，上海三联书店、上海人民出版社 1994 年版，第 20 页。

（1）牢固树立"保住青山绿水也是政绩"的发展理念，完善领导干部政绩考核机制。转变经济发展方式，不仅包含经济增长方式的转变，即主要从依靠增加资源投入和消耗来实现经济增长的粗放型增长方式的转变，而且包括结构、质量、效益、生态平衡和环境保护等方面的转变。针对贵州生态脆弱的实际情况，省第十次党代会提出实施环境立省战略。因此，要建立并完善能体现科学发展要求的领导干部综合考核评价体系，将节约资源的责任和效果纳入各级政府的目标责任和干部政绩考核体系中。引导各级政府和领导干部在制定发展规划、出台重大政策、实施项目建设、推动经济发展时，始终坚持"节能降耗"原则，找到又好又快发展的切入点，确立科学的经济发展目标模式。

（2）推进科技创新。加快建构以企业为主体、以市场为导向、产学研紧密结合的技术创新体系，鼓励企业增加研发投入，加大技术改造和技术创新力度。围绕贵州重点产业和特色优势产业的发展，积极引进国内外先进技术并加以消化吸收和创新。这是转变经济发展方式的中心环节。

（3）加快产业结构的调整和优化。第一，要积极发展现代农业。要立足资源特征、地方特色和各民族特点，着眼市场需求，搞好科学规划和布局，实行一村一品、一地一策，积极发展现代农业，抓紧抓好粮食生产不放松，大力发展生态畜牧业、特色农业和农村非农产业。以"绿色、有机、高效"为方向和重点，加快农产品结构的调整。通过扶持农产品加工和储运保鲜企业、培养农村经纪人队伍、发展农民专业合作组织和订单农业等措施，大力促进农业产业化经营，努力把特色农业做大做强。加强农业信息化建设，加大农业科技成果的转化力度，提高农业增长的科技含量。着力提高农民素质，广泛开展农业适用技术培训和职业技能培训，培养新型农民。加快农村富余劳动力向非农产业和城镇转移，大力做好劳务输出工作。积极发展农村金融、商贸、运输等服务业，综合发挥各类信息网络对"三农"工作的服务作用，完善产前、产中、产后服务体系。

第二，走新型工业化道路，做大做强做优煤及煤化工、磷及磷化工、铝及铝加工和冶金工业，充分发挥气候资源的立体优势和生物资源的种源优势，巩固壮大"两烟一酒"支柱产业，加快发展民族制药、特色食品等特色优势产业。一方面，要加快能源、化工、冶金等高耗能耗电行业的结构调整和技术改造，坚决淘汰其落后生产能力、工艺装置和技术设备；另一方面，大力发展航天航空、电子信息、新材料和新能源等高新技术产业。运用信息技术等高新技术和先进适用技术改造提升传统产业，推进企业信息化，发展先进制造业。积极引导和推进国有经济布局和企业组织结构调整，发展壮大一批销售收入超过100亿元的大企业大集团；提高重点产业及骨干企业的核心竞争力、市场占有率和对经济增长的贡献率。推动工业布局聚集化，引导企业、资金、技术、人才等集聚发展，促进专业化生产、社会化协作和集约化发展，培育一批在国内领先、有国际竞争力的特色产业集群。

第三，坚持以旅游业为龙头，大力发展服务业。一是充分发挥我省丰富独特的旅游资源、多姿多彩的民族民间文化和宜人居住的气候等组合优势，推进旅游与文化相结合，努力建设旅游大省。二是加快发展金融保险、现代物流、商务、信息、管理咨询、科研和综合技术服务、会展、旅游、房地产、教育培训、医疗服务和社会服务等现代服务业，着力发展金融、物流、商务、信息、科技等现代生产性服务业，加强服务业和加工业的融合。三是积极运用现代经营方式和信息技术，改造和提升交通运输、商贸流通、餐饮、家政等服务业，加强现代服务业基础设施建设，积极发展连锁经营、物流配送、电子商务、特许经营等新型业态，不断提高服务业信息化水平。四是积极发展市政公用事业、文化娱乐等服务业，积极发展适应社会需求的社区服务业。

（4）加快实施环境立省战略，推进生态建设和环境保护。坚持在保护中开发、在开发中保护，寓生态建设于资源开发之中，融资源开发于生态建设之中，通过植被保护、小流域治理、土地整治和水土保持等措施，大力实施石漠化治理工程。巩固退耕还林成果，认真实施植树造林、封山育林、天然林保护工程，保护生物多样性，探索资源节约、环境美好、产业发展生态化与生态建设产业化的路子，实现经济效益、社会效益、生态效益相统一。大力发展循环经济，把发展经济与节约资源、保护环境结合起来。建立健全环境与发展综合决策制度，坚持把节能降耗、治污减排、生态修复作为战略性任务和基础性工作来抓，推进节能节水节地节材，严格控制浪费资源、污染环境、破坏生态的项目。加强矿产资源的勘查、保护与合理开发，提高资源综合利用水平。

（5）进一步加快非公有制经济发展。改革开放以来，非公有制经济在贵州国民经济中发挥越来越重要的作用，2007年非公有制经济占全省生产总值的比重为31.4%，非公有制经济已经成为贵州省新的经济增长点。但相对于东部发达地区，贵州省非公有制经济比重还较低，不利于贵州经济发展方式的转变和经济又好又快发展。因此，要大力培育和加快发展非公有制经济，把发展非公有制经济作为做大做强贵州省经济的突破口，贯彻平等准入、公平待遇原则，允许非公有资本进入法律法规未禁入的行业和领域，认真落实并不断创新支持非公有制经济发展的政策措施。完善非公有制经济信用担保体系，开展对非公有制经济的产业引导、创业辅导、人才培训、咨询服务，改善非公有制经济发展的社会环境。

革命根据地经济史研究

土地革命时期根据地借谷票述论[*]

在土地革命战争时期，粮食问题是关乎苏维埃红色政权能否巩固的大问题，因此，在苏区内"为粮食而斗争就是为苏维埃政权的斗争"。①各根据地为解决粮食问题曾先后多次向当地群众借粮借谷，并发给借粮群众借谷票或借粮收据。迄今为止，对革命根据地借谷票方面的研究成果相当少，已有的仅是票据文物收藏方面的研究成果，如洪荣昌编的《红色票证：中华苏维埃共和国票证文物收藏集锦》，主要是从收藏方面对土地革命时期我党发行的苏维埃粮票、借谷证、借谷收据等进行收集整理，以展示各种类型的票证图片为主。本文以土地革命时期根据地发行的借谷票为考察对象，对当时苏维埃临时中央政府向群众借谷的原因、三次借谷运动及发行的借谷票、借谷规定、借谷方法等作一研究，分析借谷运动和借谷票在土地革命战争中的重要作用。

一　向群众借谷的背景和原因

（一）为弥补革命根据地红军和苏维埃政府粮食不足

在土地革命时期，各根据地苏维埃政权建立起来后，红军和苏维埃政府的粮食供给主要通过三种途径解决：一是征收土地税。如中央

---

*　本文发表于《贵州财经学院学报》2011年第4期。

① 源远：《鄂豫皖苏区为粮食而斗争》，载《革命根据地经济史料选编》（上册），江西人民出版社1986年版，第79页。

革命根据地从 1932 年起，"土地税已逐步征收"，全苏区土地税谷总量，1934 年秋已达到 20 万担。二是收集红军公谷。《中国工农红军优待条例》第二条规定："凡红军战士，家在白色区域的，以及新由白军中过来的，则有苏区内分得公田，由当地政府派人代耕。"在"苏区内分得的公田"就是红军公田，在红军公田上生产的谷子即为红军公谷。1934 年秋，中央革命根据地红军公谷任务数为 5000 担。三是经济建设公债。① 1934 年 1 月 23 日，第二次全苏代表大会主席团、中共中央作出《关于完成推销公债征收土地税收集粮食保障红军给养的突击运动的决定》，指出"收集粮食保障红军给养"，"是彻底粉碎敌人五次'围剿'的主要条件之一。这一粮食的来源，最大的是建设公债，其次是土地税与红军公谷"。但是，由于敌人对革命根据地长期的经济封锁和红军反"围剿"战争消耗，加上敌军的抢掠骚扰以及自然灾害带来的粮食歉收，以及我们的宣传动员工作没有完全到位等原因，导致土地税和红军公谷的征收效果并不理想，通过发行建设公债征集粮食的计划也没有如期完成。"根据中央财政部报告，建设公债的发行，至今五个多月，到金库的谷款还不及半数，其中最严重的为鄮都、赤水、广昌、宁化、宜黄、汀东等县，集中谷子还不及十分之一，博生、胜利、赣县、万泰、长汀等县也还不及百分之三十；土地税征收，虽已于十二月在各县普遍开始，但至今征收总数，还不及十分之一……红军公谷也大部分未交到仓库，以致红军部队及政府机关食米不够供给。这些严重现象，当然是由于公债推销与土地税征收没有成绩的结果。目前是冬尽春初，米价日益腾贵，如公债及土地税谷子，再不迅速收集，直接影响红军部队及政府机关粮食的供给，间接更将便利于富农奸商的操纵，引起米价飞涨，而影响到工人、农民及一般贫苦群众的生活。"② 为解决红军部队及苏维埃政府机关的粮食供给不足问题，根据地苏维埃政府不得不多次向群众借

---

① 温时明：《中央苏区时期粮食工作概况》，《中国粮食经济》2003 年第 3 期。
② 《第二次全苏代表大会主席团、中国共产党中央委员会关于完成推销公债征收土地税收集粮食保障红军给养的突击运动的决定》，载《革命根据地经济史料选编》（上册），江西人民出版社 1986 年版，第 459 页。

粮食。

（二）为扩大红军作战部队，首先必须解决粮食供给问题

1933 年 2 月 8 日，中共苏区中央局作出《关于粉碎敌人四次"围剿"的决战前面党的紧急任务决议》，要求"最大限度的扩大与巩固主力红军，在全国各苏区创造一百万铁的红军"。为了解决扩大红军而发生的粮食困难，1933 年 3 月 1 日，中华苏维埃共和国临时中央政府发布第 2 号训令，决定向苏区群众借谷 20 万担，要求在两个月内完成。1933 年 3 月 5 日，中央内务人民委员部发布《关于解决粮食问题》的布告，指出：由于敌人对革命根据地连续不断疯狂进攻，粮食问题日益严重，要求各根据地人民群众齐心协力，共同支持红军的粮食给养。[①] 同年 5 月 20 日，中央国民经济人民委员部颁发第 1 号训令：《发动群众节省谷子卖给粮食调剂局》。该训令指出：粮食问题尤为紧迫，不仅关系红军的给养，而且直接影响工农劳苦群众的日常生活。目前粮食缺乏，谷价飞涨，中央革命根据地有些地方已经发生粮荒。训令要求："我们为要解决这个问题，除由粮食调剂局分向各县、区、乡比较谷米多的地方采买外，各县国民经济部应即提出主席团召开区、乡代表联席会议，此项会议，须有贫农团、工会及妇女代表的参加，热烈讨论在最近两月内每人要设法节省谷子一斗。卖给粮食调剂局的问题，要从各方面去鼓动群众，说服他们。使他们了解这是帮助战争。"[②]

（三）向根据地群众借粮也是为了保护群众粮食免遭白军抢劫

1933 年年初，中央革命根据地遭到国民党军队的大规模军事"围剿"，根据地许多地方被敌人洗劫一空，粮食和猪、牛等财物被敌人抢去无数。1933 年 3 月 1 日，中华苏维埃共和国临时中央政府执行委员会发出向根据地人民群众借谷的 20 号训令，该训令指出：根据江西、福建省许多地方政府报告，各根据地革命团体纷纷请求，认为

---

① 赵增延、赵刚：《中国革命根据地经济大事记（1927—1937）》，中国社会科学出版社 1988 年版，第 84 页。

② 《为发动群众节省谷子卖给粮食调剂局》，载《革命根据地经济史料选编》（上册），江西人民出版社 1986 年版，第 329 页。

帝国主义国民党现在实行大举进攻，对苏区群众实行大烧、大杀、大抢政策。其中，福建的龙岩已全县被摧残，群众损失不可数计。"永定的溪南区被白军抢去谷子2万余担。江西方面，过去三次战争被白军杀人数千，烧屋数万，抢去谷米数十万担，猪牛各数万头。目前，蒋介石、陈济棠的几十万白军，又已开始向苏区猛进，烧杀抢劫，业已开始。我英勇红军，正在各地和白军作残酷的战斗，但缺乏粮食，各地革命群众愿意自己节省食用，借出谷米，供给红军，好把万恶白军完全消灭，彻底粉碎帝国主义国民党的大举进攻，才保得住苏区群众不受摧残。"[1]

实际上，从1933年开始，苏区粮食奇缺，依靠征收土地税、红军公谷、公债谷已经无法满足红军的不断扩大和战争费用不断增长的需要。对此，中华苏维埃共和国临时中央政府不得不作出决定，在各根据地开展大规模的借谷运动。

二 借谷运动

借谷运动是中华苏维埃共和国临时中央政府依靠根据地群众解决粮食问题的非常举措。从1933年起，临时中央政府在全苏区开展了3次借谷运动，较好地缓解了军粮紧缺的局面。

第一次借谷运动。1933年春天，为了取得第四次反"围剿"战争的胜利，红军迅猛扩大，粮食供给发生了严重困难。为了保障红军的供给，中共苏区中央局作出决定，要求"集中一切经济力量，借20万担谷子来帮助革命战争"。[2] 于是，临时中央政府决定向群众借谷20万担，并要求在两个月内完成这一任务。在临时中央政府人民委员会、中共苏区中央局的号召下，第一次借谷突击运动迅速在各革

---

① 财政部财政科学研究所、财政部国债金融司：《中国革命根据地债券文物集》，中国档案出版社1999年版，第17页。

② 温时明：《中央苏区时期粮食工作概况》，《中国粮食经济》2003年第3期。

命根据地轰轰烈烈地开展起来。革命根据地各级苏维埃政府采取各种形式，动员宣传群众开展借谷竞赛运动，实际上向群众借谷 16 万担。据记载："去年（指 1933 年——笔者注）我们工农群众热烈地借了16 万担谷子给苏维埃，解决了前方红军的粮食问题。"① 第一次借谷运动取得良好效果，为红军取得第四次反"围剿"战争的胜利做出了积极贡献。

第二次借谷运动。1934 年 6 月，为了取得第五次反"围剿"战争的胜利，红军迅速增加，需要供给大量的粮食给红军。1934 年 6 月2 日，中共中央委员会、中央政府人民委员会在《红色中华》第 198期上联合发布《为紧急动员二十四万担粮食供给红军致各级党部及苏维埃的信》，指出："在我们党中央与人民委员会的号召与领导之下，红五月扩大红军已达二万七千，在六、七两月我们更要进一步地为完全实现并超过五万新战士而坚决斗争。红军的猛烈扩大与革命战争的急剧开展，要求我们以更大批的粮食，来供给我们的英勇作战的红军。可是我们把现在所有粮食的数量和我们所需要的数量相比，我们的粮食还是不够得很，我们还差二十四万担谷子。为着保证红军的给养，为着保证前线的战斗，我们无论如何必须动员二十四万担谷子来给与红军。"为完成这一战斗任务，该信要求各级党部及苏维埃必须："第一，真正开展群众的节省三升米的运动，从节省中得到七万五千担谷子……来供给大批新战士与前方战争的需要。""第二，必须没收地主，征发富农的粮食六万五千担。""第三，必须努力发动群众借十万担谷给红军。"并要求"于七月十日前完成"借谷任务。② 根据地群众热烈响应党和苏维埃政府的号召，纷纷节省粮食借给苏维埃政府和英勇的红军部队，使第二次借谷运动取得了良好的效果，百分之百完成了任务。各省、县收集粮食的统计数字如表 1 所示：

---

① 《红色中华》1934 年第 198 期。
② 《为紧急动员二十四万担粮食供给红军致各级党部及苏维埃的信》，载《革命根据地经济史料选编》（上册），江西人民出版社 1986 年版，第 471—474 页。

表 1   **各省县收集粮食数目**①

县别	没收征发谷	群众节省谷	向群众借谷	合计	各省合计
中央直属县					
瑞金	1200	6000	4000	11200	
西江	1700	5000	4000	10700	
长胜	1500	4000	3500	9000	
太雷	1300	3000	2500	6800	37700
江西省					
广昌	600	500	3000	4100	
洛口	3000	5000	20000	28000	
乐安	3000	1500	10000	14500	
赤水	5000	2000	10000	17000	
宜黄	500	500	2500	3500	
博生	2000	5000	5000	12000	
石城	1800	3000	4000	8800	
胜利	1500	5000	4000	10500	
兴国	1000	6000	5000	12000	
龙冈	1000	1000	5000	7000	
永丰	800	2000	2800		
万太	2000	2000	1000	5000	125200
赣南					
杨殷	1000	1500	2500		
赣县	2000	5000	2000	9000	
登贤	1600	2500	2000	6100	
鄙都	2200	4000	2，000	8200	25800
福建省					
长汀	1500	2000	3500		
兆征	1000	1500	2500		
连城	500	300	800		
汀东	1000	1000	2000		
新泉	500	500	500	1500	10300

---

① 资料来源:《革命根据地经济史料选编》(上册),江西人民出版社 1986 年版,第 474—475 页。

续表

县别	没收征发谷	群众节省谷	向群众借谷	合计	各省合计
闽赣省					
宁化	2000	3000	5000		
归化	1000	1000			
泉上	3000	1000	4000		
澎湃	15000	500	4000	19500	
建太	2000	500	2000	4500	34000
粤赣省					
会昌	2000	3500	3000	8500	
门岑	500	500	9000		
总计	64700	75000	102300	242000	242000

第三次借谷运动。1934 年夏天，在第五次反"围剿"战争中，由于军事上的"左"倾路线，中央革命根据地红军处于不利地位，根据地日益缩小。与此同时，红军不断扩大，粮食供给十分紧张。在这种情况下，临时中央政府在 6 月初第二次借谷运动后，7 月下旬决定再次向根据地群众借谷 60 万担。1934 年 7 月 22 日，中共中央委员会、中央政府人民委员会作出《关于在今年秋收中借谷六十万担及征收土地税的决定》，决定号召："这里粮食的继续不断的供给，是极端重要的条件。为了保证红军今后粮食的供给，中央特批准各地苏维埃与工农群众的请求：举行秋收六十万担借谷运动，并决定立即征收今年的土地税，随着武装保护秋收的运动，争取迅速切实的完成，以供给各个战线上红军部队的需要。"①

第三次借谷运动在党和苏维埃政府的领导下，根据地人民群众积极参与，在不到一个月的时间，就完成了预定目标任务。1934 年 9 月 30 日，《斗争》杂志第 73 期发表了中央政府粮食人民部部长陈潭秋的文章《秋收粮食动员的总结》，文章指出：秋收借谷运动，不到一

① 《中共中央委员会中央政府人民委员会关于在今年秋收中借谷六十万担及征收土地税的决定》，载《革命根据地经济史料选编》（上册），江西人民出版社 1986 年版，第 476 页。

个月的时间，就大大超过了预定计划。原定计划是借谷60万担，动员的成绩是动员借谷68万8千担，实际收集58.2万担（未收集的大部分是迟熟的地方，还未割禾）。①

三 借谷票的发行、借谷的规定及方法

（一）发行借谷票或临时借谷证

土地革命时期，中华苏维埃共和国临时中央政府向根据地群众举行三次借谷运动，并责成财政人民委员部向借谷群众统一发给借谷证、借谷票或临时借谷收据。目前，发现的借谷票据主要有以下几种：

1. 中华苏维埃共和国临时中央政府临时借谷票

这批临时借谷证目前只发现有两种面额：一种是10斤的，另一种是20斤的。10斤面额的临时借谷证上方是借谷证名称，从右至左弧形书写"中华苏维埃共和国临时中央政府临时借谷证"；借谷证冠名下方是由镰刀和斧头组成的党徽图案。党徽图案下方有一装饰线，装饰线下方则是借谷的数额，由右向左书"干谷十斤折米七斤四两"；以冠名中的"谷"、面额中的"两"是属繁体还是简体为标志，临时借谷证可以分为5种不同版式：即繁体"谷"、繁体"两"字版，繁体"谷"、简体"两"字版，简体"谷"、繁体"两"字版，简体"谷"、简体"两"字版，倒"特"、倒"委"字版。借谷证中央盖"中华苏维埃共和国临时中央政府财政人民委员部"红色圆形印章；左下方盖临时中央政府财政人民委员（即部长）邓子恢的方形红色印章。借谷证数额下面竖印有三条关于借谷证的说明（类似"条例"），对借谷的目的、用途，还谷的日期等作出了明确规定："一、中央政府为借给战时紧急军食，暂向群众借谷，特给此证为凭。二、借油盐

---

① 陈潭秋：《秋收粮食动员的总结》，载《革命根据地经济史料选编》（上册），江西人民出版社1986年版，第487页。

者可按时价折成米谷，发给此证。三、持此证者，于一九三三年早谷收成后，可向当地政府如数领还新谷。"落款是"财政人民委员邓子恢"。① 面额是 20 斤的借谷证其构图与 10 斤的一模一样，弧形冠名从右至左书"中华苏维埃共和国临时中央政府临时借谷证"；冠名下面同样是镰刀与斧头组成的图案。图案下面由右向左书写"干谷贰十斤折米十肆斤半"；下半部的三条说明与 10 斤的一样，字体和红色圆形印章比 10 斤的大许多。上述两种中华苏维埃共和国临时中央政府临时借谷证都是用毛边纸铅字印刷的（见图 1、图 2）。

图 1　10 斤借谷票

图 2　20 斤借谷票

---

① 参见洪荣昌《红色票据：中华苏维埃共和国票据文物收藏集锦》，解放军出版社 2009 年版，第 62—66 页。

2. 中华苏维埃共和国红军临时借谷证

这批红军临时借谷证目前发现有面额"干谷壹千斤"、"干谷伍百斤"、"干谷壹百斤"、"干谷伍拾斤"4 种。第一种，面额为"干谷壹百斤"、黑色版的红军临时借谷证。此种借谷证由中华苏维埃共和国中央政府人民委员会发行，落款是人民委员会主席张闻天、粮食人民委员陈潭秋。此证为竖式，正面上方由右向左弧形书写"中华苏维埃共和国"8 个字，左右两边各有一个黑底圆圈白色五角星；下面一弓形图案，图案下方从右至左横书"红军临时借谷证"7 个字，这 7 个字的左右两边分别是 3 个黑色的小五角星。"红军临时借谷证"下面画有一粗一细的两条黑线，粗细线下方为借谷数额，由右向左书写"干谷壹百斤"5 个红字。此证白底黑字红印章，中间为使用此证的规定和说明共三条：

一、此借谷证，专发给红军流动部队，作为临时紧急行动中沿途取得粮食供给之用。

二、红军持此借谷证者，得向政府仓库、红军仓库、粮食调剂局、粮食合作社、备荒仓及群众借取谷子，借到后即将此证盖印交借出人收执。

三、凡借出谷子的人，持此借谷证，得向当地政府仓库领还谷子。或做缴纳土地税之用，但在仓库领谷时，证上注明在甲县借谷者，不得持向乙县领取。

在上述三条规定的文字上盖有中华苏维埃共和国中央政府人民委员会的圆形红色印章；落款处分别盖有人民委员会主席张闻天、粮食人民委员陈潭秋的方形红色印章。在红色圆形印章正下方，有红色方形空印框架，内为黑色文字："此借谷证已在××县××区向××借得谷子由领谷机关在此处盖章为证"。此证在"中华苏维埃共和国"与"红军临时借谷证"之间的弓形图案上印有红色编号；但此证没有注明具体发行时间（见图 3）。

第二种，面额为"干谷伍百斤"、黑色版的红军临时借谷证。这种借谷证除面额不同外，与第一种红军临时借谷证相比，其版式和构图一模一样（见图 4）。

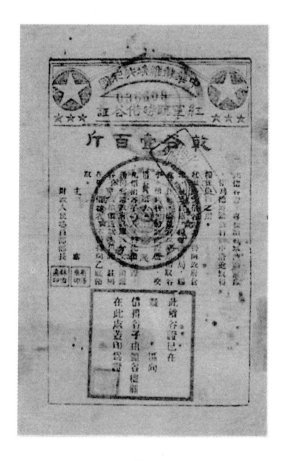

图3

第三种，面额为"干谷伍拾斤"的蓝色版红军临时借谷证，这种借谷证除面额不同、蓝色字体外，其版式与构图与第一种相同。

第四种，面额为"干谷壹千斤"的黑色版红军临时借谷证，除面额不同外，其构图、版式与文字说明与第一种一模一样。

3. 中华苏维埃共和国红军借谷票

此种借谷票有面额50斤、100斤两种。面额50斤的票为花边框，正面框内上方从左至右弧形印有"中华苏维埃共和国借谷票"。下行印有面额"干谷50斤"。中间为群众挑粮上前线支援红军的图案。下方印有"此票专为一九三四年向群众借谷充足红军给养之用"，落款

图 4

"粮食人民委员陈潭秋"（加盖小方印章）。票的四角均印有红色字体
"伍拾"（见图 5）。此票背面为两小长方形框格，左、右框格里分别
竖写还谷的说明："凭票于一九三六年九月向苏维埃仓库取还干谷 25
斤正"，落款为"粮食人民委员陈潭秋"（并加盖印章）；"凭票于一
九三五年九月向苏维埃仓库取还干谷 25 斤正"，落款同样是"粮食人
民委员陈潭秋"（并加盖印章）（见图 6）。面额 100 斤的借谷票，与
50 斤票类似，不同之处为：面额不同（干谷 100 斤），正面的图案也
不同，是红军战士行军图；四角印的数字不同，上面左右两角在圆圈

中印有阿拉伯数字"100"，下面左右两角圆圈中印有红色"一百"字样（见图7）。背面与50斤借谷票类似，不同的是在一九三五年九月、一九三六年九月分别还干谷50斤（见图8）。

图5　50斤借谷票

图6　50斤借谷票背面

图7　100斤借谷票

图8　100斤借谷票背面

（二）借谷有关规定

临时中央政府向根据地群众的三次借谷运动，在各级苏维埃政府的领导下，按照借谷运动的有关规定，采取广泛宣传动员、群众自愿的原则有序地进行。第一次借谷运动，按照原来的规定是在两个月内完成既定计划。根据中华苏维埃共和国临时中央政府中央执行委员会

1933 年 3 月 1 日发布的向群众借谷的训令要求，借谷任务由原来的两个月缩短为一个月。该训令规定：①借谷运动的完成，一定要靠很好的宣传鼓动工作，禁止不做宣传而用强迫摊派的命令主义方法。②各地借谷数目的分配，一定要从实际出发，绝不可搞"一刀切"。在新苏区和老苏区，产粮丰盛与产粮少的地方要有所区别，不可平均摊派。在老苏区，产米素丰的地方要多借；产米较少的地方应少借。在新苏区，群众基础较好、斗争深入的地方应多借，否则应少借。③各级苏维埃政府要层层召开会议，如各乡主席联席会议、各区乡代表会、贫农团、雇农工会、选民大会等，将借谷计划层层分解落实，并开展竞赛活动。④凡群众借谷，均以取得中央财政人民委员部印发的借谷票为凭。⑤借谷的对象为贫、雇农、中农，不向富农借谷，但富农必须捐款。⑥借谷票可于 1933 年下半年抵纳土地税。完税或抵税有余的，到时凭票向区政府领还现款。⑦借谷票由乡苏主席盖章，并限在本区使用（抵税）。没有乡苏主席盖印的票和不是本区的票，作为废票无效。①

第二次借谷运动，向群众借 10 万担谷子给红军，规定完成期限大约 1 个月时间（从 1934 年 6 月 2 日发布指示信起至 7 月 10 日完成止）。中共中央和中央政府人民委员会致各级苏维埃政府关于动员 24 万担粮食的指示信强调：所借之谷，或是由群众自己从后方运取公谷来归还，或是由下年收土地税时归还，究竟采取哪种方式，由当地粮食机关按所有粮食数量来具体规定。该指示信要求，动员粮食活动中必须有具体的领导，在各地应按照实际情形，决定收集粮食的主要方式。比如在北线，除努力没收征发外，应抓住借谷运动；在东北线，如在澎湃县，则应特别着重于没收征发；在西北线及中心苏区，则应着重于节省。必须坚决反对一切官僚主义与平均主义的做法。中央要求各级党部与苏维埃政府，必须采取宣传动员广大人民群众的办法，坚决反对一切强迫命令的方式征集粮食，指出："各级党部与苏维埃

———————————

① 财政部财政科学研究所、财政部国债金融司：《中国革命根据地债券文物集》，中国档案出版社 1999 年版，第 16—18 页。

必须利用一切可能的宣传鼓动方式，经过支部会议、城乡代表会议与各种群众团体的会议，以及利用各种个别谈话、讲演等通俗的方式，把动员粮食的战斗意义，明白地解释给群众听，把粮食问题与扩大红军及革命战争的中心任务最密切地联系起来。一切强迫命令的方式都是有害的。"① 第三次借谷运动，中共中央和苏维埃中央政府同样要求发动群众，指出："六十万担借谷与土地税征收的迅速完成，完全依靠于各级党与苏维埃，动员乡村的组织与得力的干部，向着每村、每乡的广大群众进行普遍有力的宣传动员。"强调要"引导群众铁一般的团结起来，积极拥护中央的号召，自愿地借出谷子缴纳土地税为着红军。如果抛弃了宣传鼓动，而用摊派的方式借谷，用强迫的办法收土地税，那是完全不对的"。三次借谷运动都有相应的规定，但大体上有几个相同的原则：一是坚决反对摊派、强迫命令的方式向群众借谷；二是在群众中广泛开展政治宣传和动员，开展借谷竞赛运动；三是不搞"一刀切"和平均主义；四是凡向群众借谷要发给借谷票或借谷证。

同时，中央还规定了借谷运动的负责机关，明确提出："借谷与征收土地税的总领导机关是各级武装保护秋收委员会，因此各级秋收委员会，在组织上、工作上须立即建立与健全起来。秋收委员会的责任，不但要领导群众完成秋收，而且要完成一切国家粮食（借谷、土地税、红军公谷等）的收集、运输与保管。"② 规定具体由各级粮食部负责收集工作，财政部和军事部给予粮食部以人员、技术上的帮助和运输上的支持。

（三）开展借谷运动的方法及效果

各级苏维埃政府主要通过政治宣传和动员，在群众中开展节省粮食的竞赛活动来完成借谷任务的。1933 年 5 月 20 日，中央国民经济

---

① 《为紧急动员二十四万担粮食供给红军致各级党部及苏维埃的信》，载《革命根据地经济史料选编》（上册），江西人民出版社 1986 年版，第 472—473 页。

② 《中共中央委员会中央政府人民委员会关于在今年秋收中借谷六十万担及征收土地税的决定》，载《革命根据地经济史料选编》（上册），江西人民出版社 1986 年版，第 476—477 页。

人民委员部以《为发动群众节省谷子卖给粮食调剂局》为题，发布训令第1号，要求根据地各级政府召开各种形式的会议，用竞赛方法，鼓动宣传根据地人民群众，在最近两月内每人要设法节省谷子一斗，卖给粮食调剂局，去调剂苏区粮食和保证红军以及战时粮食的充分供给。1934年4月19日，中央政府人民委员会发出《为节省运动的指示信》，指示信要求：①各级政府主席团及后方军事机关，必须立即制订出具体的节省计划。②为了充分保障红军给养，立即在群众中开展每人节省三升米帮助红军的群众运动。③每人节省三升米的群众运动，必须依据于深入的广泛的群众动员，依靠于群众自觉自愿的原则，及干部带头节省的模范领导作用，防止一切强迫摊派的现象发生。④各级苏维埃政府及后方军事机关工作人员，要多开辟苏维埃菜园、多种杂粮、蔬菜、养猪、养鸡、养鹅等，做到完全能供给工作人员的食用，并以收获的1/3来帮助前方红军。① 1934年5月14日，中共湘赣省委作出《关于经济粮食突击总结与节省运动的决定》，号召政府机关、红军部队深入开展节省一切经济的运动，规定：各级党、团、苏维埃政府、各群众团体，应裁减不需要的工作人员，做到人省工精；机关工作人员每人每天节省二两米。

在各级苏维埃政府的号召下，根据地机关工作人员、干部、学校教员、各群众团体、人民群众积极参加到节省粮食的运动中来。如机关工作人员和干部带头节省口粮，支援前线，由一日三餐改为一日两餐，许多地方的机关工作人员由一天节省二两米到一天节省四两米。机关干部还利用空闲时间在房前屋后开辟荒地、菜园，栽种蔬菜、杂粮，平时吃杂粮，节省米谷支援红军部队。由于充分的政治宣传和鼓动，根据地军民热烈响应，使"借谷运动成了真正的群众运动"，收集粮食的任务比较顺利地完成。各级苏维埃政府在根据地开展节省粮食卖给或借给红军的竞赛运动，许多地方的群众自动退回借谷票，将借给红军的谷子改为节省的粮食，捐献给红军和政府，不要苏维埃政府还。如瑞金陂下区的群众，自动退回借谷票7500斤。1934年秋季

---

① 《为节省运动的指示信》，《红色中华》1934年第179期。

的粮食突击运动，到 9 月 30 日，仅用了一个半月时间，就征集了粮食 71.2 万担，其中借谷 58.2 万担，完成了借谷 60 万担的 97%。因为闽赣各县与江西北部各县最大部分是迟禾，所以不能如期完成任务。除此之外的 20 个县中，有 18 个县的借谷动员都超过了中央给予他们的任务（共超过 5.2 万余担），收集的数目，有 12 个县超过了原定计划（共超过 2.6 万余担）。各县群众自动交回借谷票，要求把借谷改为节省，不要国家归还的 10 余万担，其中："兴国三万八千余担，胜利三万七千余担，杨殷的茶元、拌溪两区、西江的赤鹅区、兆征的德联区、博生的城市，都是全部借谷改为节省。""兴国在热烈动员之下，发动了广大群众的竞赛精神，一个人借几十担以至百余担的很多，并有八十二岁的老妇人节省五十多担，十岁的儿童借谷五担的光荣壮举。"① 又如，福建省各地在借谷运动中表现也不凡，"在秋收借谷六十万担的战斗任务下超过了六万五千担谷子的最低限度的数目字，根据八月底的检查，全省各县共超过了一万多担"。②

四　根据地借谷运动的经验总结

在第四次、第五次反"围剿"战争期间，中共中央和中华苏维埃共和国临时中央政府在各革命根据地开展了三次大规模的借谷运动。第一次向群众借谷 20 万担，实际借谷 16 万担。第二次向群众借谷 10 万担，从 1934 年 6 月开始，到当年 7 月基本完成预定借谷计划。第三次借谷 60 万担，实际完成 58.2 万担。借谷、征集粮食任务的顺利完成，为保障红军和苏维埃政府机关的粮食给养，特别是为取得第四次反"围剿"战争的胜利，确保中央主力红军实现战略大转移奠定了坚实的物质基础，也为革命战争时期如何做好部队和政府机关的粮食

---

① 陈潭秋：《秋收粮食动员的总结》，载《革命根据地经济史料选编》（上册），江西人民出版社 1986 年版，第 487—490 页。

② 革命根据地财政经济史编写组：《革命根据地财政经济史长编》（上·内部资料），1978 年版，第 1550 页。

供给工作积累了宝贵的经验。

第一，各级党组织和苏维埃政府的坚强领导和组织协调，是借谷运动顺利完成的组织保证。"秋收粮食动员是胜利的完成了。这种伟大胜利的取得，最基本的是由于党的坚强的正确的领导"。① 在粮食征集运动中，从党中央、中华苏维埃共和国临时中央政府到各省、县、区、乡党部和各级苏维埃政府，都非常重视粮食征集工作，通过发布决定、训令等各种文告，召开各种会议，将借谷、粮食征集任务层层分解落实，使借谷任务有布置、有落实执行、有效果、有检查总结。通过借谷、征集粮食运动，各级党组织和苏维埃政府得到了锻炼，领导力、执行力、组织能力得到增强。

第二，政治宣传与鼓动，是完成借谷和粮食征集任务的重要途径。在借谷运动中，各级党部、苏维埃政府和粮食部进行了充分的政治动员，在群众中深入开展宣传鼓动工作，"利用一切可能的宣传鼓动方式，经过支部会议、城乡代表会议与各种群众团体的会议，以及利用各种个别谈话、讲演等通俗的方式，把动员粮食的战斗意义，明白地解释给群众听，把粮食问题与扩大红军及革命战争的中心任务最密切地联系起来"②，提高了群众"一切给予战争"的热情，自动自愿地借谷给红军，使借谷运动成了真正的群众运动。

第三，借谷运动要一切从实际出发，不能搞平均分配和摊派，坚决反对一切官僚主义与平均主义。在老苏区与新苏区、产米多的地方与产米少的地方、在边区等不同地方，要有所区别。有的地方适合借谷，有的地方着重节省粮食，产米多的地方要多借，产米少的地方则少借，不能搞"一刀切"。同时，向根据地群众借谷，还要遵守群众自愿的原则，反对强借摊派的命令主义方法。这是确保借谷运动成功的客观前提。

第四，充分发动群众，相信和依靠群众，通过真心实意为人民群

① 陈潭秋：《秋收粮食动员的总结》，载《革命根据地经济史料选编》（上册），江西人民出版社1986年版，第489页。

② 《为紧急动员二十四万担粮食供给红军致各级党部及苏维埃的信》，载《革命根据地经济史料选编》（上册），江西人民出版社1986年版，第473页。

众谋利益来赢得广大群众的支持和参与，是顺利完成借谷任务的群众基础。在创建革命根据地和反"围剿"战争过程中，红军及各级苏维埃政府、粮食部门解决借谷、征集粮食问题的主要办法是依靠群众、发动群众。通过开展土地革命，使农民有史以来第一次分得土地，得到最大实惠，充分调动了农民的劳动生产积极性。在此基础上，在党和苏维埃政府的领导下，通过组织各种形式的生产合作社、犁牛站、耕牛合作社等，大力发展根据地的农业生产，把发展粮食生产当作革命根据地经济建设的最重要任务之一。农业生产的发展，使各根据地人民群众得到了实实在在的实惠，加上在征集粮食、借谷运动中，各级党组织和苏维埃政府广泛开展宣传动员群众、组织竞赛活动，激起了根据地人民群众更加相信和拥护共产党、支援红军、支持苏维埃政府的革命热情，积极投身于节省粮食借给红军和苏维埃政府的运动中来，根据地群众为支援红军反"围剿"战争，省吃俭用，很多群众自愿吃野菜充饥，省出粮食支援红军，做出了巨大牺牲。"各县群众自动交回借谷票，要求把借谷改为节省，不要国家归还的约十余万担。"①

---

① 陈潭秋：《秋收粮食动员的总结》，载《革命根据地经济史料选编》（上册），江西人民出版社1986年版，第487页。

抗日根据地合作社述论[*]

抗日战争时期，共产党领导的敌后抗日根据地和解放区民主政府，开展大规模的生产合作运动，成立了各种形式的合作社，为打破敌人的经济封锁，坚持持久抗战奠定了物质基础。学界对中国革命根据地合作化运动的研究成果较多，既有大量的文献资料，又有不少的研究性论著及论文。但是抗战时期合作社的研究成果较少，已有的研究大多局限于某个具体根据地合作社或某一方面进行探讨①，忽视了从整体上、系统地对抗日根据地合作社进行研究。本文以抗日根据地合作社为考察对象，从整体的视角对抗日根据地合作社的再度兴起、合作社的组织原则、合作社在抗战中的历史作用三个方面展开论述，以期对当前我国农村合作组织的发展提供有益的借鉴。

一　合作社组织的再度兴起

在土地革命时期，中国共产党曾领导苏区军民开展互助合作运

---

　*　本文发表于《安徽农业科学》2011 年第 28 期。

①　相关研究资料主要有：史敬棠编：《中国农业合作化运动史料》，三联书店 1962 年版；中共西北局研究室编：《抗日战争时期陕甘宁边区财政经济史料摘编》，陕西人民出版社 1981 年版。论著如冯开文《合作制度变迁与创新研究》，中国农业出版社 2003 年版；〔美〕马克·塞尔登《革命中的中国：延安道路》，社会科学文献出版社 2002 年版。论文如梅德平《共和国成立前革命根据地互助合作组织变迁的历史考察》，《中国农史》2004 年第 2 期；闫庆生、黄正林《论陕甘宁抗日根据地的合作社》，《甘肃理论学刊》1998 年第 6 期；马冀《抗战时期陕甘宁根据地农业合作社的绩效分析》，《江西社会科学》2008 年第 2 期；王卫红《抗日根据地合作社：历史功绩及经验启示》，《理论探索》2008 年第 4 期；等等。

动，最早可追溯到 1929 年福建上杭县才溪乡创建的劳动互助社，随后各根据地创建的合作社发展迅速。抗日战争时期，由于日、伪、顽的夹攻，加上华北地区连年发生了严重的水、旱、虫等自然灾害，抗日根据地和解放区陷入极端严重的困境。当时根据地军民面临的困难正如毛泽东所说的："我们曾经弄到几乎没有衣穿，没有油吃，没有纸，没有菜，战士没有鞋袜，工作人员冬天没有被盖。……我们的困难真是大极了。"①

在这生攸关的时候，我党清醒地认识到，为了粉碎日寇、伪军、国民党顽固派对抗日根据地的封锁，缓解根据地的财政经济困难，必须领导根据地广大军民开展生产自救活动。1942 年 12 月，在陕甘宁边区高级干部会议上，毛泽东作了《经济问题和财政问题》的报告，提出了"发展经济，保障供给"的经济工作和财政工作的总方针。1943 年 10 月，还是在陕甘宁边区高级干部会议上，毛泽东作了《论合作社》的报告，全面论述了革命根据地合作社的性质及意义，指出发展经济的重要方法是通过合作运动来发展农业生产和其他方面的经济，为根据地合作事业的发展进一步指明了方向。1943 年 11 月，在陕甘宁边区第一届劳模代表大会和边区生产展览会上，毛泽东作了《组织起来》的讲演，号召根据地军民"组织起来"，开展大规模的大生产运动，要求"把一切老百姓的力量、部队机关学校的力量，一切男女老少的全劳动力半劳动力，凡是有可能的，就要毫无例外地动员起来，组织起来，成为一支劳动大军"。而把群众组织起来开展经济自救活动的最重要的方式，就是发展合作社；"发展生产的中心环节是组织劳动力，要求各地在自愿和等价的原则下使广大农民普遍开展劳动互助"。②

正是在党的一系列方针的正确引导下，根据地军民认识到，合作社经济是根据地、解放区重要的经济形式之一；合作社能把有限的力量和生产资料集中利用，发挥集体优势，提高劳动生产效率。只有通

---

① 《毛泽东选集》第三卷，人民出版社 1991 年版，第 892 页。
② 同上书，第 77 页。

过发展多种形式的合作社，才能发展根据地公私经济，克服敌后抗日根据地的财政经济困难，为坚持持久抗战并取得最终胜利奠定坚实的物质基础。

二　合作社的组织原则

第一，确定抗日根据地合作社要以个体经济为基础，即要以私有股份或私有制为基础，而不能以公有股或公有制为基础。这种合作社，是生产资料个人私有和集体使用相结合的经济制度，"农民参加了这种新的劳动互助，他们仍旧保存着各人的土地、耕畜、生产工具和各种财产的私有权，但是在进行生产的时候却是把他们的人力、畜力以至工具几家合作起来进行集体的劳动，这就是建筑在个体经济基础上的集体劳动。这是一种新型的农民生产合作社。"①

1939 年以前，根据地许多地方民主政府与陕甘宁边区一样，曾经实行过以公股为基础的公营性质的股份合作社，未能调动农民生产积极性，合作社没有起到应有的作用。毛泽东针对陕甘宁边区公营性质的合作社曾进行了客观的分析并给予了明确的批判和否定。他指出："一九三九年以前，各地合作社以公家的股金为基础，再加上向群众摊派而得的股金，这时候是带着公营性质的，多成为县、区政府的公营商店。合作社的事业不是面向群众，而主要地是面向政府，替政府解决经费，一切问题由政府解决。一九三九年后，提出了'合作社群众化'的口号，但各地仍多用旧方式在群众中去扩大摊派股金，来推行其所谓'群众化'。因此合作社仍被群众认为是摊派负担，而不被认为是群众自己的。合作社的人员，仍然是和公务人员一样，要群众优工代耕。群众看不到合作社对自己有多大利益，反而增加了群众的劳力负担。由于一九四〇年以后各地政府生产自给任务的增加，于是

① 陕甘宁边区财政经济史编写组：《边区的农业劳动互助》，载《抗日战争时期陕甘宁边区财政经济史料摘编》（第二编·农业），陕西人民出版社 1981 年版，第 485 页。

有许多合作社的大股东不是人民而是政府机关，合作社对群众利益自然更加无法多去照顾了。"① 这是公营官办合作社带来的弊端，群众得不到好处，自然就不感兴趣也没有积极性可言。但是延安南区的合作社是以群众的私人股份为基础的，由于是群众自己做主并极大地照顾群众利益，深受群众拥护和支持，产生了积极的效果。毛泽东对此给予了充分的肯定，他指出："只在一九四二年一月，建设厅根据延安南区合作社的经验，提出'克服包办代替，实行民办官助'的方针，各地合作社才从实现这一方针中，取消了摊派入股的方式，摸索地创造着和群众密切联系，和群众利害相关的经验。这样，仅仅在十个月中，股金即突增五百余万，事业也发展了。在组织人民的经济力量、减免中间剥削削与发展人民经济上，起了相当大的作用。""只有到了这个阶段，边区合作事业才一般地开始走上了正轨。"毛泽东对于延安南区以私有财产为基础的合作社的肯定和表扬，对公营合作社的批判和否定，清楚地表明，只有建立以个人或私有股份为基础的合作社，才能使入股群众成为合作社的主人，才能照顾群众利益，也才能得到人民群众的拥护和支持。所以他指出，延安南区合作社成为真正被群众所拥护的合作社的模范，"南区合作社式的道路，就是边区合作社事业发展的正确道路；发展南区合作社式的合作运动，就是发展边区人民经济的重要工作之一。"② 因此，在1943年11月，在《组织起来》的演讲中，毛泽东再次强调抗日根据地合作社的所有制性质，是以农民个人占有生产资料为基础的合作社，他指出："我们的经济是新民主主义的，我们的合作社目前还是建立在个体经济基础上（私有财产基础上）的集体劳动组织。"③ 因此，合作社必须以私有制为基础才能建立起来。

第二，确定了在合作社中坚持自愿、互助互利和民主管理原则。

---

① 毛泽东：《经济问题与财政问题》，载《毛泽东同志论经济问题与财政问题》，中国人民解放军政治学院训练部图书资料馆编印，1960年版，第90—91页。

② 同上书，第91—93页。

③ 毛泽东：《组织起来》，载《毛泽东选集》第三卷，人民出版社1991年版，第931页。

坚持自愿原则，即群众加入合作社要他们自己愿意，不能强迫他们加入；加入何种合作社、入股多少等也要自愿，不可强制摊派入股。在合作社中，社员与社员，社员与合作社之间，要互相帮助、互惠互利，社员要能从合作社中得到实惠，在经济上得到改善，并能借助合作社弥补劳力和生产资料的不足，能正常发展生产，这是吸引群众入社的关键。民主管理意味着由合作社及其社员当家做主，管理本社事务，决定经营方向，并能自主处理合作社的赢利分红等事宜。1941年7月，山东抗日根据地民主政府提出："发展各种合作社，使合作事业变成为群众性的组织，其目的在于发展农村经济，改善人民生活，反对合作社官社化包办制和垄断发财主义等不良倾向。"[1] 1944年7月，陕甘宁边区合作社联席会议明确指出："合作社是自由的民主的。"主要表现在自由入股，自由退股，股金不限制，按股分红，按期结算，一个社员一个表决权，合作社主任由社员大会或者是由代表大会选举，合作社的业务方针是由社员来决定。[2] 会议决定："一、社员选举主任，主任不称职，社员有撤换之权。二、民主公议社务，社务有毛病，社员有批评之权。三、入社自由，出社自由，入股自由，退股自由。四、按期算账，按期公布，按期分红，按股分红。五、社员一律平等，不论股金大小，都有选举权、表决权。"[3]

第三，规定了合作社的形式灵活多样。首先，合作社的种类具有多样性，涉及人民群众生活的各方面，不仅经营消费事业，还经营供销、运输、生产、信贷等项事业；不仅有消费合作社，还有供销合作、运输合作（运盐队）、生产合作、手工业合作和信用合作等各种合作社。其次，社员资格也比较灵活，不限制社员入社资格，各阶层人民都可加入，机关社团也可加入。最后，入股方式灵活多样，可以

---

① 艾楚南：《四年来山东财政经济建设的成绩和努力的方向》1941年7月7日，载《革命根据地经济史料选编》（中册），江西人民出版社1986年版，第88页。

② 高自立：《合作社联席会议总结报告》1944年7月，载《抗日战争时期陕甘宁边区财政经济史料摘编》（第七编·互助合作），陕西人民出版社1981年版，第67页。

③ 《陕甘宁边区合作社联席会议决议》1944年7月7日，载《抗日战争时期陕甘宁边区财政经济史料摘编》（第七编·互助合作），陕西人民出版社1981年版，第75页。

用现金入股，也可以有价证券如公债券、储蓄票入股，还可以实物如粮食、牲畜、柴草甚至以劳动力入股。①

第四，明确规定了合作社要坚持公私两利或公私兼顾的原则。合作社的发展对抗战经济的支持，特别是粮食布匹的支持是非常明显和重要的。为了进行革命，必须要有一定规模的军队和必要的地方政府机关、学校和医院工作人员，解决他们的供给问题需要大批的钱粮。为了减轻根据地人民负担，我党和根据地民主政府采取了一些行之有效的措施，如精兵简政、发展公营经济，号召并动员部队、地方机关、学校开展大生产运动，取得了显著成绩。以陕甘宁边区为例，1943 年，仅延安就生产粮食 6000 石细粮；1944 年，边区政府直属机关生产总额达 28800 余石，机关经费自给达 51%；中共中央直属机关生产总额达 64000 石，自给达 65.6%。② 毛泽东曾引以为豪地说："一九四一年和一九四二年两年中，军队和机关学校因自己动手而获得解决的部分，占了整个需要的大部分。这是中国历史上从来未有的奇迹，这是我们不可征服的物质基础。"尽管根据地开展经济自救，发展农业生产、公营经济，但是在粮食供应方面始终依靠根据地群众支持。正如毛泽东曾经指出的：我们要发展公营经济，但是我们不要忘记人民给我们帮助的重要性。人民给了我们粮食吃，我们公营农业中的粮食生产一项，还是很微弱的，我们在粮食方面主要还是依靠老百姓。但是我们一方面取之于民，另一方面就要使人民经济有所增长，有所补充。这就是对人民的农业、畜牧业、手工业、盐业和商业，采取帮助其发展的适当步骤和办法，使人民有所失同时又有所得，并且使所得大于所失。③ 这一精神贯穿在我党领导的合作社发展过程的始终。由于合作社能帮助根据地群众解决生产和生活方面的困难，推动发展了人民经济，改善了群众生活，粮食生产、手工业和商

① 毛泽东：《经济问题与财政问题》，载《毛泽东同志论经济问题与财政问题》，中国人民解放军政治学院训练部图书资料馆编印，1960 年，第 91 页。

② 李占才：《中国新民主主义经济史》，安徽教育出版社 1990 年版，第 205 页。

③ 毛泽东：《抗日时期的经济问题和财政问题》，载《毛泽东选集》第三卷，人民出版社 1991 年版，第 893—894 页。

业得到极大发展，一方面为支持抗战提供了物质基础，另一方面，群众还能从合作社的赢利中分得股红和盈余，由此体现了合作社公私两利。毛泽东在总结南区合作社经验中指出："它以公私两利的方针，作为沟通政府与人民经济的桥梁，经过合作社，一方面贯彻政府的财政经济政策；另一方面又调剂人民的负担使其更加合理化，增加了人民的收入，提高了人民的积极性，使政府、合作社、人民三者公私的利益，个人与集体的利益，密切地结合起来。"①

三 合作社在抗日战争中的历史作用

抗日根据地合作社的发展改善了根据地军民生产和生活条件，推动了根据地的经济建设，对于活跃根据地农村经济、促进根据地生产自救、支持抗战胜利发挥了积极的作用。

（一）合作社生产的大批物资，不仅从根本上解决了根据地军民的日常所需，而且成为对敌进行经济斗争、粉碎敌伪经济封锁的有力武器

首先，通过建立合作社，有利于根据地实行战时物资统制。1944年12月1日，苏中行政公署《关于加强货币斗争与贸易管理的指示》指出贸易管理的基本方针，"则为切实掌握根据地物资，严格执行以货易货，有计划地进行敌我区间的物资交换和根据地之间的物资交流，打破敌人的经济封锁和掠夺，达到调剂供求，平衡物价，发展生产的目的。"根据地的主要物资为粮食、盐、棉、猪、油、酒等，如果物资为我切实掌控，此时即可主动输出物资、增加输入，就能有力调剂供求，平衡物价。因此，"切实掌握根据地主要物资，就成为对敌经济斗争胜败的关键"。为此，"第一，必须通过合作社的形式，把广大群众的经济力量（主要是物资）组织起来；第二，严格贸易统

---

① 毛泽东：《经济问题与财政问题》，《毛泽东同志论经济问题与财政问题》，中国人民解放军政治学院训练部图书资料馆编印，1960年，第92页。

制，加强物资管理；第三，必须正确掌握贸易管理和货币斗争的几个基本原则，三者缺一不可。但其中最基本的条件是群众性合作社的组织。"① 通过组织合作社，切实掌握根据地主要物资，实行以货易货，达到打击、驱逐伪币的目的；同时，利用合作社收购粮食、棉布、油、猪等重要物资，就基本上控制了根据地市场，控制进出口贸易，实现对重要物资的统制。

其次，通过发展各种合作社，能够打破敌人对根据地的经济封锁。日军对我抗日根据地的经济封锁，一是通过发行伪钞，套购我根据地物资并扰乱根据地金融秩序；二是封锁边区，严格禁止军需日用生活品流入根据地，企图从经济上窒息根据地，最终消灭共产党领导的抗日武装力量。建立和发展合作社的首要目的，就是实行对敌经济斗争，以支持长久抗战。通过建立合作社，把根据地群众分散的人力、资金集中起来，形成一定生产规模，实行统一生产和销售，极大地提高了劳动生产效率。以纺织业为例，晋绥边区 1941 年纺织合作社织布的产量为 170084 匹，1942 年增长为 225580 匹，1943 年为 313634 匹，1944 年增长到 607830 匹。② 陕甘宁边区到 1942 年组织纺织合作社 27 个，平均月产平布 1170 匹，线毡 590 条，毛巾 346 打，洋袜 704 打；1943 年，织布合作社增加到 37 个，织机 179 架，生产大布 6000 匹。在纺织合作社的带动下，陕甘宁边区的民间纺织手工业发展迅速，1942 年陕甘宁边区已有纺妇 75000 人，纺车 68000 架，织工 13000 人，织机 12000 架，织布 50000 大匹；1943 年纺妇人数达 133457 人，纺车 120255 架，纺纱 417852 公斤，织布数量达 63334 大匹，占边区棉布产量的半数以上。在山东抗日根据地，到 1945 年全边区通过合作社组织的纺织业有纺车 720735 辆，织机 106227 张，共生产大布 1251837 匹。通过合作社带动发展起来的手工纺织业，基本上解决了根据地军民所需要的纱布。1943 年，胶东和鲁中区军民所需

① 中共江苏省委党史工作委员会等：《苏中抗日根据地》，中共党史资料出版社 1990 年版，第 325—326 页。

② 晋绥边区财政经济史编写组、山西省档案馆：《晋绥边区财政经济史资料选编（工业编）》，山西人民出版社 1986 年版，第 36 页。

布匹，达到全部能够自给；到 1945 年，山东抗日根据地除鲁南区民用布匹只能自给一半（军队所用布匹全部自给）外，其余各区都已做到军民所需布匹全部自给。① 在华中抗日根据地，皖南缝衣合作社仅 1940 年冬季就为部队生产棉衣近万套，为团以上领导干部生产大衣近 1000 件，帽子 6000 多顶，绑腿带 2000 余副，子弹袋上千条②，这些军需物资及时送到前方抗日将士手中，为他们解决了过冬御寒的问题。凡八路军、新四军每到一处，合作社就组织生产，供应生活用品和军需物资，不仅供应布匹、棉花，还生产枪支、弹药、地雷等，边区所需要的文具、纸张、油、盐、煤等基本上能做到自给外，有的还行销外地，对打破日寇的经济封锁和保障军需民用起到了巨大的作用。

通过手工业合作社生产的大批物资，不仅解决了根据地军民的军需民用，还可以通过各种方法向敌占区出口，换回根据地必需的紧缺物资。如在华中根据地，淮南、淮北两地区卷烟合作社发展迅速，产量不仅足够供给淮南、淮北的需要，并且可出口销售。淮南地区有群众、新群两烟厂，出产飞马及神龙牌香烟，为官股民股合办的工厂，到 1945 年，每月能生产烟 30000 箱，这些烟不仅能满足根据地的需要，并能出口到敌占区。华中抗日根据地的榨油合作社在发展中也有很显著的成绩，产油除在内地销售之外，多余则运输出口。仅据淮南、淮北、苏北三个地区的估计，每年除供给本地区食用外，有二十万担的食油剩余，运输出口。③ 鄂豫边区合作社，从 1943 年以后，每年都输出粮、棉纱、布、油等大批土特产品，仅土纱每年即出口 3000 吨以上，土布出口 1000 万匹以上，利用这些土产品，换回了大量的食盐、电讯器材、文具纸张、百货、军事物资、西药、医疗器械等。④

① 李占才：《中国新民主主义经济史》，安徽教育出版社 1990 年版，第 221—223、225—226 页。

② 于华亭：《军需工厂简介（1927—1949）》（内部资料），1988 年版，第 323 页。

③ 中国社会科学院经济研究所中国现代经济史组：《革命根据地经济史料选编》（中册），江西人民出版社 1986 年版，第 487、490 页。

④ 河南省新四军华中抗日根据地历史研究会：《中原抗战论丛》，河南人民出版社 1992 年版，第 355 页。

（二）合作社推动了根据地的经济建设

抗日根据地处于落后的农村地区，发展根据地经济受到资金、技术、设备、劳动力等多方面的限制。通过组织合作社，把群众分散的资金、工具、劳动力集中起来使用，正好解决这方面存在的问题。"凡是对老百姓有好处的事，合作社都可以办，如老百姓要搞生意有的缺钱，有的缺人，有的缺工具，但另一方面也有人有闲钱，有闲的工具与剩余劳力，合作社就想办法把他们组织起来，有余钱和闲工具的到合作社生利、有余力的到合作社挣钱，这样一来本大利实人多力量大，生产就能办好了。"[①] 华中根据地淮海区在抗战前榨油业很发达，油是出口大宗，各乡都有小油坊和小油商。在抗战初期未建立合作社时，榨油事业被少数商人统治起来，小油商无法与大油商竞争。通过组织榨油合作社，"有工具的出工具（主要利用旧有的工具），能做打油事情的（如经理、管账、打油、包饼等）出劳动力，另外动员大家入股，工具、劳动力、资本都可分红利，社员还可吃便宜油，并可分到饼上地。"[②]

通过组织各种合作社生产农产品和手工业品，推动了根据地经济建设；同时由消费合作社购买各种日用必需品再卖给社员，一定程度上促进了根据地商业的发展，繁荣了根据地经济。农业合作社，解决了人力、畜力、农具缺乏的问题，使人力畜力和农具得到充分利用，大大提高了劳动生产率，还有利于精耕细作和农业技术的推广，提高了农业产量。同时，开展互助合作可以节省大量的农村劳动力，节省出来的劳动力就可以从事手工业、运输业和商业贸易。以陕甘宁边区为例，延安的吴家枣园全村 18 户人力组织起来后，开展劳动互助合作的第一年就比前一年多打了 120 石粮食；淳耀县白源村全村共 72 户，通过互助合作把全村的男女老少和牲畜都组织起来长年变工，一般的变工、札工劳动是 2 人可抵 3 人，最好的变工、札工 1 人可抵 2

---

① 江苏省财政厅、江苏省档案馆：《华中抗日根据地财政经济史料选编（江苏部分）》第三卷，档案出版社 1986 年版，第 457 页。

② 同上书，第 457、462 页。

人，全村一年节省出 3000 个人工和驴工，节省出来的劳动力就从事运盐业务。① 陕甘宁边区 1937 年的粮食产量为 1260000 石，1942 年合作社经过整顿以后，促进了农业生产，1943 年、1944 年粮食产量分别达 1600000 石、1750000 石，分别增产 27%、39%。1942 年合作社整顿后的当年，边区生产粮食细粮达 84 万担，当年消费 62 万担，可余粮 22 万担。② 1943 年，"全边区棉花种植面积达 150287 亩，产棉 173 万斤，达到边区需要棉花量的一半以上，牛发展到 220781 头，驴达到 167691 头，羊发展到 2033271 只。畜牧业的发展，为农业的发展提供了畜力、肥料和资金。1944 年以后又有新的发展，边区政府提出'耕三余一'的口号，基本上实现了。"③ 晋察冀边区的棉田也因合作社的开展而增加不少，到 1946 年，全边区种植棉花 850 万亩，全年产棉花达 12500 万公斤，全边区棉、布基本实现自给。在晋绥边区，棉花种植发展也较快，以晋西北为例，该区 1941 年种植棉花 3.2 万亩，到 1942 年、1943 年，棉花种植面积分别增加到 5.6 万亩、7.1 万亩。④

在各种合作社中，消费合作社占较大比例，是根据地合作社的主要组成部分。1944 年，陕甘宁边区共有合作社 634 个，其中，消费合作社 281 个，占 44.3%；运输合作社 233 个，占 36.75%；生产合作社 114 个，占 18.0%，信用合作社 6 个，只占 0.95%。消费合作社通过购买和销售，解决群众生产和生活中的问题，不仅能活跃农村市场，而且有力地推动了根据地经济建设。在群众缺乏生产资料时，消费合作社为群众购买种子、家具、耕牛等生产资料；在群众有土产品时就收购土特产品，一部分到敌占区去交换紧缺物资，一部分送到边区工厂做原料。仅 1943 年，陕甘宁边区的延安、安塞、延川、志丹、

① 李占才：《中国新民主主义经济史》，安徽教育出版社 1990 年版，第 211—212 页。

② 中共西北局研究室：《抗日战争时期陕甘宁边区财政经济史料摘编》（第二编·农业），陕西人民出版社 1981 年版，第 86、186 页。

③ 李易方、姬也力：《陕甘宁边区的农业》，载《陕甘宁边区抗日民主根据地》（回忆录卷），中共党史资料出版社 1990 年版，第 213 页。

④ 李占才：《中国新民主主义经济史》，安徽教育出版社 1990 年版，第 217 页。

吴旗 5 县的消费合作社为社员购买镰刀、锄头、镢头、犁铧等各种农具共 9429 件；延安、志丹、靖边、延长、固临、延川 6 县的消费合作社收购群众的土产品棉花、麻子、绒毛、红枣等共 57 万斤。① 因此，合作社不仅满足了根据地群众的消费需求，在便利交换、抵制商业资本过分剥削，改善人民生活等方面作出了积极贡献，而且在推动根据地工农业生产方面发挥了重要作用。

（三）增加了根据地群众的收入，改善了根据地人民的生活水平

首先，合作社社员可以凭股票取得股息并分红，获取股红收入。1939 年，中央财经部颁发的《各抗日根据地合作社暂行条例示范草案》第三十二条规定，合作社之盈余除弥补亏损及付息外，按下列比例分配：红利占 50%，按股分配；公积金占 30%；公益金占 10%；救济金和奖励金各占 5%。② 1944 年春，太行地区索堡合作社，春天入股 5 元的社员，年底分红 180 元。③ 延安南区新合工厂，1943 年年底有股金 999000 元，获毛利 2425286.45 元，费用 871241 元，盈余 2327115.55 元。④ 如果按照盈余的一半作为股红，则为 1163557.8 元，每元股金分红 1.16 元。安塞枣湾纺织厂是陕甘宁边区纺织业中合作民营方面的一个典型。该厂实行民办方针，自由入股，实物入股，自由退股，1941 年下半年群众每元股金分得红利四十元。⑤ 在安徽革命根据地，新行耿道元纺织合作社从 1944 年 4 月到 1945 年 3 月，共分股红 3 次，三次分红社员共分得 40970 元，每股 100 元已分得 182.5 元。该合作社从 1944 年 4 月开办到 1945 年 3 月，共卖出棉花 3688 斤，若以纱换花计平均给纺户利息 200 元，总利即达 737600

---

① 黄正林：《陕甘宁社会经济史（1937—1945）》，人民出版社 2006 年版，第 501、504 页。

② 《抗战时期陕甘宁边区财政经济史料摘编》（第七编·互助合作），陕西人民出版社 1981 年版，第 518 页。

③ 戎伍胜：《太行区经济建设问题》，载《革命根据地经济史料选编》（中册），江西人民出版社 1986 年版，第 276 页。

④ 伯森：《延安南区合作社纺织社实行分红制工资的经验》，《解放日报》1944 年 1 月 12 日。

⑤ 《安塞枣湾纺织厂办得好》，《解放日报》1945 年 1 月 8 日。

元，加上棉花价钱比市价平均每斤便宜 30 元，一共便宜 110640 元，仅此一项，合作社给纺户的利益多达 848240 元。① 1944 年，古沛合作社"在这半年中，最少分过一次红，最多的分过四次红，每次分红总在每百元分洋五六十元之谱"。②

其次，合作社的生产经营能给社员群众带来工资收入。1944 年 4 月到 12 月底，新行耿道元纺织合作社贷给 47 家织布户的纱有 4265 斤，收回布 1526 匹，盈利达 756413 元，按二八分红，合作社得 150862 元，47 家织布户得利 605551 元③，平均每户得到收入 12884 元。在华中抗日根据地，1943 年春季，半塔杨言德合作社共收购社员纺成的棉纱 1 万斤，付给社员工资 40.8 万元；涟水县纺织合作社 1944 年夏季，向社员发出粮食工资共计 76103 斤；1944 年 4 月至 1945 年 8 月，溧高裕丰纺织合作社向参与纺纱、织布的 582 人发出 2256100 元工资。④ 在山东抗日根据地，纺织合作社妇女每 4 天能纺棉线 0.5 斤，可增加收入 10—20 元，此数可购买粮食约 5 公斤。仅 1944 年，整个山东根据地纺织收入达到 5.6 亿元。在鲁中区某些只有 100 户规模的村庄，每年纺织收入就高达几十万元。⑤ 在晋冀鲁豫根据地太行区，运输合作社为灾区群众带来了颇丰收入。1942 年 10 月至 1943 年 1 月仅 5 个月时间，五专区的两条主要运输线，灾民运输就赚到脚价小米 701710 斤；六专区仅武安沙河两县灾民运输，就赚到脚价小米 83450 斤。若就全区算来，边区群众通过运输合作社得到的运费相当可观。

最后，合作社使农民收入不断增加。互助合作生产促进了农村经济的发展，主要表现在农民增收和消费水平的不断提高。在陕甘宁边

---

① 安徽省财政厅：《安徽革命根据地财经史料选（二）》，安徽人民出版社 1983 年版，第 288 页。

② 盛励：《一年来盱凤嘉合作社建立经过》，《拂晓报》1944 年 9 月 14 日。

③ 江宏：《一年来的新行耿道元纺织合作社》，载《安徽革命根据地财经史料选（二）》，安徽人民出版社 1983 年版，第 287 页。

④ 黄爱军：《华中抗日根据地手工业合作社的地位和作用》，《考试周刊》2007 年第 30 期。

⑤ 李占才：《中国新民主主义经济史》，安徽教育出版社 1990 年版，第 226 页。

区安塞县四区三乡西营村，1937 年全村 75 人，耕地面积 492 亩，收粮 73.5 石，1939 年全村 84 人，耕地面积增加到 966 亩，粮食增加到 150.5 石，比 1937 年增加了 104.8%；清涧幸家沟村，全村 26 户，1941 年所获粮食除去消费和负担外，还有盈余 42.5 石，1943 年盈余粮食数目增为 81.8 石。① 由于实行互助合作，劳动生产率得到提高，农业生产获得大幅度增长，整个陕甘宁边区耕地由 1937 年的 826 万亩，增加到 1945 年的 1425 万亩；粮食总产量由 1937 年的 126 万石增加到 1944 年的 175 万石；尤其是 1943 年，粮食总产量达到 181 万石，除了满足当年消费外，还有余粮 21 万石。② 根据地群众粮食、布匹等物资的消费量和购买力逐年增加，如延安柳林区四乡，粮食的消费 1938 年每人 0.87 石，1943 年增加到 0.93 石；布匹的消费 1938 年每人为 1.91 丈，1941 年为 1.93 丈，1942 年为 2.2 丈，1943 年为 3.0 丈。从该乡群众的杂用支出（折米）也可从一定层面折射出人民购买力的上升趋势，1938 年杂用折米 41.31 石，1939 年该项费用折米 54.44 石，1940 年、1941 年、1942 年分别上升为 54.78 石、59.91 石、66.3 石。③ 从这些方面足以看出根据地群众经济生活水平在不断提高。

（四）组织灾民开展生产自救，救济灾民取得成效

抗日战争期间，敌后抗日根据地不仅遭受日寇疯狂扫荡、蹂躏带来的空前灾难，许多地方还连年遭受水灾、旱灾和虫灾等自然灾害。在根据地党和民主政府领导下，各地合作社通过各种形式组织灾民生产自救，战胜灾荒，克服了困难。如 1939 年 8 月，河北中南部连续下暴雨，加之日军故意破坏，决堤 150 多处，造成有史以来特大水灾，受灾范围波及 50 多个县，给灾区人民造成生产生活上的极大困难和损失。冀中区根据地党和政府指示各级合作社，组织运输队从其他根据地购买粮食和种子共 1500 万公斤，以市价八折的优惠价格出售给合作社成员，并向运输队员发放运费，解决了 250000 名灾民的

---

① 李占才：《中国新民主主义经济史》，安徽教育出版社 1990 年版，第 218 页。

② 黄正林：《陕甘宁社会经济史（1937—1945）》，人民出版社 2006 年版，第 302 页。

③ 华子扬：《边区人民生活之介绍》，载《抗日战争时期陕甘宁边区财政经济史料摘编》（第九编·人民生活），陕西人民出版社 1981 年版，第 136 页。

饥荒问题。据记载："1939 年严重的大水灾后，合作社调剂了粮食十万石，售价低于市价五分之一，救济了二十五万灾民。"① 与此同时，各级合作社还组织灾民开展多种经营，如纺纱织布、生产硝盐等，合作社帮助社员群众购买各种原料并负责收购产品销售出去，当年收购灾民群众硝盐 500 万公斤、土布 900 多万匹，给灾民带来了收入，为战胜灾害奠定了基础。

1942 年 8 月至 1943 年 8 月，河北省中南部发生长达一年之久的旱灾。太行区一方面通过合作社购回粮食，廉价出售给灾民，并对特困户发放救济粮，帮助灾民渡过灾荒；另一方面，组织灾民开展生产自救，通过向灾民发放棉花、纺织工具，回收棉布并发给工资，很大程度上解决了灾民生活困难问题。太行区 1942—1943 年共组织灾区妇女 15 万人，将 60 万公斤棉花纺成纱线，仅此一项给灾民带来收入折成小米共 30000 余石，每名妇女纺织收入能养活 1—2.5 人。同时，合作社还组织灾民开展其他形式的自救，如烧石灰、挖中草药、搞编织等，为灾区群众增加了不少收入。② 1943 年春，鲁南数以千计的灾民因不堪敌伪及国民党反动派的苛政，纷纷来到安徽抗日根据地谋生，由于灾民中妇女多半会纺纱织布，半塔合作社就把纺车、棉花发给她们，让她们为合作社纺纱谋生。当年春季共收纱 10000 斤，付出工资 408000 元，其中有粮食工资 300 石，豆饼工资 1000 片，粮食每石比市价低 100 元，并且都是预支的。③ 实践证明，合作社是敌后各根据地人民战胜灾荒的重要组织形式。

（五）通过合作社这种组织形式，把一切能够团结的抗日力量都团结起来，为取得抗战胜利奠定了广泛的群众基础

合作社是为群众谋利益的，是为了维护农民群众的利益才组织

---

① 宋邵文：《晋察冀边区的经济建设》，载《革命根据地经济史料选编》（中册），江西人民出版社 1986 年版，第 164 页。

② 邵英彪：《根据地合作社在抗日战争中的历史作用》，《河北供销与科技》1995 年第 8 期，第 10 页。

③ 刘顺元：《介绍半塔杨言德合作社》，载《安徽革命根据地财经史料选（一）》，安徽人民出版社 1983 年版，第 433 页。

的。毛泽东1943年10月在边区高干会上的讲话中指出："合作社的性质，就是为群众服务，这就是处处要想到群众，为群众打算，把群众利益放在第一位。这是我们与国民党的根本区别，也是共产党员革命的出发点和归宿。从群众中来，到群众中去，想问题从群众出发又以群众为归宿，那就什么都能办好。"① 1942年各根据地整顿合作社后，新的互助合作组织在内容和形式上都体现了群众的意愿与利益，不仅解决了个体农民在生产过程中缺乏劳动力、资金和生产资料的问题，而且能够增加农民的收入、改善农民的生活水平，给根据地群众带来很多实惠；同时，对于组织人民、教育人民都具有重要意义。所以，"它是一种有组织的经济力量。经过这种经济组织，可以教育广大人民并坚定广大人民的抗战信心。"②

根据地合作社是各阶层人民大众的经济组织，具有统一战线的性质。根据《各抗日根据地合作社暂行条例示范草案》第三章第十八条，对社员入社资格规定，只要不是汉奸卖国贼，凡是拥护抗日的农民、工人、地主、富农和资本家，都可以参加合作社。③ 1944年7月，中共中央西北局在《关于贯彻合作社联席会议的决定》中指出："合作社是人民大众的，同时也是各阶层的，我们对愿意以自己的人力、财力或智力参加合作社，并做有益边区事业的各阶层人士，不是拒绝而是欢迎，特别是对贸易有经验的商人，和对地方事业热心的士绅，更在欢迎之列，并要切实向他们学习工商业的知识，团结边区的人力、财力、物力、智力来建设边区。"④ 所以，"合作社是广大群众的，又是统一战线的。也就是说，不论地主或商人，都可以加入进来，但是最重要的是，要合作社有广大群众。如果商人地主和农民是

----

① 毛泽东：《论合作社》，载《毛泽东同志论经济问题与财政问题》，中国人民解放军政治学院训练部图书资料馆编印，1960年版，第149页。

② 刘景范：《两年来边区合作社工作总结及今后边区合作社的任务》，载《抗战时期陕甘宁边区财政经济史料摘编》（第七编·互助合作），陕西人民出版社1981年版，第68—69页。

③ 《各抗日根据地合作社暂行条例示范草案》，载《抗战时期陕甘宁边区财政经济史料摘编》（第七编·互助合作），陕西人民出版社1981年版，第517页。

④ 《西北局关于贯彻合作社联席会议的决定》，《解放日报》1944年7月9日。

一样多的，这就不是广大群众的合作社。合作社内的社员成分要适合中国这样的社会：地主、商人是少数，农民、工人是多数，只有这种由广大人民组织起来的合作社，才能做到为广大人民服务，才不会为少数人把持操纵，投机取利"。① 如靖边新城区五乡合作社，1943 年成立时有贫农、中农、富裕中农共 22 人，地主、富农共 9 人；到 1944 年时，合作社社员占全乡户数的 75%。② 所以，合作社是各阶层人民大众的经济组织，它不仅能发展民主的、人民大众的经济，而且能够把人民大众组织起来，团结一切能够团结的抗日力量，为打败日本侵略者奠定了广泛的群众基础，为取得抗日战争胜利做出了巨大贡献。

---

① 高自立：《合作社联席会议总结报告》1944 年 7 月，载《抗战时期陕甘宁边区财政经济史料摘编》（第七编·互助合作），陕西人民出版社 1981 年版，第 65—66 页。
② 闫庆生、黄正林：《论陕甘宁抗日根据地的合作社》，《甘肃理论学刊》1998 年第 6 期。

土地革命时期革命根据地粮食合作社及股票初探[*]

一 粮食合作社的建立、主要任务和工作方法

革命根据地建立粮食合作社的背景有两个方面：第一，1931 年，中央革命根据地大部分地区粮食丰收，增产一至二成，个别地区也有歉收的情况。但是，由于对粮食的管理和调剂的经验不足，没有十分重视粮食的储备和组织调剂，也没有注意控制粮食出口，结果导致 1932 年个别地方发生夏季粮荒。为了解决粮食短缺问题，苏维埃临时中央政府曾采取了一些补救措施。如 1932 年 8 月，中华苏维埃共和国临时中央政府人民委员会发布了《发展粮食合作社运动问题》的训令第 7 号，号召各地成立粮食合作社，同奸商富农斗争。第二，为粉碎国民党的军事"围剿"，打破其经济封锁，解决根据地军民的粮食给养和供给，以及进一步改善工农群众的生活，消除根据地工业品与农产品价格"剪刀差"，"党及苏维埃政府必须进行必要的经济建设。合作社运动之开展是这个战线上主要的一环，秋收与粮食收集储藏运

＊ 本文发表于《经贸实践》2016 年第 1 期。

动同样是目前的战斗任务"。① 为此，中华苏维埃共和国临时中央政府国民经济部于 1933 年 5 月 27 日发出《关于倡办粮食合作社与建立谷仓问题》的训令，要求各地倡办粮食合作社，这是解决工农群众粮食供给的最主要的办法。该训令规定了粮食合作社的性质、任务和作用，指出粮食合作社是集合雇农、贫农、中农以及其他农村中的劳苦群众的股份而成立的，它与消费合作社做粮食零星门市买卖者不同，它的主要任务是在预储大量的粮食，调剂苏区粮食价格的过高或过低，提高农民的生产兴趣，增加生产量，同时反抗富农、奸商的投机剥削和充裕红军以及政府机关的给养，改善劳苦工农群众的日常生活。并要求各地从现在开始，在每一乡成立一个粮食合作社。同时，要求各县国民经济部，帮助和催促各区、乡政府修缮和建造谷仓，供粮食合作社储存粮食之用。② 按照临时中央政府及国民经济部的要求，每乡建立一个粮食合作社，全苏区要有入股社员 50 万人，股金 50 万元。这些粮食合作社要能储蓄粮食三十万石。③

其实，早在根据地创立之初，由于敌人的封锁，奸商的捣乱破坏，工农业产品价格"剪刀差"现象十分严重。如闽西革命根据地，为了防止"剪刀差"现象之发展，解决群众基本生活问题，闽西根据地在大力发展由苏维埃政府经营的粮食调剂局的同时，还兴办了由群众集资入股的粮食调剂局，后来改名粮食合作社。如上杭县才溪区在 1930 年就创办了这种类似于粮食合作社的粮食调剂局，它是"由群众募集股金，此种募集不是普遍募集，而是向生活较好的人家募集，每股大洋一元。每乡组织一个调剂局，全区八个局，共有股金 1810元"。这种群众入股的调剂局，调剂办法是，"每年向群众买进谷米，比私人买的少收二升，如私人每元一斗七升，调剂局只收一斗五升，卖出时，先卖给红军家属，后卖给困难群众，但群众是否困难，要经

---

① 《我们在经济战线上的火力》，载《革命根据地经济史料选编》（上册），江西人民出版社 1986 年版，第 137 页。

② 《关于倡办粮食合作社与建立谷仓问题》，《红色中华》1933 年第 83 期。

③ 《我们在经济战线上的火力》，载《革命根据地经济史料选编》（上册），江西人民出版社 1986 年版，第 140 页。

过乡代表会调查通过。卖出时，也不照当时市价，仅照买进价格略除耗失。例如买进每元一斗五升，卖出则为一斗四升五合，除去耗失五合。红军家属无钱的，群众特别困难的，可以借给，割禾后照数归还，不取利息。每年收谷出谷工作完后，由乡苏通知群众，举出代表，向调剂局负责人算账，并发公告。每年秋后收谷子量入谷仓，用乡苏长条标封。春夏出谷一次二次不定，群众需要了，即开仓。由群众购买。大概每年三月插田时与五月青黄不接时，均是出谷时节"。①自从有了群众入股的粮食调剂局（实际是粮食合作社）后，粮食价格就稳定下来。因此，这种性质的粮食调剂局在闽西、赣南等根据地得到了发展。到 1931 年 4 月，永定县就办了群众集体性质的粮食调剂局 34 个，募集股金 12245 元 5 角。②

粮食合作社的做法是：劳苦工农群众自己集股，股金可用钱缴也可用谷缴（扣成钱数），秋收后社员需用钱时，就可将粮食以比市价较高些的价钱，卖给合作社，合作社收买的谷子，可以存储一小部分供给来年青黄不接时社员的急需，其余大部分可陆续运到粮价高的地方出卖或出口，这样继续不断地籴进粜出，不但可以扩大资本，而且可以使社员得到很多的盈余。运用这种方法可以调剂市价，使苏区内粮食价格在常年内不致过高或过低。同时可以保障农民不受粮食缺乏的困难，免去奸商、富农的残酷剥削，工农生活得到更大的改善。因此，1933 年 7 月 4 日，中央政府人民委员会发布《关于倡办粮食合作社问题》的布告，强调组织好粮食合作社，"这是保证群众粮食，巩固苏维埃政权，使革命战争迅速顺利发展的重要工作，绝不准有丝毫的忽视"。③

---

① 《我们在经济战线上的火力》，载《革命根据地经济史料选编》（上册），江西人民出版社 1986 年版，第 140 页。

② 《闽西苏维埃政府经济委员会扩大会议决议案》，载《革命根据地经济史料选编》（上册），江西人民出版社 1986 年版，第 69 页。

③ 《关于倡办粮食合作社问题》，载《革命根据地经济史料选编》（上册），江西人民出版社 1986 年版，第 332—333 页。

二 粮食合作社的发展及股票发行

在江西省南北部经济建设大会（1933 年 8 月 12 日、20 日）之前，全苏区粮食合作社只有 513 个，社员 112000 人，股金 90000 元。大会之后，根据地粮食合作社发展较快。以瑞金县为例，粮食合作社在 1933 年 8 月以前是很少的，在 8 月以后，社员增加到 6800 人，股金增加到 1900 元。兴国县在大会后的一个月中，粮食合作社社员增加 15000 人；胜利县有粮食合作社员 12000 人左右。1933 年 8 月，福建省工农民主政府召开第四次扩大会议，决定："为收集大量粮食，完成粮食的调剂及充裕红军粮食，中央决定每乡发展粮食合作社一个，福建发展 10 万个社员，资本 10 万元。"中共湘赣省委于 1933 年 10 月决定，全省建立粮食合作社，要发展 10 万社员、股金 10 万元（每股股金 1 元）。到 1934 年 2 月，中央革命根据地粮食合作社发展情形如表 1 所示（闽浙赣省十余万社员还不算在内）。[1] 在这一时期，闽浙赣根据地储粮合作社吸收了很多的群众，共有 20 余万股，年年分红利给社员。[2]

表1   **中央根据地粮食合作社数目**

	1933 年 8 月以前	1934 年 2 月
社数（个）	457	10712
社员（人）	102182	243904
股金（元）	94894	242079

此外，在兴国、博生县还先后成立了城市粮食合作社。粮食合作社组织机构比较简单，一般是按照政府系列组织并运行，分别以省、

---

① 亮平：《目前苏维埃合作运动的状况和我们的任务》，《斗争》1934 年第 56 期。
② 革命根据地财政经济史编写组：《革命根据地财政经济史长编——土地革命时期》（下）（内部资料），第 1012—1016 页。

县、区、乡统一印制发行股票。粮食合作社股票存世很少，目前所见有：（1）汀州市工人粮食合作社股票，面额为伍角一种；汀州市调剂粮食合作社股票，面额也为伍角，均为横式版面，有列宁头像，印制比较精美。（2）闽浙赣省贮粮合作社社证，上方横印"贮粮合作社社证"；该证为竖式版面结构，从右至左直书"兹有××县××区××乡××村×××同志自愿加入贮粮合作社××股计谷××石××斗　　特给此为证。"落款为"省贮粮合作总社正主任×××、副主任×××"，左边一行直书发行日期："公历一九三三年十二月三日发"。（3）古田乡粮食合作社股票，为竖式横书表格结构，与消费合作社股票类似。上方横书"古田乡粮食合作社股票，第××号"；中部横书并填写相应内容"社员姓名□□□"、"住址□□□"、"成份□□□"、"家庭人口□□□"、"股数□□□"、"共计股金□□□"；下部横书"管理委员会主任"并加盖个人方形印章，最下边为发行股票的日期。

三　粮食合作社的作用

1933 年 7 月 14 日，中央国民经济部对粮食调剂局与粮食合作社的关系作出详细的规定：粮食调剂局系调剂苏区粮食，保证红军及政府给养，并帮助改善工农生活的国家机关。而粮食合作社则是广大工农群众抵制奸商、富农剥削，改善自己生活的群众经济组织。粮食调剂局与粮食合作社的关系具体如下："（一）粮食调剂局向粮食合作社购买政府及红军所需要的粮食，在新谷上市时，要使谷价不致跌得太低，在青黄不接的时期，要使谷价不致涨得太高。（二）区乡两级政府及其他工作人员，所需要粮食，可用粮食调剂局所发的领米证向粮食合作社领取。最后，由粮食合作社向粮食调剂局支钱。（三）粮食调剂局应帮助粮食合作社来获取农民所必需的其他商品的供给（如盐等）。（四）在粮食合作社非常急迫地需要现款时，调剂局可设法帮助借款；反之，在调剂局急需时，亦可向粮食合作社暂时借用，迅速归还之。（五）粮食调剂局应经过粮食合作社来帮助农业生产的发展，设法供给农民以必需的肥料如石灰、种子和农具等。（六）粮食合作社应该帮助粮食调剂局来运输粮食（如帮助政府发动运输粮食的夫子等），在未设运输站的地方，该地粮食合作社在必要时，应该为粮食调剂局执行运输站的工作。（七）在粮食调剂局建有谷仓的地方，粮食合作社应共同帮助调剂局的谷仓的管理。"①

从以上规定可以总结出根据地粮食合作社的主要作用：首先，是向政府工作人员和工农红军供应粮食；同时，平抑粮价，在青黄不接和新谷上市时，防止粮食价格大起大落，确保根据地粮食价格稳定在一定水平。其次，粮食合作社通过粮食调剂局帮助，能解决根据地人民需要购买的其他商品，如食盐、煤油等；粮食合作社还从多方面帮助人民群众发展农业生产，向农民提供必需的生产资料如肥料、石灰、种子和农具等。极大地方便根据地人民的生产生活。最后，各根据地粮食合作社还肩负着为苏维埃政府和红军运输粮食和管理粮仓的重任，等等。总之，粮食合作社为革命根据地经济建设、为支援工农红军粉碎国民党军队的"围剿"做出了巨大的贡献。

---

① 《中央国民经济人民委员部关于粮食调剂局与粮食合作社的关系》，载《革命根据地经济史料选编》（上册），江西人民出版社1986年版，第334—335页。

土地革命时期革命根据地消费合作社的股票发行及作用[*]

1927 年大革命失败后，中国共产党领导中国工农红军，在广大农村地区开创革命根据地。国民党军队在加紧对我根据地进行军事"围剿"的同时，还对根据地实行严密的经济封锁，妄图将新生的苏维埃政权扼杀在摇篮里。为粉碎敌人的经济封锁，我党领导根据地军民大力发展经济，先后办起了各种形式的合作社，如消费合作社、生产合作社、粮食合作社等，并发行了相应的股票。本文对土地革命时期根据地消费合作社及股票进行初步探讨。

一 消费合作社的创立、组织原则和任务

由于敌人的军事围剿和经济封锁，根据地内农副产品运不出去，"白区"所生产的工业品无法运到苏区来，工业品价格高昂，农产品价格低贱，工农业产品出现"剪刀差"现象，根据地人民群众生活困难，生活状况急剧恶化。为了减轻中间商人的剥削，缩小工农业产品价格"剪刀差"，活跃根据地的商品流通，根据地党组织和苏维埃政府组织农民成立各种形式的合作社。

消费合作社就是在这一时期兴起的。据记载，1928 年 10 月，赣西南革命根据地吉安县东固区率先创办了中央革命根据地第一个消费合作社，即东固消费合作社。随后，闽西根据地上杭县才溪区先后创

---

* 本文发表于《新西部》（理论版）2015 年第 12 期。

办了 14 个专业消费合作社。上杭县才溪区创办消费合作社的成功经验很快在苏区各地推广开来，到 1931 年 4 月，仅闽西根据地永定县就办起了 57 个消费合作社，共有基金 5445 元 5 角。1931 年 2 月，赣东北根据地建立了东北消费合作社，各县设县社，区设支社，乡设分社，社员共有万余人。1931 年夏季，湘鄂西根据地已建立消费合作社 130 个。到 1931 年 9 月，赣西南根据地已普遍建立起消费合作社。①1933 年 12 月 5 日，中央苏区消费合作总社在江西瑞金正式成立，1934 年 3 月又成立了中国工农红军消费合作社，下设闽、赣两个省、17 个县总社、1140 个分、支消费合作社。

各级消费合作社的组织架构是：中央苏区消费合作总社—各省消费合作总社—各县联社—各区支社—各乡分社。《消费合作社标准章程》规定，"消费合作社以社员大会为最高组织，由全体社员组织之；社员大会选举、罢免或处分管理委员及审查委员，管理委员会由社员大会选举 7 人至 11 人组织之，设正副主任各一名；审查委员会由社员大会选举 5 人至 7 人组织之。消费合作社社员只限于工农劳动群众，富农、资本家、商人及其他剥削者不得加入"。②

消费合作社的主要任务有两项：一是收购农副产品如生猪、茶油、棉花等，然后设法将这些物资运到边界，换回根据地所需要的各种工业品。二是以合理价格向农民销售工业品。消费合作社成员在社里购买商品可以得到两个好处，第一是可以廉价购买，购买价格要低于市场价格；第二是可以优先购买。1933 年 9 月，苏维埃政府制定的《消费合作社标准章程》规定，"本社商品应以极低廉的价格售给社员"；"必需品缺乏时，社员有优先购买之权"。③

① 中国社会科学院经济研究所中国现代经济史组：《革命根据地经济史料选编》（上册），江西人民出版社 1986 年版，第 65—78 页。
② 同上书，第 336—338 页。
③ 王卫斌：《苏区消费合作社与红色股票》，《金融经济》2009 年第 19 期。

二 消费合作社股票及管理

为了促进根据地经济发展，改善根据地群众生活，革命根据地各级消费合作社积极发行各种债券和股票，广泛吸纳民间闲散资金。比如，临时中央联合消费合作总社共发行了两期股票，股金达 322525 元。中央联合消费合作总社发行的第二期股票，面额只有伍角一种，正面左边是列宁肖像，右边是马克思肖像，上方有 6 位阿拉伯数字编号，下方有合作总社管理委员会的印章并有负责人签字。县、区、乡消费合作社发行的股票，大多为竖式表格版面，上方横书"××××合作总（或分）社股票"、"第××号"；中间部分为固定表格，分别横书并相应填写"社员姓名□□□"、"住址□□□□"、"成份□□"、"家庭人口□□"、"股数□□"、"共计股金□□"；下部落款为该消费合作社"管理委员会主任"，并加盖方形小印章，底部一行为发行该股票的日期。

各级消费合作社在发行股票的同时，还发行入股证、社员证、购买证等。由于当时根据地条件和技术有限，各地消费合作社所发行的股票多用棉纸、芦苇纸或毛边纸等做材料，主要用油墨石印制作而成。为防止不法之徒伪造股票，各级消费合作社设专人登记社员认购的股权，存档备查，以此为分红依据。①

对消费合作社股票的购买、管理及分红，主要有两个层面的制度约束。一是《消费合作社标准章程》的规定：合作社股金定为每股大洋壹元，以家为单位，其一家可购买任意股数；凡交足股金之社员，均有选举权、被选举权、表决权，但每一社员（代表一家）不论入股多少，均以一权为限。凡交足股金之社员，由本社发给股票及购买证。消费合作社经营所得，每期纯利以 50% 为公积金，10% 为管理委

---

① 中国社会科学院经济研究所中国现代经济史组：《革命根据地经济史料选编》（上册），江西人民出版社 1986 年版，第 336—338 页。

员及职员奖励金，10% 为社会公共事业，30% 按照购买额为标准比例分还社员之消费者。二是股票条例的规定。比如，中央联合消费合作总社发行的第二期股票，背面附印第二期股票条例共 10 条，条例对发行第二期股票的目的、股金总额、股票面额、利率等作出了明确规定：发行本期股票，其目的是发展苏维埃经济、抵抗奸商富农资本家的剥削，扩大本社资本。本期股票的股金定额为 2500 元，股票面额只有 5 角一种；股票利率为周年 5 厘。条例还规定，本项股票不能当作现金在市面流通；本股票准许买卖，但须经管委会许可；如有故意破坏本项股票信用及价格者，以破坏苏维埃经济建设论罪；本股票的推销及还付利息，由总社及各分社办理；本股票如有损坏及遗失时，须立即向总社或分社管委会报告登记，于半月后再补发。①

又如，1934 年 4 月，古田乡《消费合作社简章》对发行股票的范围、股金数额、认购股数等作了规定，"股金以群众集股为主，股金每股不得超过 5 元；社员入股数目限于 10 股以下，以防少数人操纵合作社。社员入股时，不能马上完全缴纳股金的，可分为两期缴纳，一期为 4 个月。股金不限于现金，如米谷杂粮、公债票也可以"。②

三　消费合作社的发展和绩效

消费合作社的主要工作职责，就是以合理的价格向农民销售工业品和收购农副产品；消费合作社的社员可以优先购买、廉价购买商品。消费合作社可以获得如下优惠政策：一是合作社免向政府缴纳所得税；二是合作社有向工农银行借贷优先权；三是合作社有向苏维埃

---

① 洪荣昌：《红色票证：中华苏维埃共和国票据文物收藏集锦》，解放军出版社 2009 年版，第 140—141 页。

② 同上书，第 151 页。

工厂及商店购货之优先权;[①] 四是合作社有向政府廉价承办没收来的
财产的优先权;五是合作社的货物运输、业务经营等,政府予以帮助
和保护。由于各根据地苏维埃政府对合作社给予大力支持和帮助,因
此,各根据地农民参加消费合作社的积极性很高,消费合作社发展非
常迅速并取得较好的绩效。1933 年 12 月 17 日,中央根据地消费合作
社取得了很大成绩,消费合作社社员增加到 15 万人。[②] 1929 年 11
月,上杭县才溪区成立消费合作分社,在创立时只有社员 80 余人,
各交股金 5 角大洋,共有股金 40 余元,同时向苏维埃政府借了一些
公款,立即开始在当地收购农副产品运到边界与白区商人及群众交
换,换取食盐和布匹等根据地紧缺物资。按照合作社全体社员大会的
决定,合作社社员、红军家属、红军部队及机关,来合作社购买物
品,一律照本出售;如果向非社员群众出售物品则照本赚 5% 。到
1931 年 12 月结算时,除去一切开支外,该消费合作社共赢利 300 元
大洋,经社员大会决定,每一股(5 角)分得红利大洋 5 角。到 1933
年 7 月结算时,除去一切开支外,共赢利 741 元,经社员大会决定不
分红,作为合作社公积金,以充裕资本。自 1933 年 8 月经济建设大
会以后,加入消费合作社的社员增多,达到 1041 人,社员投资入股
的股金达到 1041 元,平均每位社员股金 1 元(2 股)。

　　根据地一般处于内陆山区,交通不便,信息闭塞,民众与外界少
有接触,刚开始根本不知道消费合作社和集资入股为何物,也不知道
购买股票参加合作社有什么好处,合作社干部就反复耐心做群众的工
作,出于对苏维埃政权的信任,不少群众纷纷加入消费合作社并购买
股票。有的用自家少有的积蓄认购股票,没有现金的就以物资折股。
上杭县才溪区消费合作社与瑞金县壬田区、武阳区消费合作社因在收
购农产品、销售工业品,发展根据地经济方面成绩显著,被评为苏区

---

① 中国社会科学院经济研究所中国现代经济史组:《革命根据地经济史料选编》(上
册),江西人民出版社 1986 年版,第 307 页。

② 同上书,第 344 页。

"模范消费合作社"，多次受到表彰。①

1933 年 8 月江西南、北部 28 个县经济建设工作会议之后，各根据地消费合作社发展非常快。例如，瑞金县在 1933 年 8 月以前只有 9000 名消费合作社社员，11000 元的股金，在 8 月以后的一个月中，社员就增加了 5300 人，股金增加了 5500 元；兴国县在大会以后的一个月中，消费合作社社员增加 14600 人。这一增加的数目，也差不多等于以前整个时期发展的数目。②

---

① 中国社会科学院经济研究所中国现代经济史组：《革命根据地经济史料选编》（上册），江西人民出版社 1986 年版，第 155、348 页。

② 同上书，第 154—155 页。

土地革命时期革命根据地粮食调剂局述论*

土地革命时期，由于国民党反动派对革命根据地疯狂的军事"围剿"和经济封锁，导致革命根据地工业品价格高涨、农产品价格下跌的"剪刀差"，引起谷贱伤农的现象，农民不愿意种粮食。结果，不少地方发生粮荒或经济恐慌，对根据地经济、革命战争以及红色政权的巩固产生了极大的妨害。为了有效解决这些经济问题，各根据地党组织和苏维埃政府采取了多种多样的措施，如成立粮食调剂局，建立各种形式的合作社，开展对外贸易，保护和鼓励私营商业等。本文就土地革命时期革命根据地粮食调剂局的设立背景，粮食调剂局与粮食合作社的关系，粮食调剂局的历史作用等方面作一初步探析。

一　粮食调剂局的建立

（一）成立粮食调剂局的由来

由于国民党反动派对根据地疯狂的军事"围剿"和严密的经济封锁，使根据地与敌占区之间的贸易往来受到阻碍，根据地出产的许多农产品如烟叶、油纸、木材、谷米等不能运出去，造成工农产品"剪刀差"，粮食价格下跌。而敌占区的工业品如洋油、食盐、布匹等也无法输入根据地；加之不法商人也趁机进行投机活动，压低农产品价格，抬高工业品价格；也由于我们自己对私营商业政策执行得不恰当等原因，致使根据地内出现了"工业品特贵，农产品特贱"的现象，

---

* 本文发表于《现代物业》2013 年第 11 期。

工农业产品"剪刀差"现象极其严重。根据地粮食价格低贱，又引致"谷贱伤农"，农民不愿种粮食，大片田地无人耕种，最终导致粮食市场供不应求，粮食严重缺乏，粮价暴涨。1933 年年初，因受 1932 年部分地区粮食歉收影响，奸商和富农囤积居奇，趁机抬高粮价，加之国民党反动派又开始了对中央革命根据地第四次"围剿"，红军兵力已发展到 10 万人，需要更多的粮食，以致在中央根据地许多地方发生粮荒，严重影响根据地革命战争和经济建设。因此，解决粮食问题就成为各根据地的第一要务。

（二）粮食调剂局的建立

在革命根据地建设初期，我党就认识到粮食问题对于根据地建设的重要性，要求平衡粮食供求关系。早在 1930 年 3 月 25 日，闽西苏维埃第一次工农兵代表大会上通过的《经济政策决议案》[①]，对"调节粮食之产销"做出了严格的规定，包括：①禁止用米做酒、做粉干；②禁止米粮输出至白色区域，但可在赤色区域流通；各地政府不得限制米价；③粮食缺少的地方，组织办米合作社，向白色区域买米，米多的地方，要组织贩卖合作社，运米到别处销售，政府要对办米合作社进行帮助；④各级政府经常召集米商、米贩开会，讨论买米办法，并帮助其进行，予以保护，等等。为了解决谷贱伤农的问题，闽西革命根据地 1930 年 6 月发出《关于组织粮食调剂局问题》的布告，要求各地成立粮食调剂局，并指出："粮食调剂局的成立，是发展闽西社会经济的重要出路，是目前急需进行的特殊需要工作。"[②] 于是，闽西根据地苏维埃政府率先成立了粮食调剂局并在所辖各县、区设立粮食调剂分局和支局，以保障调剂根据地军民的粮食供给。到 1931 年 4 月，仅永定县就开办了 34 个粮食调剂局。随后，不少根据地苏维埃政府效仿闽西苏维埃政府的做法，纷纷组建粮食调剂局，以对根据地的粮食进行调剂。

1933 年年初，因部分地区粮食歉收，奸商和富农乘机抬高粮价，

---

① 《革命根据地经济史料选编》（上册），江西人民出版社 1986 年版，第 49 页。

② 罗福林：《中央苏区粮食干部队伍建设》，《中国粮食经济》2001 年第 11 期。

加之红军队伍扩大，对粮食需求增多，以致根据地许多地方发生粮荒。针对中央根据地缺粮这一严重问题，1933年2月26日，临时中央政府人民委员会召开会议，一方面，研究了举行借谷运动，筹集足够的军粮供给红军；另一方面，决定成立粮食调剂局。1933年3月4日，临时中央政府人民委员会颁发了《为调节民食接济军粮》第39号命令，决定成立粮食调剂局，明确规定了粮食调剂局与粮食合作社的关系，指出："中央政府已决定粮食调剂的计划，设立了粮食调剂局，各地政府应领导群众，快快组织粮食合作社，在粮食调剂局领导帮助下，努力进行。办米之外，还要办盐，以抵制富农、奸商的积藏操纵，以防备国民党的严厉封锁，以调节各地的民食，以接济前方的军粮。"[1] 1933年4月28日，中华苏维埃共和国临时中央政府人民委员会发布训令第10号，决定成立中央国民经济部，下设粮食调剂局等机构；省县两级也要成立国民经济部，内设相应的粮食调剂局等机构。到1933年5月，各地基本建立了粮食调剂局。

1933年8月15日，中华苏维埃临时中央政府在《中央苏区南部十七县经济建设大会的决议》中，对粮食问题作了三点要求：一是没有粮食调剂局的县份，要立即找出适当的人才筹备粮食调剂局的工作，至九月十五日每县建立起一个粮食调剂局，每一大的圩场有一个粮食调剂支局。二是各县应以最大力量在每乡建立起一个起码有三百社员百元股金的粮食合作社，九月十五日以前收齐股金开始营业。三是各县应建立的谷仓及各乡粮食合作社的谷仓，在八月底要一律建立（或修理）好。[2] 在中央苏区南部十七县经济建设大会的推动下，根据地的粮食调剂局有了较快发展。为了加强对粮食工作的统筹管理，更好地全面调控根据地的粮食供求，保证红军的基本给养，中华苏维埃临时中央政府在第二次全国苏维埃代表大会上，决定成立粮食委员部，粮食调剂局由国民经济部划归粮食部领导，由陈潭秋出任第一任

---

① 《为调节民食接济军粮》，载《革命根据地经济史料选编》（上册），江西人民出版社1986年版，第327页。
② 《中央苏区南部十七县经济建设大会的决议》，载《革命根据地经济史料选编》（上册），江西人民出版社1986年版，第142—143页。

委员。各级苏维埃政府组建相应的粮食部，实行分级负责，归口中央
粮食部领导。

二　粮食调剂局与粮食合作社的关系

1933 年 7 月 14 日，中央国民经济部对粮食调剂局与粮食合作社
的关系作出详细的规定：

"一　粮食调剂局系调剂苏区粮食，保证红军及政府给养，并帮
助改善工农生活的国家机关。而粮食合作社则是广大工农群众抵制奸
商、富农剥削，改善自己生活的群众经济组织。

……

四　粮食调剂局与粮食合作社的关系如下：

（一）粮食调剂局向粮食合作社购买政府及红军所需的粮食，
在新谷上市时，要使谷价不致跌得太低，在青黄不接的时期，要使谷
价不致涨得太高。

（二）区乡两级政府及其他工作人员，所需要粮食，可用粮食调
剂局所发的领米证向粮食合作社领取。最后，由粮食合作社向粮食调
剂局支钱。

（三）粮食调剂局应帮助粮食合作社来获取农民所必需的其他粮
食（粮食，可能系商品之误。——编者注）的供给（如盐等）。

（四）在粮食合作社非常急迫地需要现款时，调剂局可设法帮助
借款；反之，在调剂局急需时，亦可向粮食合作社暂时借用，迅速归
还之。

（五）粮食调剂局应经过粮食合作社来帮助农业生产的发展，设
法供给农民以必需的肥料如石灰、种子和农具等。

（六）粮食合作社应该帮助粮食调剂局来运输粮食（如帮助政府
发动运输粮食的夫子等），在未设运输站的地方，该地粮食合作社在
必要时，应该为粮食调剂局执行运输站的工作。

（七）在粮食调剂局建有谷仓的地方，粮食合作社应共同帮助调

剂局的谷仓的管理。

五　只有在粮食合作社普遍发展，粮食调剂局与粮食合作社，发生密切关系的条件之后，调剂局才能很好地起调剂政府红军及群众粮食的作用，同时也只有在调剂局的领导与帮助之下，粮食合作社才能得到很好的发展与巩固，各级粮食调剂局与粮食合作社，应该根据上述几点，切实执行。"①

由于苏区党和政府的领导和号召，根据地都建立了相应的粮食调剂局，苏维埃临时中央政府设粮食调剂总局，省设粮食调剂局，县设分局，每个区和重要的圩场设粮食调剂支局。1934年3月在突击征集粮食运动中，当时毛泽覃同志写了一篇文章，强调要重视粮食调剂局的工作，文章指出："和粮食合作社同样重要意义的是建立粮食调剂局的问题，这种组织过去和现在在调剂粮食上起了重大作用，是一种国家经济组织，有许多县区还没有建立的，在建立了的地方也不大健全，在粮食突击运动中，经过粮食部与粮食调剂总局建立与健全各县的局与各中心区的支局，同样是为着革命战争的给养，改善群众生活的重大工作。"② 之后，粮食调剂局又有进一步的发展。粮食调剂局和粮食合作社的建立，为解决根据地军需民食，发挥了极大的作用。

三　粮食调剂局的工作职责和任务

1933年4月28日颁布的《中华苏维埃共和国各级国民经济部暂行组织纲要》对粮食调剂局的工作职责和任务作了明确规定："粮食调剂局，管理粮食的采籴运输及仓库存储等事宜，使粮食有合理的分

---

① 《中央国民经济人民委员部关于粮食调剂局与粮食合作社的关系》，载《革命根据地经济史料选编》（上册），江西人民出版社1986年版，第334—335页。

② 毛泽覃：《为全部完成粮食突击计划而斗争》，转引自《革命根据地财政经济史长编》（下），第901页。

配，以适应红军、政府机关及全体国民的需要。"① 因此，粮食调剂局的具体工作任务主要是：一方面，通过购买、销售、调剂、存储等业务，打击奸商富农的囤积居奇、暗中操纵，平抑粮价，保障根据地粮食的供需平衡；另一方面，根据苏区军民的需要，组织粮食出口，以换回根据地所急需的食盐、洋油、药材及布匹等日用工业品，供给军用民需，粉碎国民党反动派的经济封锁。

（一）调剂粮食，平抑粮食价格，打击奸商投机

为打破国民党反动派的经济封锁，苏维埃临时中央政府赋予粮食调剂局的重任是："除办米之外，还要办盐……以抵制富农奸商的囤积操纵，以防备国民党的严厉封锁，以调节各地的民食，以接济前方的军粮。"具体做法有季节调剂、地区调剂。所谓季节调剂，就是在秋收后新粮上市时，以高于市场价格从农民手里收购粮食，将粮食储存起来，等到次年青黄不接或春夏粮荒时，以低于市场的价格卖给群众，红军家属有优先购买权。地区调剂，就是将粮食从有余的地区，运到缺粮食的地区销售。用这种办法打击奸商，平抑粮价，解决谷贱伤农和农民吃贵米的问题，保护农业生产，稳定了粮食市场秩序，调动了根据地农民种粮积极性。

（二）有计划地组织粮食出口

粮食是革命根据地的最大宗商品，有计划地出口粮食，从国民党统治区换回根据地军民必需的工业品和现金，是粮食调剂局的重要任务。据记载，1933 年秋季，根据地粮食获得丰收，"中央苏区的粮食，有三百万担可以出口，这一出口可以分成三部分。第一，国家自己出口，第二，粮食合作社，第三，私人资本"。② 其中，国家自己出口约 120 万担，由粮食调剂局收集起来，交对外贸易局与白区商人进行出口交易。中央苏区粮食商品流转量按折算的货币计算，每月达 20 万元以上。

---

① 《中华苏维埃共和国各级国民经济部暂行组织纲要》，转引自《革命根据地财政经济史长编》（下），第 901—902 页。

② 《怎样进行粮食收集与调剂的运动》1933 年 7 月，转引自《革命根据地财政经济史长编》（下），第 922 页。

（三）保管和储备粮食

为了确保红军的作战及根据地人民的粮食供给，必须储备大批粮食。因此，储备保管粮食，是粮食调剂局的一项重要工作任务。

1933 年秋季粮食获丰收，为了保证来年春夏粮食供给，粮食调剂局计划储藏二十五万担（土地税内拨至二十五万担），建立能够储藏二十五万担的谷仓。第一，建造谷仓，每个乡要修建至少容纳三百担谷子的谷仓一处，每区要建谷仓数处，粮仓要建在接近圩场交通便利之处；第二，健全粮食管理制度，同粮食保管中的严重失职、贪污盗窃现象斗争；第三，建立谷仓管理委员会，制定谷仓管理规则；第四，抓紧运输，及时组织粮食入库。

（四）收集粮食

"民以食为天"。根据地军民要战胜国民党反动派的军事围剿和经济封锁，首先就必须解决吃饭问题。因而，收集粮食就成为粮食调剂局最重要的一项工作。在当时，粮食收集工作有重要的战略意义和现实意义，因为"粮食收集运动的成功，对于红军供养的保证、工业品的获得，财政收入的增加，农民生活进一步的改善，都有非常密切的关系"。[①]

收集粮食的途径主要有两种：一是通过市场购买的形式，这主要是在收获季节进行；二是在根据地群众中发动节省粮食运动，动员广大群众节省粮食卖给粮食调剂局，这主要是在青黄不接无粮可购时进行。收集粮食所需要的资金，过去主要是采取向富农借款的办法，来年再偿还给富农。这种办法筹集的资金有限，而且往往容易侵犯中农的利益，引起中农恐慌。土地革命后期，粮食调剂局收集粮食所需资金，主要靠各级苏维埃政府财政拨款。1933 年 3 月，粮食调剂局在收集粮食的过程中面临两大难题：第一是正值青黄不接时节，农民手中的粮食本来就少，几乎没有余粮，粮食市场供不应求，粮食调剂局即使有资金也无法买到粮食；第二是购买粮食需要现金，尤其是秋收后

---

① 《怎样进行粮食收集与调剂的运动》，《革命根据地财政经济史长编》（下），第 902—903 页。

大批新粮食上市，需要大批现金才能完成粮食购买任务，粮食调剂局财力不足。为解决上述两大难题，各级苏维埃政府采取了一些行之有效的应对措施：

第一，广泛动员宣传，发动根据地广大人民群众节省粮食卖给调剂局。

1933 年 5 月 20 日，国民经济部颁发训令第 1 号，号召各根据地国民经济部发动群众节省粮食，训令要求，各根据地之间开展竞赛的办法，"造成群众节省谷子卖给粮食调剂局的热烈情绪，"以便粮食调剂局能很顺利地完成粮食收集任务。1933 年 6 月，江西省委号召各地节省粮食，支援红军和根据地军民，要求："大家将多的粮食甚至节省一点粮食卖给粮食调剂局，以接济红军和城市的工人贫民，经过粮食调剂局的作用来压制富农奸商的操纵！"①

第二，采取一些非常措施。

为了克服粮食收集的困难，也为了筹集足够的经济建设资金和革命战争经费，克服财政困难，根据地苏维埃政府采取了一系列非常措施。主要包括以下几项：一是开展收集粮食突击运动，以农业税、公债形式突击购粮；二是向群众借粮；三是发行建设公债，从财政上支持粮食调剂局收集粮食。

四　粮食调剂局的历史作用

实践证明，在苏区党和苏维埃政府的领导下，粮食调剂局在调剂苏区粮食，平抑粮食价格，打击奸商，维护市场稳定，调节民食军用，保证红军供应，支持反"围剿"革命战争，调动根据地人民生产积极性等方面发挥了显著作用。

（一）组织粮食流转和出口

以中央革命根据地为例，1933 年，"根据十二个粮食调剂分局

---

① 《怎样解决粮食问题》，《省委通讯》第 1 期，转引自《革命根据地财政经济史长编》（下），第 905 页。

（还有四个分局未有确切报告）在四、五、六三个月中间，他们能有四十万元的商品周转，并得到盈余一万元。粮食调剂总局，从四月到八月的五个月中，有二十七万元的商品流转，并得到七千余元的盈余。这就是说，在我们中央苏区内，每月已经有了二十万元的粮食的商品流转，是经过了我们国家调剂的机关，自然这一数量在我们苏区全部粮食的商品流转中，还占据极小的地位。但是，调剂局的这一工作对于粮食价格的调剂与政府和红军的给养的解决，是起了相当的作用，这是毫无疑义的。"①

同时，粮食调剂局组织多余的粮食出口，从国统区换回根据地军民急需的工业品和货币。据记载，1933 年秋季，中央革命根据地有三百万担余粮出口，其中，由粮食调剂局收集起来出口的就多达 120 万担。

（二）平拟粮食价格，维护根据地市场稳定

在稳定粮食价格方面，粮食调剂局所起的作用也十分显著。1933 年春荒时期，中央粮食调剂总局出售的粮食价格比市场价格便宜 60%，粮食调剂分局出售的粮食价格比市价便宜 30%，"起了相当的调剂作用"。②由于粮食调剂局对粮食市场供求的调节作用，1933 年秋收新谷上市后，粮食价格有了相当的提高。据记载："在谷价素称低廉的区域（如公略、万太）每担谷子的最低价格只跌到一元七八角，而且还是短时期的，很快就到二三元以上。现在一般的价格，每担谷子大多是在三元以上，象去年那样一元大洋能买二担至三担谷的现象在今年是没有看到。这上面固然有其它的原因（如公债的发行、土地税收谷、农民不轻易出卖粮食、纸币跌价等），但是粮食调剂局的调剂的作用，也是其中重要原因之一。"③

又如瑞金米价，在 1933 年青黄不接时，粮价上涨到一元只能买

---

① 吴亮平：《经济建设的初步总结》，载《革命根据地经济史料选编》（上册），江西人民出版社 1986 年版，第 156—157 页。

② 《中央审查国家企业会计的初步结论》，《红色中华》1934 年第 169 期。

③ 吴亮平：《经济建设的初步总结》，载《革命根据地经济史料选编》（上册），江西人民出版社 1986 年版，第 157 页。

米 4 升，并且有继续上涨的趋势。中央粮食调剂总局随即从兴国买来一批大米，以低于市场的价格出售，一元钱 6 升，红军家属可优先购买，这一调剂措施立即见效，市场粮价立刻回落，由原来的一元钱 4 升跌至一元钱 5 升都没人购买。于是，"一般操纵粮价的奸商，再也不敢横行了！昨日米市，粮食调剂局卖出每块钱六升半，红校粮食合作社卖出每块钱六升，市场上米价每块钱五升半，瑞金城市劳苦群众，在这解决粮食问题中得了深刻教训，就是苏维埃政府完全是为工农谋利益的"。[①] 用这种办法打击奸商，平抑粮价，解决谷贱伤农和农民吃贵米的问题，保护农业生产，稳定了粮食市场秩序，调动了根据地农民种粮积极性。

---

① 《红色中华》1933 年第 93 期。

抗日根据地合作社与党的群众路线 *

抗日战争时期，中国共产党领导的敌后抗日根据地和解放区民主政府，开展大规模的生产合作运动，成立了各种形式的合作社。从抗日根据地合作社建立的原因，合作社的组织原则，合作社的历史作用等方面，无不体现我党认真实践"一切为了群众，一切依靠群众，从群众中来，到群众中去"这条马克思主义的群众路线。

一 建立合作社的动因直接体现了 我党的群众路线

抗日战争时期，由于日寇、伪军、国民党顽固派的夹攻，加上华北地区连年的自然灾害，根据地和解放区陷入极端严重的困境。为了粉碎国内外敌人对抗日根据地的封锁，缓解根据地的财政经济困难，根据地军民必须开展生产自救活动。1943 年 11 月，毛泽东在陕甘宁边区第一届劳模代表大会上作了题为《组织起来》的演讲，号召根据地军民开展大规模的大生产运动，要求"把一切老百姓的力量、部队机关学校的力量，一切男女老少的全劳动力半劳动力，凡是有可能的，就要毫无例外地动员起来，组织起来，成为一支劳动大军"。毛泽东指出，把群众组织起来开展经济自救活动的最重要的方式，就是发展合作社；"发展生产的中心环节是组织劳动力，各地要在自愿和

---

* 本文发表于《新西部》（理论版）2013 年第 12 期，有删改。

等价的原则下使广大农民普遍开展劳动互助"。①

合作社经济是根据地重要的经济形式之一，它能把有限的力量和生产资料集中利用，发挥集体优势，提高劳动生产效率。只有通过发展多种形式的合作社，才能发展根据地公私经济，克服敌后抗日根据地的财政经济困难，为坚持持久抗战并取得最终胜利奠定坚实的物质基础。因此，建立合作社组织不仅是为了取得抗战最后胜利的需要，更是一切为了群众的直接体现。因为，一切为了群众，全心全意地为人民服务，是党的根本宗旨，是党一切工作的根本出发点和归宿，也是无产阶级政党区别于其他政党的显著标志。在当时国际国内形势下，通过组织合作社来发展根据地经济，把日本侵略者赶出中国，救人民群众于水火是当时中国共产党面临的头等大事，是"一切为了群众，一切依靠群众"的最直接体现。

二　合作社的组织原则体现了"一切为了群众，一切依靠群众"

首先，从抗日根据地合作社的生产资料所有制关系来看。根据地合作社是以私有股份或私有制为基础的，不是以公有股或公有制为基础。这种合作社，是生产资料个人私有和集体使用相结合的经济制度，因为"农民参加了这种新的劳动互助，他们仍旧保存着各人的土地、耕畜、生产工具和各种财产的私有权，但是在进行生产的时候却是把他们的人力、畜力以至工具几家合作起来进行集体的劳动，这就是建立在个体经济基础上的集体劳动。这是一种新型的农民生产合作社"。② 这种合作社是从农民群众的利益出发，为广大农民群众谋福利的，所以受到广大群众欢迎。而公营合作社在当时没有真正为农民群

---

① 《毛泽东选集》第三卷，人民出版社1991年版，第77页。

② 陕甘宁边区财政经济史编写组：《抗日战争时期陕甘宁边区财政经济史料摘编》（第二编·农业），载《边区的农业劳动互助》，陕西人民出版社1981年版，第485页。

众着想，没有为群众解决实际困难，所以不受农民群众欢迎。

　　1939 年以前，根据地许多地方民主政府曾经建立过公营性质的合作社，这种以公股为基础的股份合作社，带有公营性质，并且强制群众摊派股金，未能调动农民生产积极性，反而引起群众反感，合作社没有起到应有的作用。毛泽东对此进行了客观的分析并给予了明确的批判和否定，他指出："一九三九年以前，各地合作社以公家的股金为基础，再加上向群众摊派而得的股金，这时候是带着公营性质的，多成为县、区政府的公营商店。合作社的事业不是面向群众，而主要地是面向政府，替政府解决经费，一切问题由政府解决。一九三九年后，提出了'合作社群众化'的口号，但各地仍多用旧方式在群众中去扩大摊派股金，来推行其所谓'群众化'。因此合作社仍被群众认为是摊派负担，而不被认为是群众自己的。合作社的人员，仍然是和公务人员一样，要群众优工代耕。群众看不到合作社对自己有多大利益，反而增加了群众的劳力负担。由于一九四〇年以后各地政府生产自给任务的增加，于是有许多合作社的大股东不是人民而是政府机关，合作社对群众利益自然更加无法多去照顾了。"① 这是公营官办合作社带来的弊端，群众得不到好处，自然就不感兴趣也没有积极性可言。但是，以群众的私人股份为基础的合作社，如延安南区的合作社，由于是群众自己当家做主并能合理处理集体与个人利益关系，极大地照顾群众利益，深受群众拥护和支持，产生了积极的效果。毛泽东对此给予了充分的肯定，他指出："只在一九四二年一月，建设厅根据延安南区合作社的经验，提出'克服包办代替，实行民办官助'的方针，各地合作社才从实现这一方针中，取消了摊派入股的方式，摸索地创造着和群众密切联系，和群众利害相关的经验。这样，仅仅在十个月中，股金即突增五百余万，事业也发展了。在组织人民的经济力量、减免中间剥削与发展人民经济上，起了相当大的作用。""只有到了这个阶段，边区合作事业才一般地开始走上了正轨。"毛泽东

---

　　① 毛泽东：《经济问题与财政问题》，载《毛泽东同志论经济问题与财政问题》，中国人民解放军政治学院训练部图书资料馆编印，1960 年，第 90—91 页。

对于延安南区以私有财产为基础的合作社的肯定和表扬，对公营合作社的批判和否定，清楚地表明，只有建立以个人或私有股份为基础的合作社，才能使入股群众成为合作社的主人，才能使群众利益与合作社的绩效紧密地联系在一起，也才能得到人民群众的真心拥护和支持。所以，延安南区合作社成为真正被群众所拥护的合作社，"南区合作社式的道路，就是边区合作社事业发展的正确道路；发展南区合作社式的合作运动，就是发展边区人民经济的重要工作之一。"①1943 年 11 月，在《组织起来》的演讲中，毛泽东再次强调抗日根据地合作社的所有制性质，是以农民个人占有生产资料为基础的合作社："我们的经济是新民主主义的，我们的合作社目前还是建立在个体经济基础上（私有财产基础上）的集体劳动组织。"② 因此，合作社必须以私有制为基础才能建立起来。也只有在这样的合作社里，劳动群众才能真正当家做主，享受到合作社互助合作带来的红利。

其次，从合作社的管理原则来看。根据地党组织和政府确定了在合作社中坚持自愿、互助互利和民主管理的原则。这是我党群众路线在合作社管理工作中的具体体现。因为，一切为了群众，一切依靠群众，就必须对人民负责，善于为人民服务。党的一切工作，必须以最广大人民的根本利益为最高标准。一切依靠群众，具体落实在合作社的管理上，就要反对命令主义，坚持自愿参加的原则。在合作社中坚持自愿原则，即群众加入合作社要他们自己愿意，不能强迫命令他们加入；加入何种合作社、入股多少等也要自愿，不可强制摊派入股。在合作社中，社员要能从合作社中得到实惠，在经济上得到改善，并能借助合作社弥补劳力和生产资料的不足，能正常发展生产，这是吸引群众入社的关键。民主管理意味着由合作社及其社员当家做主，管理本社事务，决定经营方向，并能自主处理合作社的赢利分红等事宜。这是我党"一切依靠群众"这条群众路线在合作社管理原则上的

① 毛泽东：《经济问题与财政问题》，载《毛泽东同志论经济问题与财政问题》，中国人民解放军政治学院训练部图书资料馆编印，1960 年版，第 91—93 页。
② 毛泽东：《组织起来》，载《毛泽东选集》第三卷，人民出版社 1991 年版，第 931 页。

具体落实。因为，一切依靠群众，首先要相信群众能够自己解放自己，要尊重和支持人民群众在合作社经营和管理中的首创精神；一切依靠群众，就应该虚心向人民群众学习，应该善于从群众在合作社的管理中发现问题，提出解决问题的方针和政策；一切依靠群众，必须在一切工作中发动群众、组织群众，包括在合作社管理中发动和组织好群众，管理好各种形式的合作社。比如，山东抗日根据地"发展各种合作社，使合作事业变成为群众性的组织，其目的在于发展农村经济，改善人民生活，反对合作社官社化包办制和垄断发财主义等不良倾向。"① 1944 年 7 月，陕甘宁边区合作社联席会议明确规定："合作社是自由的民主的"。主要表现在自由入股，自由退股，股金不限制，按股分红，按期结算，社员一律平等，不论股金大小，都有选举权、表决权，等等。② 由此可以证明，我党领导的抗日根据地和解放区，在合作社的管理原则上，是认真执行群众路线的。

最后，从合作社与社员私人利益关系来看。合作社章程明确规定了公私兼顾的原则。合作社的发展对抗战经济的支持，特别是布匹的支持是非常明显和重要的。但是在粮食供应方面始终依靠根据地群众支持。所以，毛泽东曾经指出：我们要发展公营经济，但是我们不要忘记人民给我们帮助的重要性。因为在当时，公营农业中的粮食生产一项，还是很微弱的，在粮食方面主要还是依靠老百姓。但是我们一方面取之于民，另一方面就要使人民经济有所增长，有所补充。这就是对人民的农业、畜牧业、手工业、盐业和商业，采取帮助其发展的适当步骤和办法，使人民有所失同时又有所得，并且使所得大于所失。③ 这一精神贯穿于我党领导的合作社发展过程的始终。由于合作社能帮助根据地群众解决生产和生活方面的困难，推动发展了人民经

---

① 艾楚南：《四年来山东财政经济建设的成绩和努力的方向》1941 年 7 月 7 日，载《革命根据地经济史料选编》（中册），江西人民出版社 1986 年版，第 88 页。
② 《陕甘宁边区合作社联席会议决议》1944 年 7 月 7 日，载《抗日战争时期陕甘宁边区财政经济史料摘编》（第七编·互助合作），陕西人民出版社 1981 年版，第 75 页。
③ 毛泽东：《抗战时期的经济问题和财政问题》，载《毛泽东选集》第三卷，人民出版社 1991 年版，第 893—894 页。

济，改善了群众生活，粮食生产、手工业和商业得到极大发展，一方面为支持抗战提供了物质基础；另一方面，群众还能从合作社的赢利中分得股红和盈余，由此体现了合作社公私两利原则。毛泽东在总结南区合作社经验中指出："它以公私两利的方针，作为沟通政府与人民经济桥梁，经过合作社，一方面贯彻政府的财政经济政策；另一方面又调剂人民的负担使其更加合理化，增加了人民的收入，提高了人民的积极性，使政府、合作社、人民三者公私的利益，个人与集体的利益，密切地结合起来"。① 公私两利原则充分考虑和照顾了群众的利益，体现了一切为了群众的群众路线。

三　从合作社的历史作用看我党贯彻群众路线的工作成效

从抗日根据地合作社所起的巨大作用可以证明，群众路线是我党根本的工作路线，是我们取得革命和建设胜利的最重要"法宝"之一。

（一）合作社使根据地的经济迅速繁荣起来，人民群众得到了实惠

由于抗日根据地处于落后的农村地区，发展经济受到资金、技术、设备、劳动力等多方面的限制。通过组织合作社，把群众分散的资金、工具、劳动力集中起来使用，正好解决这方面存在的问题。"凡是对老百姓有好处的事，合作社都可以办，如老百姓要搞生意有的缺钱，有的缺人，有的缺工具，但另一方面也有人有闲钱，有闲的工具与剩余劳力，合作社就想办法把它组织起来，有余钱和闲工具的到合作社生利、有余力的到合作社挣钱，这样一来本大利实人多力量大，生产就能办好了。"② 华中根据地淮海区在抗战前榨油业很发达，

① 毛泽东：《经济问题与财政问题》，载《毛泽东同志论经济问题与财政问题》，中国人民解放军政治学院训练部图书资料馆编印，1960年，第92页。

② 江苏省财政厅、江苏省档案馆：《华中抗日根据地财政经济史料选编》（江苏部分）第3卷，档案出版社1986年版，第457页。

油是出口大宗，各乡都有小油坊和小油商。在抗战初期未建立合作社时，榨油事业被少数商人统治起来，小油商无法与大油商竞争。通过组织榨油合作社，"有工具的出工具（主要利用旧有的工具），能做打油事情的（如经理、管账、打油、包饼等）出劳动力，另外动员大家入股，工具、劳动力、资本都可分红利，社员还可吃便宜油，并可分到饼上地"。①

通过组织各种合作社生产农产品和手工业品，不仅推动了根据地经济建设，同时，开展互助合作可以节省大量的农村劳动力，节省出来的劳动力就可以从事手工业、运输业和商业贸易，使老百姓得到了实实在在的好处。

合作社社员可以凭股票取得股息并分红，获取股红收入。1944 年春，太行地区索堡合作社，春天入股 5 元的社员，年底分红 180 元。②安塞枣湾纺织厂是陕甘宁边区纺织业中合作民营方面的一个典型。该厂实行民办方针，自由入股，实物入股，自由退股，1941 年下半年群众每元股金分得红利 40 元。③

合作社的生产经营能给社员群众带来工资收入。1944 年 4 月到 12 月底，新行耿道元纺织合作社贷给 47 家织布户的纱有 4265 斤，收回布 1526 匹，盈利达 756413 元，按二八分红，合作社得 150862 元，47 家织布户得利 605551 元④，平均每户得到收入 12884 元。在华中抗日根据地，1943 年春季，半塔杨言德合作社共收购社员纺成的棉纱 1 万斤，付给社员工资 40.8 万元；仅 1944 年，整个山东根据地纺织收入达到 5.6 亿元。在鲁中区某些只有 100 户规模的村庄，每年纺织收入就高达几十万元。⑤

① 江苏省财政厅、江苏省档案馆：《华中抗日根据地财政经济史料选编》（江苏部分）第 3 卷，档案出版社 1986 年版，第 457、462 页。

② 戎伍胜：《太行区经济建设问题》，载《革命根据地经济史料选编》（中册），江西人民出版社 1986 年版，第 276 页。

③ 《安塞枣湾纺织厂办得好》，《解放日报》1945 年 1 月 8 日。

④ 江宏：《一年来的新行耿道元纺织合作社》，载《安徽革命根据地财经史料选》（二），安徽人民出版社 1983 年版，第 287 页。

⑤ 李占才：《中国新民主主义经济史》，安徽教育出版社 1990 年版，第 226 页。

（二）合作社组织灾民开展生产自救，救济灾民卓有成效

抗日战争期间，敌后抗日根据地不仅遭受日寇疯狂扫荡、蹂躏带来的空前灾难，许多地方还连年遭受水灾、旱灾和虫灾等自然灾害。在根据地党和民主政府领导下，各地合作社通过各种形式组织灾民生产自救，战胜灾荒，克服了困难。如1939年8月，河北中南部连续下暴雨，加之日军故意破坏，决堤150多处，造成有史以来特大水灾，受灾范围波及50多个县，给灾区人民造成生产生活上的极大困难和损失。冀中区根据地党和政府指示各级合作社，组织运输队从其他根据地购买粮食和种子共1500万公斤，以市价八折的优惠价格出售给合作社成员，并向运输队员发放运费，解决了250000名灾民的饥荒问题。[①] 实践证明，合作社是敌后各根据地人民战胜灾荒的重要组织形式，这也证明了我党群众路线的极端重要性。

（三）合作社能够团结一切抗日力量，为取得抗战胜利奠定了广泛的群众基础

合作社是为群众谋利益的，是为了维护农民群众的利益才组织的，是抗日战争时期我党实践群众路线的重要组织形式之一。毛泽东1943年10月在边区高干会上的讲话中指出："合作社的性质，就是为群众服务，这就是处处要想到群众，为群众打算，把群众利益放在第一位。这是我们与国民党的根本区别，也是共产党员革命的出发点和归宿。从群众中来，到群众中去，想问题从群众出发又以群众为归宿，那就什么都能办好。"[②] 1942年各根据地整顿合作社后，新的互助合作组织在内容和形式上都体现了群众的意愿与利益，给根据地群众带来很多实惠；同时，对于组织、教育人民都具有重要意义。所以，"它是一种有组织的经济力量。经过这种经济组织，可以教育广

---

① 宋邵文：《晋察冀边区的经济建设》，载《革命根据地经济史料选编》（中册），江西人民出版社1986年版，第164页。

② 毛泽东：《论合作社》，载《毛泽东同志论经济问题与财政问题》，中国人民解放军政治学院训练部图书资料馆编印，1960年版，第149页。

大人民并坚定广大人民的抗战信心。"①

1944 年 7 月，中共中央西北局在《关于贯彻合作社联席会议的决定》中指出："合作社是人民大众的，同时也是各阶层的，我们对愿意以自己的人力、财力或智力参加合作社，并做有益边区事业的各阶层人士，不是拒绝而是欢迎，特别是对贸易有经验的商人，和对地方事业热心的士绅，更在欢迎之列，并要切实向他们学习工商业的知识，团结边区的人力、财力、物力、智力来建设边区。"② 所以，"合作社是广大群众的，又是统一战线的。也就是说，不论地主或商人，都可以加入进来，但是最重要的是，要合作社有广大群众。如果商人地主和农民是一样多的，这就不是广大群众的合作社。合作社内的社员成分要适合中国这样的社会：地主、商人是少数，农民、工人是多数，只有这种由广大人民组织起来的合作社，才能做到为广大人民服务，才不会为少数人把持操纵，投机取利。"③ 所以，合作社是各阶层人民大众的经济组织，它不仅能发展民主的、人民大众的经济，而且能够把人民大众组织起来，团结一切能够团结的抗日力量，为打败日本侵略者奠定了广泛的群众基础，为取得抗日战争胜利做出了巨大贡献。从合作社在抗日战争中所起的巨大作用，再次证明我党群众路线对于夺取中国革命和建设胜利的极端重要性。

---

① 刘景范：《两年来边区合作社工作总结及今后边区合作社的任务》，载《抗战时期陕甘宁边区财政经济史料摘编》（第七编·互助合作），陕西人民出版社 1981 年版，第 68—69 页。

② 《西北局关于贯彻合作社联席会议的决定》，《解放日报》1944 年 7 月 9 日。

③ 高自立：《合作社联席会议总结报告》1944 年 7 月，载《抗战时期陕甘宁边区财政经济史料摘编》（第七编·互助合作），陕西人民出版社 1981 年版，第 65—66 页。

抗日战争时期中国共产党的私人资本
主义经济政策及绩效研究

在抗日战争时期，中国共产党建立抗日民族统一战线。在经济上，实行鼓励私人投资、鼓励私人资本主义发展的政策，为发展抗日根据地经济发挥了重要的作用。

一　抗日战争时期对私人资本
主义经济的政策

在抗日战争时期，中国共产党对私人投资、对私人资本主义经济实行鼓励发展的政策。中国共产党指出："我们在抗日根据地的经济政策上，主张积极发展工业农业的生产与商品的流通。我们欢迎他地的资本家到抗日根据地上开办实业，并切实保护他们的营业。我们奖励民营企业，而把地方抗日民主政府所经营的企业，只当作整个生产贸易事业的一部分。"① 同时，中国共产党还指出："国营经济和合作社经济是应该发展的，但在目前的农村根据地内，主要的经济成分，还不是国营的，还是私营的，而是让自由资本主义经济得着发展的机会，用以反对日本帝国和半封建制度。这是目前中国的最革命的政策，反对和阻碍这个政策的施行，无疑义地是错误的。"② 中国共产党

---

① 《论抗日根据地的各种政策》，《解放》1974 年第 124 期。
② 《〈农村调查〉的序言和跋》，载《毛泽东选集》，人民出版社 1970 年版，第 751 页。

把私人资本主义经济作为当时农村根据地内"主要的经济成分"，鼓励其发展，这样就把发展私人资本主义提到相当高的地位，是当时中国的"最革命的政策"。

1939 年毛泽东在延安青年群众举行的五四运动二十周年纪念会上，作了题为《青年运动的方向》的讲演，他指出："中国革命的性质是什么？我们现在干的是什么革命呢？我们现在干的是资产阶级性的民主主义的革命，我们所做的一切，不超过资产阶级民主革命的范围。现在还不应该破坏一般资产阶级的私有财产制，要破坏的是帝国主义和封建主义，这就叫作资产阶级性的民主主义的革命。但是这个革命，资产阶级已经无力完成，必须靠无产阶级和广大人民的努力才能完成。这个革命要达到的目的是什么呢？目的就是打倒帝国主义和封建主义，建立一个人民民主的共和国。这种人民民主主义的共和国，就是革命的三民主义的共和国。它比起现在这种半殖民地半封建的状态来是不相同的，它跟将来的社会主义制度也不相同。在社会主义的社会制度中是不要资本家的；在这个人民民主主义的制度中，还应当容许资本家存在。"① 因此，在抗日战争时期，为了维护抗日民族统一战线，为了取得抗战的胜利，必须发展私人资本主义经济。如果超越历史发展阶段，企图超越私人资本主义经济发展阶段，就不能团结一切可以团结的人，就不能很好地发展根据地经济，就不能为抗战胜利奠定坚实的经济基础。

二 抗战时期鼓励私人资本主义 经济发展的缘由

抗战时期允许并鼓励私人投资、鼓励私人资本主义经济发展，是由抗日战争时期中国社会的主要矛盾决定的。抗日战争时期，中日民族矛盾成为中国社会的主要矛盾，国内阶级矛盾则降为次要和服从地

---

① 《青年运动的方向》，载《毛泽东选集》，人民出版社 1970 年版，第 526—527 页。

位。中国共产党对此有着深刻和清醒的认识。由于日本帝国主义实行完全征服中国的政策，它必然成了中国人民最大最危险的敌人，反对日本帝国主义的侵略、把日本鬼子赶出中国成为中华民族的当务之急。而要取得抗战的胜利，中国共产党必须团结一切抗日的力量，包括要和一切抗日的党派、阶级、民族合作，只要不是汉奸，都要联合一致、共同抗日。这就是抗战时期中国共产党抗日民族统一战线政策的基本点，也是我党抗战时期制定一系列经济政策和方针的出发点。1939 年 12 月，毛泽东同志在《中国革命和中国共产党》中第一次提出"新民主主义革命"的概念，对中国革命的对象、任务、动力、性质和前途作了科学的精辟论证。中国半殖民地半封建社会的主要矛盾，是帝国主义和中华民族的矛盾、封建主义和人民大众的矛盾，前者又是最主要的矛盾。中国半殖民地半封建的社会性质决定了中国革命必须分两步走：第一步是民主主义革命；第二步是社会主义革命。毛泽东指出："既然中国社会还是一个殖民地、半殖民地、半封建的社会，既然中国革命的敌人主要的还是帝国主义和封建势力，既然中国革命的任务是为了推翻这两个主要敌人的民族革命和民主革命，而推翻这两个敌人的革命，有时还有资产阶级参加，即使大资产阶级背叛革命而成了革命的敌人，革命的锋芒也不是向着一般的资本主义和资本主义的私有财产，而是向着帝国主义和封建主义，既然如此，所以，现阶段中国革命的性质，不是无产阶级社会主义的，而是资产阶级民主主义的。""但是，现时中国的资产阶级民主主义的革命，已不是旧式的一般的资产阶级民主主义的革命，这种革命已经过时了，而是新式的特殊的资产阶级民主主义的革命。这种革命正在中国和一切殖民地半殖民地国家发展起来，我们称这种革命为新民主主义的革命。这种新民主主义的革命是世界无产阶级社会主义革命的一部分，它是坚决地反对帝国主义即国际资本主义的。它在政治上是几个革命阶级联合起来对于帝国主义者和汉奸反动派的专政，反对把中国社会造成资产阶级专政的社会。它在经济上是把帝国主义者和汉奸反动派的大资本大企业收归国家经营，把地主阶级的土地分配给农民所有，同时保存一般的私人资本主义的企业，并不废除富农经济。因此，这种新式的民主革命，虽然在一方面是替资本主义扫清道路，但在另一方面又是替社会主义创造前提。中国现时的革命阶段，是为了终结殖民地、半殖民地、半封建社会和建立社会主义社会之间的一个过渡的阶段，是一个新民主主义的革命过程。"① "没有问题，现阶段的中国革命既然是为了变更现在的殖民地、半殖民地、半封建社会的地位，即为了完成一个新民主主义的革命而奋斗，那么，在革命胜利之后，因为肃清了资本主义发展道路上的障碍物，资本主义经济在中国社会中会有一个相当程度的发展，是可以想象得到的，也是不足为怪的。资本主义会有一个相当程度的发展，这是经济落后的中国在民主革命胜利之后不可避免的结果。但这只是中国革命的一方面的结果，不是它的全部结果。中国革命的全部结果是：一方面有资本主义因素的发展，另一方面有社会主义因素的发展。这种社会主义因素是什么呢？就是无产阶级和共产党在全国政治势力中的比重的增长，就是农民、知识分子和城市小资产阶级或者已经或者可能承认无产阶级和共产党的领导权，就是民主共和国的国营经济和劳动人民的合作经济。所有这一切，都是社会主义的因素。加以国际环境的有利，便使中国资产阶级民主革命的最后结果，避免资本主义的前途，实现社会主义的前途，不能不具有极大的可能性了。"②

1940 年，毛泽东同志发表了《新民主主义论》，首次提出了"新民主主义社会"的概念，比较系统地论述了新民主主义革命的政治、经济和文化纲领。关于新民主主义的经济，毛泽东指出："在中国建立这样的共和国，它在政治上必须是新民主主义的，在经济上也必须是新民主主义的。""大银行、大工业、大商业，归这个共和国的国家所有。"在无产阶级领导下的新民主主义共和国的国营经济是社会主义的性质，是整个国民经济的领导力量，但这个共和国并不没收其他资本主义的私有财产，并不禁止"不能操纵国民生计"的资本主义生

---

① 《中国革命和中国共产党》，载《毛泽东选集》，人民出版社 1970 年版，第 609—610 页。

② 同上书，第 613 页。

产的发展，这是因为中国经济还十分落后的缘故。"这个共和国将采取某种必要的方法，没收地主的土地，分配给无地和少地的农民，实行中山先生'耕者有其田'的口号，扫除农村中的封建关系，把土地变为农民的私产。农村的富农经济，也是容许其存在的。这就是'平均地权'的方针。这个方针的正确的口号，就是'耕者有其田'。在这个阶段上，一般地还不是建立社会主义的农业，但在'耕者有其田'的基础上所发展起来的各种合作经济，也具有社会主义的因素。""中国的经济，一定要走'节制资本'和'平均地权'的路，绝不能是'少数人所得而私'，绝不能让少数资本家少数地主'操纵国民生计'，绝不能建立欧美式的资本主义社会，也绝不能还是旧的半封建社会。谁要是敢于违反这个方向，他就一定达不到目的，他就自己要碰破头的。""这就是革命的中国、抗日的中国应该建立和必然要建立的内部经济关系。""这样的经济，就是新民主主义的经济。"①

1945年，毛泽东在中共七大政治报告《论联合政府》中指出："有些人怀疑中国共产党人不赞成发展个性，不赞成发展私人资本主义，不赞成保护私有财产，其实是不对的。民族压迫和封建压迫残酷地束缚着中国人民的个性发展，束缚着私人资本主义的发展和破坏着广大人民的财产。我们主张的新民主主义制度的任务，则正是解除这些束缚和停止这种破坏，保障广大人民能够自由发展其在共同生活中的个性，能够自由发展那些不是'操纵国民生计'而是有益于国民生计的私人资本主义经济，保障一切正当的私有财产。""有些人不了解共产党人为什么不但不怕资本主义，反而在一定的条件下提倡它的发展。我们的回答是这样简单：拿资本主义的某种发展去代替外国帝国主义和本国封建主义的压迫，不但是一个进步，而且是一个不可避免的过程。它不但有利于资产阶级，同时也有利于无产阶级，或者说更有利于无产阶级。现在的中国是多了一个外国的帝国主义和一个本国的封建主义，而不是多了一个本国的资本主义，相反地，我们的资本

---

① 《新民主主义论》，载《毛泽东选集》，人民出版社1970年版，第638—639页。

主义是太少了。"① 毛泽东还提出了关于发展资本主义的具体纲领："要求取缔官僚资本；要求废止现行的经济统制政策；要求制止无限制的通货膨胀和无限制的物价高涨；要求扶助民间工业，给予民间工业以借贷资本、购买原料和推销产品的便利；要求改善工人生活，救济失业工人，并使工人组织起来，以利于发展工业生产。"② 所有这些具体措施，都是有利于发展私人资本主义经济的。

综上所述，中国共产党在抗日战争时期是积极保护私人财产，允许并鼓励私人资本主义经济发展的。

三　抗战时期发展私人资本主义经济的绩效

抗日战争时期中国共产党实行鼓励私人资本主义经济发展的政策，对于繁荣抗日根据地的经济发挥了巨大的作用。正如贾拓夫在论述陕甘宁边区工业的历史地位和作用时所指出的："第一，解决了抗战及封锁情况下物资困难的问题，使我们的工业必需品达到部分自给，保证了供给。第二，这些工业生产刺激了国民经济（包括机关部队生产在内）的发展。第三，由于这些自给工业的发展，减少了输入，促成了边区内外贸易的走向平衡。第四，由于贸易上的输入减少，就节省了外汇支付，对边区金融物价的稳定起了一定的积极作用。因此，应当肯定地说，这些工业的发展，在抗战阶段是解决了困难的，是尽到一定的历史作用的，同时，对我们长远的将来来说，即对边区工业的前途来说，也打下了初步的基础，这一点我们是不应当怀疑的了。"③

首先，私营资本主义工业成为边区工业的重要组成部分。以陕甘宁边区为例，1939 年，陕甘宁边区织布业中，只有一家公营织布工

---

① 《论联合政府》，载《毛泽东选集》，人民出版社 1970 年版，第 959—961 页。

② 同上书，第 965 页。

③ 贾拓夫：《关于边区工业问题的研究》（1945 年），载《抗日战争时期陕甘宁地区财政经济史料摘编》（第三编·工业交通），陕西人民出版社 1980 年版，第 137—138 页。

厂，有 23 架织机；而私人投资举办的织布工厂有 6 家，织机达 52 架，超过了公营的织布工厂数和织机数。由于边区政府制定一系列激励私人资本主义经济发展的政策措施，如对私营资本主义经营的工厂实行投资、订货等办法，使私人资本主义工厂发展速度相当快。到 1943 年，陕甘宁边区有私人纺织厂 50 家，织机 150 架，雇用工人 310 人，产布达 12000 大匹之多。私人手工业作坊发展更为迅速。据统计，"延安等 13 县市，1942 年有手工作坊 399 个，工人 1107 人；到 1943 年，作坊增至 656 个，工人增至 2047 人，一年之中，作坊和工人数分别增长了 64% 和 84%"。① 私营资本主义工业不仅从数量和产量上来看，都超过了公营工业。1943 年，陕甘宁边区只有公营纺织厂 23 家，织机 449 架，生产大布 32968 匹；而家庭及私营工厂有织机 18467 架，能生产大布 65334 匹，占据了总产量的 56% 以上。

其次，私营资本主义经济和公营经济、合作社经济一起，对保障军需民用和打破敌人经济封锁起了重大的作用。还是以陕甘宁边区为例，1941 年，已经部分地解决了边区对布匹、纸张、煤、石油的需求；1942 年，纺织、造纸工具已能全部自制自给，造纸已够书报印刷之用；1944 年，布匹已能够自给全边区需要的 1/3 以上；纸张已能够自给全边区需要的一半；石油、肥皂不但能自给，且能接济邻近地区和前方的需要。在晋察冀解放区，有些工业品已经基本上满足了军需民用，还有不少产品行销外地。在晋冀鲁豫解放区，边区所需要的文具、纸张、零星日用品如肥皂等都能自给。在晋绥边区，公营私营工业都获得较大发展。私人纺织业，全区已有纺车 5 万架，纺织女工 6 万人，土机 9000 多架，改良织布机 1300 多架，每年产布 506000 余匹。造纸业在 1942 年已经超过了战前的产量；炼铁业，到 1945 年，年产生铁达 123.2 万公斤，熟铁达 12.5 万公斤。这些成就充分说明抗日根据地私营工业在保障供给，解决根据地军民工业品需求问题，打破敌人的经济封锁方面起到了重要的作用。

最后，私营商业也获得了快速发展。以延安市的私营商业为例，

---

① 李占才主编：《中国新民主主义经济史》，安徽教育出版社 1990 年版，第 222 页。

1938 年只有 90 家，到 1939 年时增加到 149 家，1940 年增加到 320 家，1943 年增至 473 家。在我党发展私人资本主义经济的政策鼓励下，各抗日根据地或解放区的集市贸易也得到恢复和发展。私营商业的发展和繁荣，在促进抗日根据地生产和满足人民生活需要方面，发挥了一定的积极作用。

中国传统社会变革与现代经济社会转型研究

中国传统社会变革的主要特征 *

    中华文明源远流长，具有强大生命力。中华文明之所以几千年来一直保持其强大生命力，关键在于构成中华文明的思想内核中，有一个重要的元素——"变"，表现在历史发展进程中，就是社会的不断变革。"变"是中国传统社会的一大特性。钱穆先生讲，中国历史有三性，即变异性、特殊性、传统性。变异性就是指传统社会的变化与变革。司马迁曾提出："究天人之际，通古今之变。"一个"变"字，高度概括了中国传统社会的特点，也说明了认识历史的基本出发点应着眼于"变"。有"变"才会"通"，才有社会的进步和发展，才能使中华文明保持强大生命力。

    当今中国，正是一个大变革的时代，社会变革重新调整着社会各阶层的利益关系和人们的社会角色定位，冲击着人们的思想观念。如何认识这样一个变革社会，如何把握这样一个变革时代，需要我们将当前的社会变革放在历史长河之中考察，从大历史的视角来透视这一变革时代。

—

    从历史来考察，中国传统社会的变革始终与商品经济的大发展紧密地联系在一起。凡是社会大变革的时期，都是商品经济大发展、大繁荣的时期。古代的春秋战国、唐宋、明清这几个时期以及20世纪

* 本文发表于《思想战线》2005 年第 4 期。

80 年代至今的中国社会，虽然历史跨度不同，社会变革内容各异，但无不显示出这一明显特征。

春秋战国是我国古代社会大变革的时代。明代，陈邦瞻在编撰《宋史纪事本末》时指出："宇宙风气，其变之大者三：鸿荒一变而为唐虞，以至于周，七国为极；再变而为汉，以至于唐，五季为极；宋其三变，而吾未睹其极也。"显然，从西周到汉代，春秋战国是一个转折时期。对于这个大转折，有的学者认为是中国从奴隶制转向封建制，有的认为是从封建制转向郡县制，有的认为是世袭社会的解体。不论其性质如何，但转折是极其明显的。

春秋战国以前的社会，孟子曾有描述："方里而井，井九百亩，其中为公田。八家皆私百亩，同养公田；公事毕，然后敢治私事。""死徙无出乡。乡田同井，出入相友，守望相助，疾病相扶持，则百姓亲睦"。① 一井就是原先一个聚族而居的村社，虽然以家庭为单位单独经营自己的份地，但仍然保留了大规模集体耕作的形式。这应是一个农村公社。按马克思和恩格斯的分析，农村公社是一种非常坚固的堡垒。它何以能够解体，根本原因就是商品经济的发展。当时，随着生产力的大发展，商品经济的发展主要表现为手工业产品的商品化生产和流通，以及城市的兴起、商人的成长、金属货币的流通等方面。学者们将其称为中国古代商品经济发展的第一个高峰，我们主张称其为一个"盐铁时代"。因为，当时盐、铁是唯一无法由小农家庭自行生产作为商品，但又是生产生活必需的产品。在这个时期，盐、铁在市场上大放异彩。

在交换经济的冲击下，农村公社逐渐瓦解。农村公社解体的过程，也就是新的生产关系的形成过程。我们认为，这是中国古代社会地主制的形成期。地主制是如何产生的？以往，学术界多认为地主制是暴力的产物。强调在奴隶制或领主制的后期，随着生产力的发展，生产关系不能适应生产力的发展，于是奴隶或隶农不断举行起义。在阶级斗争的推动下，奴隶主或领主不得不采取新的剥削方式。对此，

---

① 孟轲：《孟子·滕文公·章句上》，辽宁教育出版社 1999 年版。

业师李埏先生已作了辨析，指出地主制的产生是在"编户齐民"分化的过程中产生的。我们认为，此说甚得其要。当时，商品经济的发展，以它极大的分化性，引起了个体小农的贫富分化。汉代董仲舒说："（秦）用商鞅之法，改帝王之制，除井田，民得买卖，富者田连阡陌，贫者亡立锥之地。"① 《汉书·食货志》还说，自秦孝公以来，"庶人之富者累巨万，而贫者食糟糠"。在这样的情况下，"编户齐民"中的"富者"必然要剥削"贫者"，但在法律上他们又都是同一等齐民，因此便不能采取"抑良为贱"的方式，而只能通过富者将土地出租给贫者这种经济关系实现其剥削，于是便产生了租佃制，产生了地主制经济。

唐宋时期是中国传统社会变革的重要时期，后代的学者就已经注意到了唐宋时期的社会变化。近代著名思想家严复说："若研究人心政俗之变，则赵宋一代历史最宜究心。中国所以成为今日现象者，为善为恶，姑不具论，而为宋人之所造成，什八九可断言也。"② 国学大师王国维、陈寅恪在剖析中华历史演进时，同样注意到宋代的变化和它的历史地位。王国维道："近世学术，多发端于宋人。"③ 陈寅恪说："华夏民族之文化，历数千载之演进，造极于赵宋之世。"④ 而金毓黻在撰著《宋辽金史》时又讲道："宋代膺古今最剧之变局，为划时代之一段。"他们均从揭示历史发展变化本来面目的角度，论说了唐宋时代的变化。

唐宋社会划时代变革的重要推动力量是商品经济的发展。在经历了东汉后期至唐朝前期商品经济逐渐衰退，自然经济占主导地位，到中唐以后，商品经济开始逐步恢复发展，并以大大超过春秋战国时期的强势席卷社会各角落。这一时期，市场上流通的大宗商品已经从春秋战国时代的盐、铁转向茶、盐。政府设置茶盐司专管茶盐交易，并

---

① 班固：《汉书》，中华书局 1975 年版，卷 24，《食货志》。
② 严复：《学衡杂志》，中华书局 1977 年版，第 13 页。
③ 王国维：《静安文集续编》（长沙本），商务印书馆 1940 年版，《宋代之金石家》。
④ 陈寅恪：《金明馆丛稿二编》，上海古籍出版社 1980 年版，《邓广铭宋史职官考证序》，第 245 页。

对茶、盐实行禁榷。到宋朝，茶、盐禁榷收入几乎与两税收入并驾齐驱，为国家岁入主要来源。尤其是茶的经营，是政府和商人逐利之新孔。宋人李新曾说："商于海者，不宝珠玉，则宝犀瑁；商于陆者，不宝盐铁，则宝茶茗。"[①] 商人之所以"宝茶茗"，是因为经营茶能带来巨大利润。过去，大家将之称为中国古代商品经济发展的第二个高峰，我们则将这个时期称为"茶盐时代"。作为时尚饮品和农产品的茶叶，能够与已作为生活必需品和手工业品的盐取得同样的地位，表明商品经济不仅在城市有了重要发展，而且在农村地区也发展起来。

商品经济是一种面向市场的商品生产和交换经济，它具有开放性、流变性和分化性等内在特点。商品经济的发展，必然对原有的生产方式和社会关系产生巨大的冲击力和瓦解力，推动社会变革。从唐宋社会的各方面的变革来看，无不深深地打上商品经济的烙印。在政治领域上，门阀世族的衰落、庶族地主的兴起，成为政治平等化的重要表现，而科举制度更是从制度上将政治的平等化和权力的流动性加以规范。这充分体现了商品经济的平等性和竞争性，是商品经济大发展时代的产物。在制度领域，土地日益摆脱政治力量的束缚卷入到流通之中，"田制不立"取而代之中古田制；赋税制度随着两税法的推行，统治者不得不推行和买、预买、折买、和籴、博籴等政策措施，通过市场来弥补传统赋税征收上的缺陷，赋税征收呈现出市场化的趋势；禁榷制度领域，由于商品经济的发展，过去将商人直接排斥在专卖领域之外的直接专卖制再也不能维持，政府不得不推行"官商共利"的间接专卖制，从而导致"入中法"的勃兴。就连在民族政策领域，统治者也逐渐抛弃了过去的和亲政策，转而利用商品经济规律，以"互市"为手段，处理与周边少数民族的关系，出现了签约议和等新的现象。在思想文化领域，日本学者内藤湖南在 20 世纪初分析唐宋变革时，对学术文艺的性质之变化作了这样的概括：经学由重师法、疏不破注变为疑古，以己意解已成为一时风尚；文学则文章由重形式改为重自由表达；艺术方面，以五代为分界，以前的壁画大多

---

① 李新：《跨鳌集》，台北影印文渊阁四库全书本，第 12 卷，《上王提刑书》。

强调传统风格，以后的水墨画则采用表现自己意志的自由方法；音乐方面，唐代以舞乐为主，乐律重形式。宋代以后，随着杂剧的流行，通俗艺术较盛，品位较古的音乐下降，变得单纯以低级的平民趣味为依归。① 这无疑体现了商品经济的流变性和开放性。一句话，唐宋时期是商品经济发展引起各种原有的社会要素流动组合的时期，同时也是经济关系和社会关系日益呈现市场化趋势的时期。

对于明清社会，究竟有没有发生变革，或者这场变革的程度有多大、性质是什么，学术界一直存有争论。但客观地来看，明清社会确实发生了变革。傅衣凌先生晚年曾提出"明清社会变迁论"，他指出："从16世纪开始，中国社会在政治、经济、社会和文化等方面发生了一系列变化。"② 这些变化无不与商品经济向更广范围更深程度渗透关系密切。明清时期，我国古代的商品经济继续发展。商品流通空前繁荣，市场范围已突破区域性限制，全国性的统一市场逐渐形成。商人的活动已走向集团化，形成众多商帮，其经营活动具有全国性和专业化特点。白银成为主币，金融业的重要地位日益凸显。手工业生产和农产品生产的专业化程度进一步提高，工场手工业有一定规模，并形成了"机户出资，机工出力，二者相依为命"的劳动雇佣关系。许多集市发展成为市镇，城市化进程大大加快。凡此均表明商品经济的发展达到了一个比唐宋还要高的高度。而且，商品经济的主体显示出从以地主经济、个体小农为核心开始转向以作坊、企业为核心的趋向。据吴承明先生的研究，明清时期，流通量最大的前两种商品是棉布和粮食。基于此，我们将明清这个商品经济发展的高峰阶段称为"棉粮时代"。

明清商品经济的发展，以其强大的力量分化瓦解着旧生产关系和旧制度体系，冲击着人们的思想观念，使明清社会在许多领域出现了变革性因素。从政治上来看，为防范经济因素对社会的分化，以致威

---

① ［日］内藤湖南：《概括的唐宋时代观》，载《日本学者研究中国史论著选译》第1卷，中华书局1992年版。

② 傅衣凌：《中国传统社会：多元的结构》，《中国社会经济史研究》1988年第3期。

胁中央集权统治，明朝以后，虽然封建专制主义进一步强化，但在制度层面上，政府也不得不变革旧的制度体系，采取与商品经济关系相适应的新制度。如"一条鞭"法和"摊丁入亩"的赋役制度改革就是其典型。从社会关系上看，商品经济重新调整着人们的社会关系，契约性租佃关系向深层次的发展，城市市民的抗税斗争及职业分化、城乡分化日益明显，均与商品货币关系的渗透有密切关系。从思想领域来看，这一时期思想界出现的泰州学派，代表了民众追求个性自由和追求经济利益的价值取向。丘浚所提出在经济活动方面"听民自为"，在国家政策上倡导"保富"以及开放对外贸易等经济思想，更是商品经济迫切需要打破传统禁锢，自由发展的要求。

20世纪80年代开始的中国社会变革则是一场更为深刻的市场化改革。随着改革开放的展开，中国社会发生了翻天覆地的大变革。正如改革开放的总设计师邓小平同志所言，"当前的改革是一场革命性变革"，"改革是中国的第二次革命"。对于这场变革，我们亲见、亲闻、亲感、亲受，每一个经历过的人，有目共睹，亲历其境，自不需多言。就连外国人也明显地看到。法国作家萨米埃尔·皮萨尔在2002年11月8日发表的《中国与世界》一文中说："中国已经成为一场轰轰烈烈的改革运动的大舞台，这次改革可能来得比人们想象的要快。""中国目前还在经历着社会、政治和文化变革。"众所周知，在这场大变革中，中国社会是随着从计划经济走向计划调节为主，市场调节为辅，又从计划调节为主，市场调节为辅走向商品经济为主，计划为辅，并最终走向市场经济而不断变化和不断进步的。应该说，没有商品经济的发展，就没有中国社会的这场巨大变革。到目前为止，将商品经济与资本主义等同起来的观点已难以立足，市场经济观念深入人心，整个社会从经济到政治，再到文化和思想观念各个方面，都无一不显现出与五六十年代的巨大差别。因此，我们还有什么理由否定商品经济对于中国社会变革所起的巨大作用呢？市场化改革不仅使商品由供给短缺转向供给过剩，而且劳动、土地、资本、技术、管理等生产要素也日益商品化。在这个产品和要素市场化过程中，资本和知识的作用日益重要，成为推动一个国家经济增长的动力源泉。可见，在市场经济时代，市场发挥重要作用的已不是某一种有形商品，而是资本、知识等要素或无形商品。我们可将这一时代称为"资本时代"或"知识时代"。

商品经济之所以能够促成中国传统社会的变革，根本原因在于它集中地代表了社会生产力的发展。通观人类历史的发展可以看到，每当社会生产力发展之时，社会剩余产品就必然增多，进入交换的商品也就越来越多，商品经济相应地得到发展。恩格斯在《反杜林论》政治经济学部分讲到交换的重要性时指出：生产和交换"这两种职能在每一瞬间都互相制约，并且互相影响，以至它们可以叫作经济曲线的横坐标和纵坐标。"纵横坐标决定了社会经济曲线。这条经济曲线就是商品发展的轨迹。①

二

中国传统社会变革的又一重要特征是，社会变革以"民"的演变为基础和主线。中国古代民本思想中反复强调："民为邦本，本固邦宁。"②"民为贵，社稷次之，君为轻。"③"国将兴，听于民；将亡，听于神。"④凡此均表明了"民"在社会中的重要性。换言之，离开"民"的演变这一历史线索，我们很难全面准确把握中国传统社会的变革。

在人类历史上，家庭、私有制、国家的产生表现为相互联系的进程。上古三代乃至更早的历史时期，是中华早期国家形成的重要阶段。在这一时期，个体家庭已经产生。但这时，家庭还仅只是社会上的一个独立的生活单位，并不是独立的生产单位和经济单位。个体小农依附于村社之中，一个村社为一个基本的生产单位和经济单位。也

---

① 李埏：《中国封建经济史论集》，云南教育出版社1987年版，第10—11页。
② 《尚书》，辽宁教育出版社1999年版，《五子之歌》。
③ 孟轲：《孟子》，辽宁教育出版社1999年版，《滕文公·章句上》。
④ 《左传》，商务印书馆1947年版，《庄公二十三年》。

就是说，"民"是村社的附属物。因此，生产中才会出现"千耦其耘"①的集体劳动场面。《诗经》中也才会有"雨我公田，遂及我私"的诗句。

春秋战国时期，随着社会生产力的大发展，特别是铁制工具和牛耕的出现，小农家庭迅速从农村公社下解放出来。铁制生产工具的普遍使用和牛耕技术的产生，这两项今天看起来并不起眼的生产技术，在当时却引起了中国社会巨大的变化。它们的产生和发展，极大地提高了小农家庭的生产能力，这就使个体小农家庭从村社的束缚中解放出来成为了可能。原来，在木制生产工具和青铜生产工具的条件下，单靠一家一户的个体小农家庭，很难实现对土地的大规模垦殖和水利的兴修。这决定了个体小农家庭必须联合在一起，才能有效地开展生产。而现在，由于小农有了与自身特性相适应的技术，大批小农纷纷摆脱村社的束缚，变成国家的"编户齐民"，从而变成不仅是社会基本的生活单位，而且成为基本的生产单位和经济单位，实现了三者的统一。小农经济是一种极易分化的经济，在商品经济和私有制发展的席卷下，加之没有村社的保护，他们迅速分化。一批人通过积累财富成为社会上的"富者"，而另一部分则失去财富成为"贫者"。其中，这批"富者"，凭借大量的社会财富，"下者倾乡，中者倾县，上者倾郡"，成为"武断乡曲"②的豪民，整个社会形成了一个影响极大的"豪民"阶层。

中唐以后，随着商品经济更高程度的发展，财富力量迅速崛起。随之而来，"民"又一次发生新的分化，由此兴起了一个新的社会阶层——富民。"富民"与财富占有者是两个不同的概念。财富占有者除包括"富民"阶层外，还有大批官僚贵族，他们也占有大量社会财富。而"富民"则是专指那些占有大量社会财富但没有特权的社会群体。这个群体，有的是靠占有土地致富，有的是靠经营工商业致富，还有不少是农工商各业兼营。这个群体，是商品经济的发展提供了经

---

① 《诗经》，辽宁教育出版社1999年版，《周颂载芟》。
② 班固，《汉书》，中华书局1975年版，卷24，《食货志》。

营工商业致富的机会，是土地买卖的盛行创造了占有大量土地的条件。

明清时期，商品经济更加深入渗透于城市乡村各角落，渗透于生产生活的各方面。尤其在经济较为发达的江南地区，商品生产的专业化程度日益深化，信息、资金、人员等要素在城市和乡村之间流动和转换日益增强。城乡商品和要素的互动过程，分化着中国传统男耕女织的小农经济，家庭手工业逐渐向专业化发展，雇佣劳动关系得到较大发展。随着商品经济的深化发展，从理论上讲，应该有一个新兴的市民阶层开始出现。他们的生产经营活动，是面向市场的专业化商品生产活动；生产经营活动场所，主要集中于交通、信息和人流活跃的城市或城镇；生活方式开始逐渐脱离乡土气息，去追求一种新的生活方式。目前，明清社会究竟有没有形成一个市民阶层还值得探讨，但可以肯定的是，自近代以来，市民阶层一直处于形成和发展之中。

伴随着"民"的这种演变，中国传统社会的发展呈现出明显的阶段性。上古三代，由于个体小农被整合于村社之中，一个村社就是一个部族。因此，我们主张将其称为部族社会。对此，已有不少学者进行了分析。上古三代，过去因古史分期讨论，学术界将其分成两个阶段。其实，这是中国历史发展中的一个完整阶段。对此李埏先生已作了精辟的分析。① 那么，这一时期的中国社会究竟为何？愚见以为必须看它的社会基本细胞。如前所述，自家庭产生以来，个体家庭就是社会的基本单位。但是，在上古三代的时候，个体小农家庭是被整合在村社和部族之中的。这时，小农仅只是社会中的基本生活单位，而不是社会的基本生产单位和经济单位。这种情形，如同 20 世纪 80 年代以前农村生产队体制下的情况。在生产队体制下，小农家庭是依附于生产队的，它是社会的基本生活单位，但生产单位和经济单位却是生产队。而上古三代时，作为社会的基本生产单位和经济单位，乃是一个个的村社和部族。《周礼》在记载西周的市场时曾说："大市，

---

① 李埏：《夏、商、周——中国古代的一个历史发展阶段》，《思想战线》1997 年第 6 期。

日昃而市，朝市，朝时而市，商贾为主；百族为主；夕市，夕时而市，贩夫贩妇为主。"对这个"百族"，过去学者们都释为"老百姓"。其实这是不正确的。它正确的含义应是"许许多多的部族"。可见，在这个时期，部族还是交换的主体，同时也是社会最基本的单位和细胞。基于此，我们同意不少学者的看法，主张将上古三代称为"部族社会"。

到春秋战国时期，伴随着个体小农纷纷从村社的束缚中解放出来，以及由此引发的"编户齐民"的迅速分化，"豪民"产生并逐渐成长。之后，这些豪民又从控制基层的选官权开始，进而控制整个社会的政治权力，最终演变为门阀士族。日本学者谷川道雄曾将汉晋南北朝时期的社会称为"豪族共同体"。我们认为这是准确的。不过，从与后来的"富民"相对应的角度，我们主张称为"豪民社会"。

"豪民社会"具有超稳定性的社会结构。东汉时期，豪民在官僚化的基础上逐渐向世族化演变，"世为冠盖"，"世吏二千石"。门阀士族可以世代为官，甚至可以由家族世代垄断某一官职。门阀士族的婚姻须"问阀阅"，人际交往也仅限于豪民之间。豪民的活动，有一定的地域范围，形成不同的地域豪民集团，稳固控制着特定的乡里社会。唐代谱学家柳芳曾提出过确认"氏族"的三个要素，"故善言谱者，系之地望而不惑，质之姓氏而无疑，缀之婚姻而有别"①，这充分说明了豪民稳固化的社会结构。此外，豪民还通过政治特权，取得大地产所有权，并通过大量庇荫奴婢和庄园化经营，形成了封闭性、强制性生产方式和静态管理模式。这一超稳定的社会结构特征，深刻影响着当时的政治、经济和社会生活。在政治方面，由于豪民世袭官职，拥有不可动摇的政治特权，封建政府只能与豪民妥协，中央集权政治弱化，形成豪民政权。在经济方面，豪民社会超稳定结构使经济资源和社会财富无法流动，逐渐凝固化，破坏了商品经济发展环境，商品经济开始衰落下去。乃至魏晋时期，已经到"钱货无所周流"②

---

① 《新唐书》，中华书局1975年版，卷114，《儒学·柳冲传》。
② 魏收：《魏书》，中华书局1974年版，卷10，《食货志》。

的境地。在社会方面，门阀士（世）族与庶族地主和平民之间，有巨大的身份和等级差异。出身寒门的人，几乎没有任何通道可逾越其身份等级鸿沟。可见，从商品经济中分化出来的豪民，随着其经济力量和政治权力的不断扩大，形成豪民阶层，对政治生活和社会经济产生重大影响，引起了社会结构重大改变。这些改变又反过来推动着豪民社会的形成、完善和成熟化。可以说，是社会变革这一关键因素，导致了豪民社会的形成。

唐宋时期，在社会生产力和商品经济更高程度的发展基础上，中国传统社会又经历了一次重大的变化。随着社会分层的加剧，一批富民乘势而起，形成了"富民社会"。当时，这些社会上的富有者之所以未能如汉唐间的富有者那样演变为"豪民"，根本的原因当在于社会流动。也就是说，汉唐时期，随着商品经济的衰落，社会基本处于不流动状态。这种不流动，使富有者能够长期据有很高的社会地位并长期把持政权；而唐宋时期，社会流动的发展，则使这种情况难以出现。其中，一个重要的问题在于，随着社会流动，形成一个庞大的官僚阶层，随之而来，当官为吏成为一种可以流动的职业，而不能形成汉唐间具有稳定性的世袭门阀。因此，同样是基于商品经济发展下的编户齐民两极分化，汉唐形成了"豪民社会"，而唐宋则形成了"富民社会"。唐宋之后，历元、明、清时期，富民一直是社会经济关系和阶级关系的核心。所以，我们主张将唐宋至明清的中国传统社会称之为"富民社会"。

无须多言，"富民社会"就是在富民阶层崛起的过程中形成的。唐宋时期，伴随着社会生产力的大发展，商品经济达到一个新的高度并引起了整个社会更加深刻的财富分化。而随着财富的分化，土地产权制度、阶级关系、经济关系迅速发生变化，富民正是在这一过程中产生和崛起的。苏辙讲到富民的出现时说："物之不齐，物之情也"。[1] 也就是说，富民是社会贫富分化的结果。宋代社会中，乡村户分一、二、三、四、五等，与近现代社会中划分阶级时的地主、富

---

[1] 苏辙：《栾城集·三集》，中华书局 1990 年版，卷 5，《诗病五事》。

农、中农、贫农、雇农序列基本相似。富民主要为乡村中的上三等户，可见它是乡村中经济关系和阶级关系变化的结果。由于社会贫富分化处于经常状态，所以，对单个富民来说，地位不太稳定，但由于在有的富民衰败时，又有人上升为富民，因此，作为一个阶层，富民又是稳定的。这正是这个阶层长期保持活力的根本所在。所有这些，前面我们已作了具体的分析。这里要稍作补充的是，由于富民阶层的形成和崛起，极大地改变了社会的经济关系、阶级结构以及政治结构，并引起了整个社会价值观念的变化。法国学者谢和耐在《蒙元入侵前夜的中国日常生活》一书中指出，11—13 世纪中国社会的总体结构发生了重要变化。这个变化就是在上层精英与民众集团之间，形成了一个极其活跃的阶层，即商人阶层。从我们的观点来看，这个中间层并非商人，而是"富民"。这个阶层上通官府，下联百姓。当时，作为社会的中间阶层，富民发挥了十分重要的作用。赵宋王朝的开国之君曾说："富室连我阡陌，为国守财耳。"① 宋代的思想家叶适强调："富人者，州县之本，上下所赖也"。② 到明清时期，社会上仍然强调，"故富家者，非独小民倚命，亦国家元气所关也"。③ 具体说来，在唐宋以来的社会中，乡村社会经济关系和阶级关系的发展变化、国家对乡村的控制、乡村社会的内在发展动力与农村经济的发展、乡村文化教育的发展与兴盛、宋代衙前里正和明代粮长制的出现、宋代"地方精英"阶层和明清"士绅社会"的形成乃至宗族势力的发展，以及诸如明代苏松地区重赋，这些特殊的经济现象，实际上都与富民阶层有关。这些变化与富民阶层的产生与发展互为因果，共同推动着唐宋社会的变革。因此，"富民社会"的形成，反映的是唐宋社会整体性的结构变迁，而不是社会某一方面的变化和发展。换言之，我们说"富民社会"是随着商品经济发展、富民阶层的产生而形成的，这并不等于我们完全忽视其他因素对它形成的影响。事实

---

① 王明清：《挥麈后录》，丛书集成初编本，第 1 卷，《余话》。
② 叶适：《叶适集·水心别集》，中华书局 1961 年版，第 2 卷，《民事下》。
③ 《光绪嘉口善县志》第 31 卷，《此钱士升语》。

上，富民阶层形成后，带给中国社会以极大的影响，在这种影响下，中国社会发生了从经济关系到国家制度以及思想价值观念的一系列变化，而这些变化又反过来进一步推动着"富民社会"的形成和发展。因此，"富民社会"是在唐宋社会的整体变革中形成的。

"富民社会"之后，从理论上说，随着商品经济更高程度的发展，市民阶层逐渐壮大，社会将进入"市民社会"。但具体就中国历史的发展而言，明清时期，中国社会内部是否已经形成一个市民阶层还是值得慎重研究的大问题。我们总觉得，明清时期主要还是一个"富民社会"，市民尚未能形成一个社会阶层。在研究资本主义萌芽问题时，很多学者将"富民"与"市民"混淆起来，这应是研究中的重要不足。由于我们将富民看成为市民，故而就必须找出资本主义萌芽，从而也就必须找出启蒙思想家。

近代以来，随着中国社会内部市民阶层的兴起和发展，整个传统社会正在经历着从富民社会向市民社会的转变。但由于西方列强的入侵，中国沦为半殖民地半封建社会，市民社会一直处于形成之中。不过，这种历史趋势已明显地显现出来。20世纪80年代以来的市场化改革，中国的工业化、城市化和现代化步伐大大加快，一个现代化的新型市民社会在逐渐形成之中。我们有理由相信，随着全面小康社会建设的完成，中国进入中等发达国家行列，城市化率将达到60%以上，城乡差别消失，全体社会成员共同分享现代生活方式，共同享受殷实富足的生活。到那时，中国才真正进入了市民社会。

长期以来，对于中国传统社会发展的历史体系，我们主要用五种生产方式说来加以描述或划分。国外学者则用古代、中世、近世的划分方法来作区分。近年来，随着学术界对中国有无奴隶制、近代半封建半殖民地是封建主义还是资本主义，究竟什么是封建制的探讨，引发了我们对传统历史分期法的反思。我们认为，不论是五种生产方式还是"古代→中世→近世"说，它们都是基于历史发展法则的历史体系，即中国传统社会的发展必须按这样的阶段顺序演变。事实上，历史发展是丰富多彩的。在整个历史发展的过程中，有的阶段很可能不一定经过。当前，我们必须打破基于历史发展法则的历史体系，建立那种基于历史事实的传统社会体系，即用事实说话，事实是什么，我们就提出什么。而根据上面的论述，显然，中国传统社会经历了从"部族社会"向"豪民社会"再到"富民社会"并最终走向"市民社会"的完整变迁过程。也就是说，中国传统社会的历史体系，可概括为：部族社会→豪民社会→富民社会→市民社会四个大的历史阶段。

三

在中国传统社会，每一个重大的社会变革阶段，社会往往都会呈现出不同程度的混乱，有时甚至伴随着连续不断的战争。并且，这种混乱和战争持续的时间还较长。这反映了社会变革是一个长期的过程，但更说明社会变革是以"乱"的形式表现出来。也就是说，中国传统社会的变革，表面是"乱"，实质是"变"。"变"是以"乱"这种形式表现出来。这是中国传统社会变革的另一显著特征。

春秋战国时代，各诸侯国争霸，"争地以战，杀人盈野；争城以战，杀人盈城"。[1] 这不可谓不乱。孔子则感叹"礼崩乐坏"。司马迁也指出："自是之后，天下争于战国。贵诈力而贱仁义，先富有后推让，故庶人之富者或累百万，而贫者或不厌糟糠；有国强者或并群小以臣诸侯，而弱国或绝祀而灭世。"[2] 但正是在这个过程中，中国传统社会实现了由部族社会向豪民社会的重大转变。

唐宋之际，先是藩镇割据，然后是五代十国，国家由统一走向分裂后又重新统一，政权更迭不断，社会动荡，民心背离。从更加细微的层面来看，人们常常惊乎世道之乱。如宋人石介就说："国家之禁，疏密不得其中矣。今山泽江海皆有禁，盐铁酒茗皆有禁，布绵丝枲皆有禁，关市河梁皆有禁。子去其父则不禁，民去其君则不禁，男去末耕则不禁，女去织则不禁，工作奇巧则不禁，商通珠贝则不禁，士亡

---

① 孟轲：《孟子·离娄上》，辽宁教育出版社 1999 年版。
② 司马迁：《史记》，中华书局 1982 年版，第 30 卷，《平准书》。

仁义则不禁，左法乱俗则不禁，淫文害正则不禁，市有游手则不禁，官有游食则不禁，衣服逾制则不禁，宫室过度则不禁，豪强兼并则不禁，权要横暴则不禁，贿行于上则不禁，吏贪于下则不禁"。① 而实际上，这里的"乱"涉及了等级制的变动、国家法律制度的变动、人心风俗的变动、社会力量的变动。

明清时期，国内政局动荡，宦官专政，民间宗教活动活跃，各民族的反抗斗争此起彼伏。国外势力也不断窥瞰中国的领土与财富。"南倭""北虏"时时侵扰，西方殖民主义者频繁发动侵华战争。鸦片战争后，中国被迫向整个资本主义国家敞开门户。封建王朝内忧外患，民族危机深重。时人深感世道之乱，认为这是一个"天崩地解"的社会，"三代以上，天皆不同今日之天，地皆不同今日之地，人皆不同今日之人，物皆不同今日之物"。② 人们对当时社会之变迁感慨颇多，"古之四民分，后世四民不分。古者士之子恒为士，后世商之子方能为士，此宋元明以来变迁之大较也"。③ 社会风气的变化，让人们无所适从，"民间之卑胁尊，少陵长，后生侮前辈，奴婢叛家长之变态百出"。④ 整个社会正在朝新的方向发展和变化。

20 世纪 80 年代以来，中国社会也在经历着变革之中的"乱"。如：国有企业改革中，曾出现过"一抓就死、一放就乱"这一痛苦的改革探索过程；当农民从土地上解放出来浩浩荡荡走向城市，寻求新的就业机会，人们曾恐慌"盲流"；在社会生活中，黄、赌、毒等腐朽现象又沉渣泛起……面对这些新的社会现象和各种复杂的社会问题，也有人惊呼"天下大乱"。然而，透过这些"乱"的表象，谁也无法否认中国改革开放 20 多年来取得的巨大成就。

可见，社会变革往往伴随着"乱"。如果从现象上看，无疑是"乱"和"怪"。因为，这些变动打破了人们早已习惯的社会状态。

① 石介：《徂徕石先生文集》，中华书局 1984 年版，第 66 页。
② 魏源：《魏源集》卷上，上海古籍出版社 1990 年版，《默觚·治篇五》。
③ 沈垚：《落帆楼文集》，吴兴刘氏嘉业堂咸丰八年刊本，第 24 卷，《费席山先生七十双寿序》。
④ 管志道：《从先维俗议》，中华书局 1993 年版。

但如果从历史发展的角度来审视，无疑是一种变革。换言之，变是通过乱体现出来；表面是乱，实质是变。这是传统中国社会变革的一大特点。我们应该以变动的历史观，透过"怪"和"乱"的表面，从社会变革的深层来思考，去阐释引发社会变革的深层动因。

为什么社会变革时期总是"乱"？这实际上是一个旧的制度逐渐消亡，新的制度不断建立的过程。由于旧的消亡，新的尚未全面建立，社会就处于一种失范。变革的过程同时还是一个利益关系调整的过程，利益既得者在变革中将面临着利益损失，他们必然要采取种种方式或手段来阻挠变革；将从变革中获得利益的一方则极力主张改革、力图推进改革。这两种势力的激烈交锋，必然造成政治、经济、社会等多方面矛盾交错，引起人们思想意识多重冲击，甚至造成社会的不稳定。因此，在社会变革的时期，往往需要通过不断的改革，以调整不适应形势和社会发展需要的制度、关系。这样，社会变革不可避免地与改革联系在一起。春秋战国时期，各诸侯国相继掀起变法运动；唐宋之际重大的改革，先是杨炎的两税法，继之则是范仲淹改革、王安石变法等；明清时期，张居正推出"一条鞭法"，清朝则继续实行"摊丁入亩"；当今中国，改革正在不断深入进行。从这个意义上讲，"改革就是解放和发展生产力"这句话深入揭示了中国社会的特征。

中国有一句古话："大乱达到大治"。没有变革，就没有社会的发展，没有变革，就没有文明的进步。"变"会带来一定时期的"乱"，但"乱"并非无秩序，而是一个秩序重组的过程。随着变革的不断深化，旧秩序的残余逐渐消退，新秩序逐渐建立，社会就从"乱"转向"和谐"，一个充满生机的和谐社会就会开始展现。所以，面对我们今天纷繁复杂的社会，大可不必惊恐和丧失信心。

四

社会变革是社会的整体变化，而非局部的变化。它包括了生产力的发展、经济结构的调整、生产关系和阶级关系的变化、政治制度的转变、思想观念的变化。也就是说，社会变革除了有各种制度的创新，还必须有思想领域的变革，必须有社会意识和价值观念同步调整和转换。在中国传统社会的变革中，每一次都包含有思想价值观念的大讨论，春秋战国时期，学术思想领域百家争鸣。唐宋时期，掀起义利之辩。这是一场深入持久的思想大解放运动。明清时期，经世思潮和变革思潮的兴起，强烈冲击着传统思想观念。20 世纪以来的这场变革中，首先就掀起了关于"实践是检验真理的标准"的大讨论。这说明思想价值观念在社会变革中占有极其重要的地位。因为，社会变革既需要思想价值观念的同步变化，更需要它开辟道路。

中国传统社会的每一次变革，都伴随着儒家文化的复兴和儒家思想的发展。春秋战国时期的社会大裂变，打破了文化领域的孤立、静态格局，为代表各阶级、集团的思想家们提供了"百家争鸣"的历史舞台。其中的一些思想或学说，为统治者所采纳，付诸政治实践。但无论是"以法为教，以吏为师"的法家思想，还是"无为而治，待时而动"的道家黄老思想，都未能有效地规范和引导大变革社会的意识形态走向和谐。而孔子创立的"仁本礼用"儒学思想，经过孟子、荀子等思想家的丰富和发展，日益显示其博大精深的理论内涵和实用主义特征。汉武帝时期，"罢黜百家，独尊儒术"，儒学最终从百家思想中脱颖出来，登上了思想领域的统治地位。与此同时，儒学也开始走向政治化和制度化，形成了儒家思想政治化和政治思想儒家化这一极具特色的中国传统政治文化。

在儒家思想由一家学说逐步转化为主流思想意识和政治意识的过程的同时，中国传统社会逐渐从部族社会转向豪族社会。豪族社会的凝固化特点也突出地体现在思想领域。当儒学取得国学地位之后，统治者不仅将尊儒政策落实到教育制度和官吏选拔制度上，而且也使儒学逐渐走向以阐释圣人"微言大义"的经学。教条式的传经之学和注经之学使儒学的生命力渐渐枯萎。魏晋南北朝社会大动荡，使儒学独尊的思维模式受到重大冲击，玄学的产生、道教的创制和佛教的传入，造成意识形态结构的激烈冲撞。在多元思想相互冲突、相互整合的过程中，迫切需要顺应时代要求创新儒家学说，用新儒家思想重新规范和引导社会意识。在这种背景下，唐儒韩愈首创"道统"思想，李翱又创"复性"学说，揭开了儒学复兴的新篇章。在张载、程颐、朱熹、王守阳等儒学大师对传统儒学进行发展的基础上，形成了以"修身成己为本"，以"治国平天下为用"的新理学。儒学也再次发挥其政治功能，成为大变革时代的引导社会意识形态趋向和谐统一的重要工具。可见，宋代新理学的形成，既是对儒学的全面复兴，更是社会变革对儒家文明的呼唤。

明清时期，中国社会向新的方向转变。不断深化发展的商品经济，将平等性、竞争性和流动性等经济法则渗透于社会各方面，引起深刻的社会大变革。社会变革激荡着新的价值观念产生。明清时期，出现了一批启蒙思想家，他们对专制主义和传统思想提出了尖锐的批判。传统的宋明理学思想走向式微，思想界开始形成了一股"通经务用"、"经世应务"的实学学风。鸦片战争以后，帝国主义列强用武力打开中国大门，中国陷入了内忧外患、民族危机加剧的动荡时代，社会发展进一步呼唤着价值体系的创新。洋务派提出了"中体西用"，试图吸收西方新学补充传统儒学，但当时学习西方新学，仅局限于西方"技"，并未触动旧传统思想的根基。"五四"时期，为了救亡图存，民主主义者力图用西方的"科学"和"民主"重新改造旧世界。于是，有的思想家提出了"打倒孔家店"的口号，全面否定传统儒学和传统文化，实行彻底的"全盘西化"。但经过四五十年的社会实践之后，人们开始意识到，"全盘西化"并不能使中国走向民主化、科学化和现代化，只有"中学为体，西学为用"，充分吸收中国传统文化的精髓，继承和发展儒家思想，才能使中华民族奋发图强，重新崛起。以儒家思想为主体的中国传统文化的优秀元素，是中华民族永恒不变的精神力量，是中华民族不断创新发展的动力源泉。

今天的中国，正在发生着天翻地覆的巨大变革，思想观念也处于多元化交织的过程。有传统文化与现代化的冲突，有中国文化与西方文化的冲突。在这种冲突的背景下，更需要整合各种思潮，按新时代的要求重构民族化的思想体系和价值观念，大力弘扬民族精神。尤其是应深刻认识到，在今天这样一个变革新时代里，社会的发展，国家的兴盛，需要借鉴全人类一切社会进步成果。但是，我们可以引进国外一切先进的技术，却无法引进完整的思想体系，无法引进民族精神。中国传统社会变革的历程告诉我们，每一次价值观念的整合，都以儒家思想的创新为主流。在今天的社会变革中，构建新的价值体系，关键在于我们怎样认真继承中国优秀传统文化，继承传统中华文明的优秀成果。这是我们民族精神的根基所在。

唐代农民的身份地位变迁[*]

唐宋之际，中国古代社会由前期向后期转型。农民的内部构成也由以中古农奴（庄园经济中的部曲地客为其代表）和中古自耕农（依附于国家的均田户为其代表）为主过渡到以契约佃农（五等版簿下的客户和部分无地、少地下户为其代表）为主。[①]正是农民这一内部构成的转化，导致了农民身份地位的大幅提升。因此，农民由中古时期的隶属依附关系向契约关系转型；这一转型既是当时商品经济发展的客观要求，又是生产力发展、小农经济独立性增强的必然趋势。

一 唐以前农民的隶属依附关系

春秋战国时期，统治阶层制定了严密的政策以加强对农民的控制。《管子》卷17《禁藏第五十三》记载："夫善牧民者，非以城郭也，辅之以什，司之以伍；伍无非其人，人无非其里，里无非其家"，严密的什伍制度使农民被政府牢牢控制，"奔亡者无所匿，迁徙者无所容，不求而约，不召而来。故民无流亡之意，吏无备追之忧"。商鞅在秦国，"改帝王之制，除井田，民得卖买"。[②]这时尽管可以买卖土地，但国家的力量是较强的，如《睡虎地秦墓竹简》中的田律规定："雨为澍，及秀粟，辄以书言澍稼、秀粟及垦田无稼者顷数。稼

* 本文发表于《贵州财经学院学报》2006年第4期。
①葛金芳：《唐宋之际农民阶级内部构成的变动》，《历史研究》1983年第1期。
②班固：《汉书·食货志》卷24上，中华书局1962年版。

已生后而雨，亦辄言其顷数。近县令轻足行其书，远县令邮行之，尽八月□□之。"① 县级长官需对辖区的田地播种面积，庄稼的生长情况以及旱、水、虫等自然灾害了解清楚，并及时向中央政府报告。高敏认为，当时还有专门的官吏管理土地，是国有制的重要表现。② 关于土地制在此不赘述，但当时国家对小农田地的耕种控制之严是显而易见的；土地在商鞅变法后可以买卖，然而其最高产权属于国家，甚至连农民自己在内。这一时期，废封建，行郡县，加强了中央集权，而农民虽然解除了地方贵族的束缚，但又沦为国家的依附民，其人身自由或有所增强，但隶属性质的关系并没有改变。

两汉时期，地方的领袖，即所谓的豪杰、豪侠、豪民兴起，开始与中央政府争夺人口和土地。《汉书》卷24《食货志》记载董仲舒上书指出："富者田连阡陌，贫者亡立锥之地。又专川泽之利，管山林之饶，荒淫越制，逾侈以相高；邑有人君之尊，里有公侯之富。"有许多豪民控制了大量的人口和土地，对政府势必构成威胁。《盐铁论·复古》记载："往者豪强大家，得管山海之利，采铁石鼓铸煮盐，一家聚众，或至千人……成奸伪之业，遂朋党之权。"两汉时期，正是由于豪民的崛起而使政府加大了对其打击的力度。《汉书》卷60《王温舒传》记载："（王温舒）素居广平时，皆知河内豪奸之家。及往，以九月至，令郡具私马五十匹，为驿自河内至长安，部吏如居广平时方略，捕郡中豪猾，相连坐千余家。上书请，大者至族，小者乃死，家尽没入偿臧。奏行不过二日，得可，事论报，至流血十余里。"政府与豪民的斗争，即是对农民隶属关系的斗争，农民不是隶属于国家，则是隶属于豪民。东汉光武帝的度田，即是政府与豪民争夺人地控制权："后汉之初，百姓虚耗，率土遗黎，十才一二。光武建武十五年，诏下州郡检覆垦田顷亩及户口年纪，河南尹张伋及诸郡守十余人，坐度田不实，不狱死。"③ 秦汉时期，还实行了二十等爵制。民爵

---

① 睡虎地秦墓竹简整理小组：《睡虎地秦墓竹简》，文物出版社1978年版，第24页。
② 高敏：《云梦秦简初探》，河南人民出版社1979年版。
③ 杜佑：《通典·田制上》卷1，中华书局1984年版。

赐予，一般在帝王庆典或国家有大事时实施，两汉四百二十年间，共赐予民爵多达九十次。日本学者西嶋定生认为，如此广大之庶民都成为有爵者这一事实，说明皇帝与庶民间就不仅是简单的支配与被支配关系，而是以爵为媒介而结合起来的一种体系、一个系统。皇帝与庶民凭靠着爵形成秩序，皇权统治就是依靠这种爵制秩序来实现的①，而国家正是利用各种身份等级和土地的授予加强了对农民的控制。

东汉末年，社会动荡，豪族崛起。日本学者川胜义雄认为，六朝时期完成了中国古代社会由"里共同体"向"豪族共同体"的转化，"九品中正制和户调式中所体现的魏晋国家，可以看作豪族共同体累积型的贵族制社会在国家形式上的表现，或更明确地说，是作为豪族共同体国家的表现"。② 魏晋南北朝时期，地方豪族建立坞堡，成为当地的实际统治者。《三国志》卷11《田畴传》记载："畴得北归，率举宗族附从数百人……遂入徐无山中，营深险平敞地而居，躬耕以养父母。百姓归之，数年间至五千余家……畴乃约束相杀伤、犯盗、诤讼之法，法重者至死，其次抵罪，二十余条。又制为婚姻嫁娶之礼，兴举学校讲授之业，班行其众，众皆便之，至道不拾遗。"农民虽从国家的束缚中挣脱出来，但大多数又沦为地方豪强的奴婢、佃客、部曲，其隶属依附关系仍未改变。当时因战乱，隶属于豪族的依附民相当多，如《南齐书》卷14《州郡志》云："时百姓遭难，流移此境，流民多庇大姓以为客。"《梁书》卷38《贺琛传》云："百姓不能堪命，各事流移，或依大姓。"《陈书》卷2《高祖纪》记载沈泰，"昔有微功，仍荷朝寄，剖符名郡，推毂累藩，汉口班师，还居方岳，良田有逾于四百，食客不止于三千。"这一时期，豪族与依附民的关系还得到了国家承认，具有了合法性；豪族依靠垄断地方资源而摄取政府资源，其九品中正选官制即为其集中表现。

从总体上说，魏晋南北朝时期的历届中央政府并未放弃对编户齐

---

① ［日］西嶋定生：《中国古代帝国的形成与结构——二十等爵制研究》，中华书局2004年版。

② ［日］川胜义雄：《六朝贵族制社会的成立》，载《日本学者研究中国史论著选译》，中华书局1992年版。

民的控制。唐长孺先生曾指出："传统的专制主义中央集权制尽管在此时有所削弱，仍然力图最大限度保存作为赋役对象的自耕农民……即使在三国时期，国家仍然控制了部分编户，然而编户数量之少不足以维持一个中央政权，因而国家还以屯田形式使自己成为最大的封建主，拥有最多的私属"。① 走马楼吴简中有反映"国家政权"在乡里组织中有较大势力的内容，秦晖认为当地不仅有发达的乡、里、丘组织，而且常设职，科层式对上负责制与因此形成的种种公文程式都在简中有反映，"吴简所反映的是中央集权国家控制下的乡村社会即所谓'编户齐民'社会，而世家大族及其部曲、宗族宾客则是朝廷控制不了或只能实行间接的'羁縻'式统治的地方"。② 魏晋南北朝时期，豪族确实控制大量的人口和土地，但我们不可轻视中央政府对基层的控制能力。当时，既有成为国家农奴性质的依附农民，又有隶属于豪族统治下的奴婢、部曲等依附民，而农民地位的依附性质则是一样，只不过是由谁控制罢了。

北魏均田制和三长制的实行，其深刻原因即在于限制豪族对人口和土地的控制。《魏书》卷53《李冲传》记载："旧无三长，惟立宗主督护，所以民多隐冒，五十、三十家方为一户。"北魏政府实行三长制，扩大了政府对农民的控制。北魏孝文帝还于太和九年（485）采纳李安世的建议，使政府在资源配置中占据主导地位，达到"令分艺有准，力业相称，细民获资生之利，豪右靡余地之盈"③ 的目标。

二 唐代均田制下农民的身份地位

唐代承继了北魏以来的均田制，将土地分为永业田、口分田按丁授予。《通典》卷2《田制下》记载："丁男给永业田二十亩，口分田

---

① 唐长孺：《魏晋南北朝隋唐史三论》，武汉大学出版社1993年版，第39页。

② 秦晖：《传统中华帝国的乡村基层控制：汉唐间的乡村组织》，载《传统十论——本土社会的制度文化与其变革》，复旦大学出版社2003年版。

③ 魏收：《魏书·李孝伯传附李安世传》卷53，中华书局1974年版。

八十亩，其中男年十八以上，亦依丁男给，老男、笃疾、废疾各给口分田四十亩，寡妻妾各给口分田三十亩，先永业者，通充口分之数。"唐代的均田制是中国古代最后一次政府颁布实行于全国的田制，自均田制崩溃后，"不抑兼并"、"田制不立"已成为不易之势。在均田制下，国家是以控制"人"而达到控制"地"的目的，故政府对均田民的户籍控制极为严格。《唐会要》卷85《籍帐》记载开元十八年（730）十一月敕："诸户籍三年一造，起正月上旬。县司责手实计帐，赴州依式勘造，乡别为卷，总为三通，其缝皆注某州某县某年籍。州名用州印，县名用县印，三月三十日纳讫，并装潢一通。送尚书省，州县各留一通。所须纸笔装潢，并皆出当户内口，户别一钱。其户每以造籍年预定为九等，便注籍脚，有析生新附者，于旧户后，以次编附。"

由此可见，唐代户口的登记较为细致、认真。唐代户籍的制定，主要依据手实，而每年一次的手实制最根本的前提是"貌阅"。① 从敦煌吐鲁番出土文书可知唐代政府对均田民控制之严密。唐代户籍详细登记了每户的人口、年龄、性别、户等、赋役以及授田情况。国家既严格控制了人又控制了地，《唐律疏议》卷12《户婚》"卖口分田"条规定："诸卖口分者，一亩笞十，二十亩加一等，罪止杖一百；地还本主，财没不追。"国家是土地的所有者，故均田民无权对土地进行买卖。因此，均田民并非完全自由的自耕农，当然，由于均田民对土地已拥有一定的产权，故又比失去自由的隶属依附民奴婢、部曲地位要高，《唐律疏议》明确规定了奴婢、部典等隶属依附民地位要低人一等，如卷6《名例律》规定："奴婢贱人，律比畜产"。卷22《斗讼》规定："诸部曲殴伤良人者，加凡人一等。奴婢，又加一等。若奴婢殴良人折跌支体及瞎其一目者，绞；死者，各斩。"而良人打伤奴婢、部曲则从宽，"其良人殴伤杀他人部曲者，减凡人一等；奴婢，又减一等。若故杀部曲者，绞；奴婢，流三千里"。

---

① 《唐代"手实"制度杂识》，载《敦煌吐鲁番文书论丛》，甘肃人民出版社2000年版。

　　由此可知，唐代前期仍存在隶属依附关系的奴婢、部曲阶层，但由于均田制的实行，国家又严令限制掠卖良人为奴婢、部曲，并规定了各级官吏对奴婢的占有额，故当时大部分农民已摆脱了隶属依附性较强的奴婢、部曲身份，成为国家的均田民。然而，均田民对其土地并不拥有所有权，均田民被政府所牢牢控制的现实表明均田民并非完全自由的自耕农。均田制将国有土地和人户累世之业纳入一个统一体中，因此土地国有制和私有制并存，形成均田制下土地所有权的两重性。① 均田民也处于从隶属依附关系向契约关系的过渡之中，具有国家佃农和自耕农的双重身份。

三　唐代农民身份地位的变迁

　　唐代中叶，商品经济的发展使以契约经济为特征的私有产权得到增强。在唐以前，国家是土地资源配置的重要力量。叶适认为，均田制以前，"前世虽不立法，其田不在官，亦不在民"，而均田制的实行，"民始有契约文书而得以私自卖易"，因此"虽有公田之名，而有私田之实"。② 商品经济的发展也使人们的私有产权观念大大加强，要求以财富来配置土地资源。在贫富日益分化的状况下，按丁计征的租庸调制越来越不适应现实，正如杨炎所指出"丁口转死，非旧名矣；田亩转换，非旧额矣；贫富升降，非旧第矣。户部徒以空文总其故书，盖得非当时之实"，因此建议"户无主客，以见居为簿；人无丁中，以贫富为差"。③ 建中元年（780）两税法的实行宣告了均田制的崩溃，政府正式承认了民户对土地的私有权。

　　两税法以资产为宗，主要视户等和土地的情况来征收赋役，因此户等的核定已成为政府最为关心的问题。《唐会要》卷85《定户等

---

① 武建国：《均田制研究》，云南人民出版社1992年版。
② 马端临：《文献通考·田赋二》卷2，浙江古籍出版社1988年版。
③ 刘昫等：《旧唐书·杨炎传》卷118，中华书局1975年版。

第》记载元和十五年（820）二月敕节文："天下百姓，自属艰难，弃于乡井，户部版籍，虚系姓名。建中元年已来，改革旧制，悉归两税，法久则弊，奸滥益生。自今以后，宜准例三年一定两税，非论土著客居，但据赀差率。"两税法不仅是赋役制度史上的巨大变革，而且还反映了国家对农民人身控制的松弛，农民在历史上再一次从国家控制中解放出来。国家只关心其赋役的征收，转而加强了工商业赋税方面的征收，实行了一系列专卖制度以增加财政收入；对于农民，国家则强调户等，户等高者多交，户等低者少交。这样，乡里制度的乡官制逐渐职役化，上等户成为国家赋役的主要承担者。一般农民从国家严密控制下解放出来，国家放弃了对土地资源配置的努力，因此缺地或无地的农民不得不向上等户租佃田地或雇佣以维持生活。这一时期，作为贵者以势占田的士族已衰落，一个新兴的富民阶层开始崛起。富民作为民，与一般农民的身份等级一样，只不过占有更多的财富而已。故富民不能以势将农民降为自己的奴婢、部曲等依附民，而只能依靠签订的契约来利用其他农民的劳动力。契约租佃制的盛行，使政府自身也加入这一行列，其国家占有土地也遵从民间的习惯，按契约雇用农民或出租土地。《通典》卷35《职田公廨田》记载这两种官田"其田亦借民佃植，秋冬受数而已"。在契约关系下，佃农或雇佣奴婢可能与地主之间具有"主仆名分"，然而，这与旧有的针对贱口意义的奴婢在性质上完全不同。在法律上，作为贱口的奴婢"律比畜产"，完全被看作主人的财产；而具有良人身份的雇佣奴婢或佃农在法律上与主人均作为"民"而具有平等性。戴建国先生认为，"北宋时期还存在良贱制度，这种制度到南宋时才完全消亡。在阶级结构调整过程中，原来旧的针对贱口奴婢的法律无法适用于具有良人身份的雇佣奴婢，宋统治者通过立法，对雇佣奴婢的法律地位作出明确规定。在'主仆名分'制约下，雇佣奴婢被纳入家族同居范围，与雇主结成密切的依附关系"。① 笔者认为，作为贱口意义的奴婢于唐中叶开始大量削减，其良贱制度正如戴先生所说于南宋时完全消亡，此为经

----

① 戴建国：《"主仆名分"与宋代奴婢的法律地位》，《历史研究》2004 年第 4 期。

济发展之趋势明矣。在契约经济下，作为"主仆名分"的地主与农民间的关系仍然存在，并延续至明清，但这一时期的"主仆"与唐以前的"主仆"在性质上已有差别。

由此可知，中国农民在唐代中叶身份地位发生了变革。在春秋战国至秦汉时期，农民是作为国家的农奴身份而出现的，农民的生产、生活由国家的乡里制度所严密控制。唐长孺先生认为，两汉特别是西汉是奴隶生产制最盛的时代，奴婢占全国总人口中的比例可能是中国历史上最高的时期。[①] 同时，两汉时期出现的豪民开始与国家争夺隶属依附民；至东汉末，由于国家政权的衰落，地方豪族势力崛起，并垄断了国家资源，"里共同体"由此向"豪族共同体"转化；但这一时期，国家权力仍有一定力量，作为最大的地主，如同豪族一样，也拥有广大的隶属依附民。北魏孝文帝实行均田制、三长制，成功地扼制了豪族对依附民的占有，扩大了政府权威。唐代承继了前朝的遗产，将地方豪族所荫占的依附民重新纳入国家手中。由于均田制的两重性，被国家控制下的农民既非国家的农奴又非完全自由的自耕农，具有由隶属依附向自耕民过渡的特征，显示了其身份的二重性。唐代中叶，均田制的崩溃使农民从国家束缚中解放出来，在身份等级上，消弭了地主与佃客之间的等级差别。富民无权将佃客沦为自己的贱口奴婢，而只能依靠经济的力量，用契约形式将一些缺地或无地的农民作为雇佣奴婢，为己所用。因此，作为贱口意义的奴婢在唐中叶后逐渐消亡，唐律所明确的良贱制度进入宋代后也最终崩溃。

四　小农经济独立性增强的意义

中国古代的小农在唐中叶出现转型，其身份地位的提高便是其明显标志。唐以前，农业生产中既有身份较自由的佃农，也有隶属依附性较强的奴婢、部曲，"耕则问田奴，绢则问织婢"在魏晋南北朝时

---

① 唐长孺：《魏晋南北朝隋唐史三论》，武汉大学出版社 1993 年版，第 19 页。

期仍是较普遍的现象。加藤繁曾指出："战国秦汉自不待言，即到南北朝时期，佃农也不太多，在大官豪族的大地面上，主要是由奴仆耕种；均田法崩坏前后，用奴仆耕种者日益衰减，佃农的使用才颇为流行。"① 唐代农民身份地位的提高，既是生产力发展的客观要求，也是小农经济独立性增强的表现。因此，唐代中叶可以看作中国古代小农经济发展的重要转折点。小农经济独立性的增强在中国古代社会发展史上具有重大意义，并由此引发了一系列社会变革。

小农经济以家庭为生产、生活单位，小农经济独立性的增强，有利于小农面对市场，调整其劳动力资源。宋人王柏曾指出："今之农与古之农异。秋成之时，百逋丛身，解偿之余，储积无几，往往负贩佣工以谋朝夕之赢者，比比皆是也。"② 农民在唐宋之际逐渐出现"小农、小工、小商的三位一体化趋势"，李晓认为，宋代农民在农业生产的同时，普遍以兼业的方式从事手工业小商品生产、小商业经营、小雇佣劳动，其家庭经济是由多种成分构成的复合式单元。③ 农民的这一转化，是以生产独立性增强为基础的。农民生产的兼业行为，不仅促进了商品经济的进一步发展，而且增强了小农经济的独立性，以工补农，以商补农成为当时的普遍现象。

小农具有选择经营方式的权利，有利于土地经营方式的优化，有利于土地资源的重新配置。张五常曾提出"一般均衡论"，认为一个没有耕地的农民可以选择为地主雇工，也可以租佃地主的土地。农民以这两种不同的方式所得到的收入应当相等，否则他将选择收入较高的方式。④ 赵冈认为，分益租制在中国流行了 2000 多年，而且始终保持地主与佃户对半均分的佃约，"分益租制能减少交易成本。地主充分利用佃户自动自发的工作意愿，可以免除监工费用，而且面积不受

---

① ［日］加藤繁：《中国经济史考证》，商务印书馆 1963 年版。
② 王柏：《社仓利害书》，《鲁斋集》卷7，影印文渊阁四库全书本。
③ 李晓：《论宋代小农、小工、小商的三位一体化趋势》，《中国经济史研究》2004 年第 1 期。
④ 张五常：《佃农理论》，商务印书馆 2002 年版。

限制，越是大地主越要依赖租佃制"。① 身份地位的提高，使农民具有了与地主谈判的资源，因而使地主也不得不面向市场，选择最优的经营方式。农民与地主互相依赖，两者只有在互利的基础上才能真正达到一个"双赢"的目标。宋代大儒朱熹曾指出："乡村小民，其间多是无田之家，须就田主讨田耕作，每至耕种耘田时节，又就田主生借谷米，及至终冬成熟，方始一并填还。佃户既赖佃生借以养活家口，田主亦借佃客耕田纳租以供赡家计，二者相须，方能存立。"② 中国古代，农民与地主既有矛盾对立的一面，又有互相依赖的一面，我们对两个方面均不能夸大。

小农经济的一户一家制独立生产是小农生产能力增强的重要反映，这一灵活的组织形式为中国古代农业的发展做出了不可磨灭的贡献。王家范认为，在传统社会，家庭型的个体小生产是最合适的一种经营方式，"中国传统社会小农生产结构系列简单，还带来了另外一个长处，便是它具有内涵的再生产潜力，即使没有多少纵向（诸如国家和地方的行政资助）和横向（诸如与其他劳动者的联合）的支持，也可以在封闭的系统内自我扩张"。③ 小农经济生产独立性强，这为唐宋时期江南水利田的开发和丘陵、山区的茶叶种植提供了制度性保障。中国古代辉煌的农业成就皆是小农自发所创造。为了提高效率，农民不仅创造了世界上最为出色的精耕细作高产农业，而且向水要田，向山要地，自发形成了江南开发的潮流。明清时期，南方农民自发组成"棚民"，掀起了山区开发的又一高潮。《清朝文献通考》卷19《户口》记载："江西、浙江、福建三省各山县内，向有民人搭棚居住，种麻种箐，开炉煽铁，造纸做菇为业，谓之棚民。"棚民的出现，也是小农生产独立性、灵活性的反映。明清时期，内地移民对西南山区的开发如果没有独立性较强的小农经济组织作为载体也是难以想象的。

---

① 赵冈：《历史上农地经营方式的选择》，《中国经济史研究》2000 年第 2 期。
② 朱熹：《朱文公文集》卷 100，《劝农文》，影印文渊阁四库全书本。
③ 王家范：《中国历史通论》，华东师范大学出版社 2000 年版，第 175—176 页。

　　农村经济作为一种家庭经济，农户会以最大的努力运用手头的资源和几代人积累起来的知识来使其收入最大化。马若孟认为，华北的农民能有理性地、精于算计地利用其有限的资源，从土地获得生活资料；他对于他周围的外部环境的变化极为敏感，当他对这些变化有足够的了解时，就会努力调整其利用资源的方法，农户的劳动力供给直接与农场面积有关。农户根据获得最高收入所需的劳动量和可能要冒的风险，把可使用的劳动力在田间工作和非农业工作之间进行分配……有些土地用来种植可以出售的高收入的作物，其余土地用来种植农户消费必不可少的作物。决定这两类作物各用多少耕地，根据的是农民最善于种植哪种作物，使某种作物比其他作物生长得更好的现有的土壤条件，还有用自己生产的作物交换农场不能低成本生产的货物的机会。[①] 由此，从某种程度上可以说，小农经济是具有理性的有效率的经济。中国近代经济发展的落伍，其因素是多方面的，脱离历史条件指责小农经济为落后保守的经济是片面的。我们不能忘记，正是由于小农经济，中国古代不仅在经济上，而且在文化上曾长期领先于世界。唐宋时期所创造的灿烂文明为世界所罕见，其深刻根源即在于这一时期社会身份等级制的消灭使人们的身份控制得以松弛，社会生产力获得极大发展。

[①]　马若孟：《中国农民经济》，江苏人民出版社 1999 年版，第 240—241 页。

历史上中国农村公共产品的供给与社会转型[*]

公共产品是为了满足社会共同体的共同需求的社会产品，具有非竞争性和非排他性。人是社会的人，人们不仅需要生产私人产品，即具有竞争性和排他性产品，以满足个体生产生活的需要；同时还需要生产公共产品，以满足社会共同体发展的需要。中国历史上农村公共产品的供给随着社会的转型而变化，在不同的时代有不同的供给模式。历史是现实的基础，考察历史上中国农村公共产品的供给与社会结构的转型，对于当前中国农村公共产品供给体制的改革具有重要参考价值。

—

人的生存和发展需要结成共同体，以应付外界的挑战，人类社会由血缘共同体，地域共同体向社会共同体（民族国家即是社会共同体的高级模式）发展，共同体的存在对于更好地满足社会公共产品的需求具有重要意义。作为共同体，不仅需要抵御外来力量的入侵，社会秩序的维护等满足共同体存在的公共服务和社会产品，同时还需要公共设施、公共卫生等满足共同体个体成员生产生活的社会产品。公共产品的供给，对于一个社会的发展至关重要，如果公共产品不能有效满足社会发展的需要，人们生活与社会发展必将受到严重的制约。

中国上古时期，部落联盟的领袖之所以为公众所拥戴，在于他们

---

* 本文发表于《云南行政学院学报》2008年第2期。

能有效为公众服务，满足社会公共产品的需求。韩非子曾指出："之王天下也，茅茨不翦，采椽不斫；粝粢之食，藜藿之羹；冬日鹿裘，夏日葛衣，虽监门之养，不亏此矣。禹之王天下也，身执来以为民先，股无，胈不生毛，虽臣虏之劳不苦于此矣。"① 禹是当时黄河流域部落联盟领袖，他们的主要任务是为老百姓服务，为老百姓提供公共产品，因而得到公众拥护。上古时期，黄河流域经常泛滥，在农耕社会，治水成为人们最重要的公共产品需求。大禹治水的传说即可看成禹为民众提供"治水"这一公共产品并形成国家的神话。《史记·夏本纪》记载大禹治水时，"劳身焦思，居外十三年，过家门不敢入"。国家的产生，正是因为国家能够为民众提供"治水"这一公共产品需求。大禹治水的传说即可看成禹为民众提供公共产品，能真正为民众的共同需要服务。

政府是"公共的"机构，它的存在得到公共财政的支持，因此必须为公众服务。上古时期，政府正是基于为公众提供公共产品的基础上形成的。黄河的泛滥及治理黄河是中国早期国家形成的重要因素。人类社会的发展需要公共产品的有效供给，孔子所描绘的大同社会不仅需要社会各成员团结互助，而且需要有贤者来为民众服务："大道之行也，天下不公，选贤与能，讲信修睦。故人不独亲其亲，不独子其子；使老有所终，壮有所用，幼有所长，矜寡、孤独、疾者皆有所养；男有分，女有归。货，恶其弃于地也，不必藏于己。力，恶其不出于也，不必为己，是故谋闭而不兴，盗窃乱贼不作故外产而不闭，是谓大同。大同社会是一种理想社会，在不可求的情况下，孔子认为需贤明的君主来维持社会秩序，以达到小康，城郭沟池以为固，礼义以为己，禹、汤、文、武、成王、周公，由此其选也"。②

中国古代政府为民众所提供的公共产品主要是军事防御、秩序维持、水患治理等，至于农村公共产品的供给主要是农村基层社会自己供给。《周书·大聚》记载："发令以国为邑，以邑为乡，以乡为闾，

---

① 韩非子：《五蠹》，文渊阁《四库全书》影印本。
② 《礼记·礼运》。

祸灾相恤，资丧比服。五户为伍，以首为长；十夫为什，以年为长；合闾立教，以威为长；合同亲，以敬为长。饮食相约，举弹相席，耦耕俱耘。男女有婚，坟墓相连，民乃有亲。六畜有群，室屋既完，民乃归之。"① 中国古代乡里制与家族组织有一致的地方，国家依靠家族组织维系农村基层社会的治理，农村基层社会依靠家族的凝聚力和血缘情感，由家族共同体自身提供公共产品。

两汉魏晋南北朝隋唐时期，地主豪族崛起。豪族不仅加强了对地方的控制，而且逐渐垄断中央政治资源。日本学者川胜义雄认为，豪族对乡村的统治，并不仅是基于对私有土地上佃客的支配关系而成立的。虽然它以这种支配为核心，但它同时又自我制约这种阶级统治的倾向，与周围自耕农民层建立共同体关系，在此基础上成为"民望"，然后才能确立对整个乡村的领导地位。这样，乡村的构造就成了以豪族为中心的阶级关系和共同体关系的综合体。② 豪族与农民为共同体，豪族的"民望"是建立在为农村提供公共产品这一基础上的。在平时，豪族组织提供农民生产生活的公共产品；一旦遇到战乱，则组织民众加强防御。如《三国志》记载："田畴北归，率举宗族附从数百人，扫地而盟曰：'君仇不报，吾不可以立于世！'遂入徐无山中，营深险平敞地而居，躬耕以养父母，百姓归之，数年间至五千余家。"③ 中国中古时期属贵族社会，豪族既是贵者又是富者。豪族为获得"民望"站稳自己在农村的地位，一般成为农村公共产品的供给者。然而，豪族是贵者、势者，拥有权力，因而导致一些贵族不仅不为民众利益着想，而且为了自身的利益，与农民争夺利益。西汉武帝时期，因为地方豪强对弱势农民的土地进行兼并，使土地问题极为突出。"富者田连阡陌，贫者亡立锥之地，又专山泽之利，管山林之饶，荒淫越制，逾侈以相高；邑有人君之尊，里有公侯之富，小民安得不

---

① 《周书·大聚》。

② ［日］川胜义雄：《六朝贵族制社会的成立》，载刘俊文《日本学者研究中国史论著选译》第四卷，中华书局1992年版，第32页。

③ 陈寿：《三国志》，中华书局1962年版，卷11，《田畴传》。

困?"① 是因为地方豪强依靠"势"侵占农民土地，北魏孝文帝时才推行均田制，以遏制其对土地的兼并。

二

唐宋时期是中国历史上的重要变革时期。陈寅恪先生指出："综括言之，唐代之史可分前后两期，前期结束南北朝相承之旧局面，后期开启赵宋以降之一新局面，关于政治社会经济者如此，关于文化学术亦莫不如此"。② 日本学者内藤湖南在《概括的唐宋时代观》中指出："总而言之，中国中世和近世的大转变出现在唐宋之际是读史者应该特别注意的地方。"③ 唐宋之际，中国古代社会由前期向后期转型。农民阶级的内部构成也由以中古农奴（庄园经济中的部曲，地客为代其代表）和中古耕农（依附于国家的均田户为其代表）为主过渡到以契约佃农（五等版簿下的客户和部分无地，少地下户为其代表）为主。④ 由于商品经济的发展，以贵贱相对立的严格身份等级制逐渐崩溃。作为"民"的富民不同于"贵"者的豪族，他们无权将佃农沦为自己的部曲、奴隶等依附民，而只能依靠财富的力量，以契约形式利用佃农的劳动力。

唐宋时期，作为一个新兴的阶层"富民阶层"在当时农村公共产品的供给中具有十分重要的作用。如《龟山集》卷3中《张进之墓志铭》记载："张氏讳序，轻财乐施，无疏戚之间，视其缓急贷与，无所吝，虽时有见负，不问也，拆券不问也。亲戚之贫者，月禀食之有常数，行之十有余年不少替。暴雨雪，乡邻艰食，则给薪米以赈之。"在灾荒时期，富民为了维持社会生产的稳定与发展，主动赈济穷人。

① 班固:《汉书》，中华书局1962年版，卷24，《食货志》。
② 陈寅恪:《论韩愈》，载《金明馆丛稿初编》，三联书店2001年版。
③ [日]内藤湖南:《概括的唐宋时代观》，载刘俊文主编《日本学者研究中国史论著选译》第1卷，中华书局1992年版。
④ 葛金芳:《唐宋之际农民阶级内部构成的变动》，《历史研究》1983年第1期。

叶适曾记载吕师愈，"君致富虽纤微，然遇旱饥，辄再出稻子数千斛助州县赈贷，其知取盖如此。"① 宋代每遇大的饥荒，政府均依靠富民救济民众，如仁宗天圣六年（1028）屯田员外郎陈贯，"会岁饥，自以职田粟赈饥者，又率富民令计口占粟，悉发其余，所活几万"。② 富民不仅赈济乡邻，在动乱时，还自动组织力量维护乡民安全，维持社会治安。明代钱士升曾指出："富家者固穷民衣食之源。不宁惟是，地方水旱则有司檄令出钱，储粟平价均粜，以济饥荒；一遇寇警，则令集庄客，缮器械，以助城守捍御之用。"③

在乡村社会中，富民作为"民"与"官"有着本质的区别，富民与佃户有着互相依赖关系。宋代以后，中国乡里制度乡官制向职役制转化，作为高等户的富民往往充当乡长里正，既为国家服役，又组织农村公共产品的供给。自唐中叶两税法实行后，国家赋役的提供由丁身向以资产为宗转化，因而富民成为政府财政收入的主要承担者。富民阶层在门阀士族衰落后，"为天子养小民"，逐渐在乡村社会确立了新的权威。

中国古代社会后期，由于富民成为农村公共产品的主要组织者、提供者，因而成为乡村社会新的精英集团的来源，在农村，富民作为民既与民众又与作为"官"的政府有着密切关系，有时站在政府一边，充当政府统治农民的工具；有时也站在"民"一边，与民一道反抗官府的权威充当农村利益保护人。富民为了农村社会的稳定、发展，充当了农村公共产品的主要提供者。正是因为富民在农村社会的重要作用，因此富民在宋以后成为中国农村重要的一股力量。《水浒传》中所记载的庄主与庄客联盟共同抗外即是富民在农村核心地位的反映。国家政权要加强对农村的控制，也不能不依靠富民。林文勋等认为，国家之所以要依靠富民对乡村社会实行控制，这不仅是因为富民之家较为富裕，能够有坚实的经济基础承担起各种相应的费用开

---

① 叶适：《水心集》，文渊阁《四库全书》影印本，卷14，《吕君墓志铭》。
② 李焘：《续资治通鉴长编》，中华书局1979年版。
③ 《光绪重修嘉善县志》，光绪十八年刊本，卷31，卷106《天圣年八月条》。

支，而且还因为富民在乡村社会中具有很强的号召力。① 富民这一号召力的源泉即在于为农村的生活提供有效的公共产品。

<h2 style="text-align:center">三</h2>

晚清以来，由于国家政权向乡村社会的渗透，政府权力打破了农村社会原有的格局，即农村权力格局出现了大变革，杜赞奇认为，中国乡村控制中分为保护型经济体制和赢利型经济体制，到了二三十年代，由于国家和军阀对乡村的勒索加剧，那种保护型的村庄领袖纷纷"引退"，村政权落入另一类型的人物之手，尽管这类人有着不同的社会来源，但他们大多希望从政治和村公职中捞到物质利益……充任公职是为了追求实利，甚至不惜牺牲村庄利益。② 赢利型经济不同于中国古代农村社会中的保护型经济。保护型经济不管怎样，在较大程度上充当村庄利益保护人的角色。村庄利益也是其自身利益的一部分，如唐中叶以前的贵族，以后的富民，其本身权威的来源在于他们为农村提供公共产品。

赢利型经济与村庄自身利益无关，其关心的是如何对村庄进行榨取，以获得自己的利益。其本身权力的来源在于国家政权。由于保护型经济作为村庄的权威来源于村庄，即处于"下"的农民，而赢利型经济权力来源于"上"即上层政府权力机关，因此两者在农村的行为、职责完全不同。晚清、民国时期，国家政权渗入农村，加强了对农村基层社会的控制，但由于赢利型经济不利于农村的利益诉求，因而遭到农村民众的抵制。

政权的建设必须有利于农村本身的利益，晚清民国时期国家政权的扩张与农村利益形成矛盾，因而晚清民国政府在这一点上是失败

---

① 林文勋、谷更有：《唐宋乡村社会力量与基层控制》，云南人民出版社 2005 年版，第 49 页。

② ［美］杜赞奇：《文化、权力与国家：1900—1942 年的华北农村》，江苏人民出版社 2010 年版，第 15 页。

的。新中国成立后，中国共产党政权站在农民的视角，以农民的利益为利益，在较大程度上满足了农村公共产品的需求，如水利设施、公共卫生、教育等方面均有较大的发展。然而，由于城乡二元机制，城市、农村在公共产品的供给上完全不同；城市公共产品的供给进入公共财政体制，政府为其提供公共产品；而农村公共产品仍要进行成本分摊，农民负担加重。

从历史上看，农村公共产品的供给对于农村社会的稳定和发展具有重大意义。政府只有转变职能，由权威型政府向公共服务型政府转化，真正给农民带来利益，为农村提供公共产品，才能获得农民的支持并建立政府的有效管理机制。登哈特夫妇新公共服务理论强调"服务"而不是掌舵；公共行政官员必须致力于集体的共同利益，而不是个人利益；必须重视人而不是生产发展。① 过去，中国由于经济的欠发达，为了解决温饱问题，强调经济的发展，因而政府成了"经济增长型"的政府，随着经济的发展，政府职能在新的历史条件下应进行转变，即向"公共服务型"政府转化，以适应社会发展的需求。

中国大多数人生活在农村，"农村、农业、农民"的问题是当前急需解决的问题，建设社会主义新农村是时代的要求。只有真正提高农民的生活，增进农民的福祉，才能建设真正的新农村。新农村的建设最为重要的是农村公共产品的提供。目前，农村公共产品的供给应着重解决农村教育、农村医疗卫生和社会保障等问题。政府只有成为"服务者"，才能转换职能，有效解决农村公共产品的供给，这样，政府才能从农村获得更广泛的力量源泉。

---

① Robert B. Bombard，"Thenew publicservice：siringrather 2004，than steeping"，*Public Administration Review*，2000，6（1）.

《明实录》所见天津及附近地区水利营田探析 [*]

水利工程建设一直是作为恢复发展经济尤其是农业经济的重要举措，在古代中国其意义更是重大。冀朝鼎在其《中国历史上的基本经济区与水利事业的发展》一书中认为，以水利工程为基础的基本经济区是国家政权得以成功和维持的基本保证。

而元明清三代定鼎北方，并没有在当时的基本经济区——江南地区，政府为了保证中央的控制曾力图发展海河流域作为"第二江南"，然而都没有出现理想的效果。[①]

更直接的驱动力是为解决京师的供应问题，每年需从南方漕运大批粮食。明清每年的额定漕粮数为400万石。但漕运艰巨，"京仓一石之储，常糜数石之费"。[②]王利华认为，元明清时期研究西北水利者，以江南官员为主，虞集是临川人，郑元祐是处州遂昌人，邱睿是琼崖人，归有光是昆山人，徐贞明是贵溪人，汪应蛟是婺源人，左光斗是桐城人，董应举是闽县人，徐光启是上海人，顾炎武是昆山人，柴潮生是浙江仁和人，林则徐是闽侯人，包世臣是泾县人等，这是因为江南官员不满海运和漕运使江南赋重民困，北方大量田地荒芜而依赖于南方。[③]

---

* 本文发表于《贵州民族学院学报》（哲学社会科学版）2008 年第 4 期。

①冀朝鼎：《中国历史上的基本经济区与水利事业的发展》，中国社会科学出版社 1981 年版，第 115 页。

②林则徐：《畿辅水利议·总序》，载林则徐全集编辑委员会编《林则徐全集》，海峡文艺出版社 2002 年版。

③王利华：《元明清江南官员学者的西北水利思想与实践》，《古今农业》2000 年第 4 期（他们说的西北，指黄河流域及其以北地区，包括今陕西、河南、山东、河北以及苏皖北部，内蒙古南部、辽宁西南部，而与今天的"西北"的概念不同）。

一

《明史·食货志》中食货一（原志第五十三）记载了明代屯田的兴衰情况。孝宗弘治、武宗正德年间达到极盛，此后开始衰败，万历时"天津巡抚汪应蛟则请于天津兴屯。或留中不下，或不久辄废。熹宗之世，巡按张慎言复议天津屯田。而御史左光斗命管河通判卢观象大兴水田之利，太仆寺卿董应举踵而行之。光斗更于河间、天津设屯学，试骑射，为武生给田百亩。李继贞巡抚天津，亦力于屯务，然仍岁旱蝗，弗克底成效也"。①

从《明实录》中看出在明代天津地区屯田的发展情况。

"正统元年正月庚寅，少傅兵部尚书兼华盖殿大学士杨士奇等言：'国家岁用粮浩大，皆仰给江南，军民转运，不胜劳苦；况河道难通，少有阻隔，则粮饷不足，实非长久之计。今在京官军数多，除操练、造作应用外，余者悉令于北京八府空闲田地屯种。倘遇丰年，必有蓄积，可省南方转运之费，此实国家经久长策。'上命行在户部，兵部议行。于是拨京军三万，就近地方下屯。"②

这是在明代中前期（1436）的一则记录，从中看得出明朝统治上层早意识到南方运转军粮的弊端，希望利用在京军于北京及附近地区屯种。这是符合当时形势的一个建议，因为明朝前期几任皇帝比较有作为，国力较为强盛，对北方蒙古势力处于主动地位。有能力实行军屯。明代开国之君朱元璋就提出不费民力的军屯政策。明朝天津地区的营田也是从军屯开始的。

---

① 《明史·食货志》中食货一（原志第五十三）。
② 《英宗正统实录》卷十三，载郭厚安《明实录经济资料选编》，中国社会科学出版社1989年版，第106页。

二

明朝天津屯田的主要历史集中在万历年、天启年这段时期。

"（万历）十二年十月丁未湖广道御史徐侍言尚宝司司丞徐贞明所条陈沿边水利垦田事宜，户部复：'畿辅沿边之兵，恒苦食之难给，而一带空地，多称沃壤。向因北人不谙水利，以致抛荒淤积，无虑千万顷。先御史苏鄜，今御史徐侍俱议破格招徕。所谓撤流民之禁四事，尤凿凿刻见之行，信能举行，不惟转输省而兵食可足，亦沟渠密而戎马可限。令咨各抚臣选南人谙识水利，专委司道官，多方讲求。许南来游食之民自备资本，任力开垦，永不起科。有司官员开垦数多，即行分别奖荐超擢。仍不得责以期限，差人骚扰。如有奸民指托势豪转相隐匿，及阻挠不法者，访拿究治。每年终核实具奏，以凭奖劝。'从之。"① 徐贞明（？—1590），明江西贵溪人，字伯继，号孺东。隆庆进士，万历三年（1575）任工科给事中，熟悉水利，建议在北方筑塘蓄水成水田，招徕南人推广种稻，成减东南漕运。万历十二年（1584）十月丁未的户部所复指出了水利营田的几个要点：允许流民来垦种，招徕南方识水利者，暂不对所垦之田起科，奖荐超擢有成绩官员等，其中有一点比较重要的就是"如有奸民指托势豪转相隐匿，及阻挠不法者，访拿究治"。② 这一点非常重要，因为这些水利工程师要在地方兴建的，同时还涉及土地的升科问题，损害到了地方上的豪强士绅的利益，他们会阻止破坏水利营田工程的兴建。如徐贞明主持京东水田时，"而阉人，勋戚之占闲田委永业者恐水田兴而已失其利也，争言簿便，为蜚语闻于帝，帝惑之"。③ 政府所要兴办的公共事务中很大一部分是因此而失败的。同时此还提到了军事上的目的，

---

① 《神宗万历实录》卷一五四，载郭厚安《明实录经济资料选编》，中国社会科学出版社1989年版，第412页。

② 同上，第412页。

③ 《明史》卷二三三，《徐贞明传》。

即"沟渠密而戎马可限"①，在宋代的北方边境也曾用过种树挖渠以阻挡北方强敌的骑兵部队的方法。

徐贞明因论事被贬为太平府知事，南下途经潞河，著《潞水客谈》。是书对京东水利的范围、步骤、组织方法、水利等有具体的设想。《潞水客谈》在当时就引起人们的注意，并在京东几县得到实践："谭伦见之，曰：'我历塞上久，知其必可行也。'已而顺天巡抚张国彦、副使顾养谦，行之蓟州、永平、丰润、玉田皆有效。"②万历十三年徐贞明还朝后，他的建议得到当时同僚的赞成和万历帝的支持。"以尚宝司少卿徐贞明兼监察御史领垦田，使铸督理垦田水利关防。"③巡关御史苏鄷复疏言曰："治水与垦田相济，未有水不治而田克垦者也。畿郡之水为患，莫如卢沟、滹沱二河。卢河发源于商乾，滹沱发源于泰戏。源远流长，又合涞、易、濡、雹、沙、滋诸水，散入各淀；而泉、渠、溪、港，悉从而注之。是以高桥、白洋淀等淀，大者广圆一二百里，小者四五十里，汇为巨浸。每当夏秋霖潦之时，膏腴变为卤，菽麦化为蒲矣"。④提出了垦田的关键技术环节是治水，治水与垦田是相关联的，现代称作农田水利。此为后代所继承，清代雍正四年怡贤亲王允祥所主持的工程即称其为"畿辅水利营田"。

万历十三年（1585）九月"以尚宝司少卿徐贞明兼监察御史领垦田，使铸督理垦田水利关防"。兼任监察御史是他条陈上奏中的一条建议，"本官职任尚宝，无民事之寄，谓宜界之事权，加以宪职。有司之勤能偷惰，听其分别而奖饬之，庶乎权足足以鼓舞而功可期也"⑤，这样他才可以顺利总领整个工程的进展，从权力上给予保证。

---

① 《神宗万历实录》卷一五四，载郭厚安《明实录经济资料选编》，中国社会科学出版社1989年版，第412。

② 《神宗万历实录》卷一五九，载郭厚安《明实录经济资料选编》，中国社会科学出版社1989年版，第443页。

③ 《神宗万历实录》卷一六五，载郭厚安《明实录经济资料选编》，中国社会科学出版社1989年版，第414页。

④ 《神宗万历实录》卷一五九，载郭厚安《明实录经济资料选编》，中国社会科学出版社1989年版，第443页。

⑤ 同上。

还有宽课督，因为当时对垦田有三方面的议论：一是北方多高峻的大山，一旦有大雨，石沙等沿河冲下不利于工程的营建；二是北方平原向来是种植食用黍麦等粮食作物，突然改变种植当地人可能不习惯；三是与南方的恶储水不同，北方雨后仍是干枯的。对此三点，徐贞明认为，不必全部都改变作物种植，低下之地可种稻，适宜原作物的仍种植原来的作物。荒芜焦枯之地不急于求成，逐渐疏导，对于洪水冲决，可疏导的疏导可避开的避开，不必拘泥于一种办法。另外几条是募南方农民来北方传授技术，使技术扩散开；以优惠条件招徕移民；在初期政府要市场赈济移民，因为新垦之地，无所储备。这样才能使营田得以顺利开展；政府拿出一笔资金来借贷支持创业初期的百姓屯垦；减轻百姓民壮役负担。这几点基本得到了万历的认可，批准实施。

万历十四年（1586）正月，工部回复直隶巡按苏酂所提出的关于工程费用的问题。

"疏浚深州、霸州等处河道，共该夫役银一万九千三百一十三两一钱……疏浚安州、雄县、保定等处河身，及挑筑束鹿、深州河堤所用人夫，随便役民。其工食之费，要于各府州县积谷内酌量动支。仍劝谕富民，游能慕义、倡众捐资助役者，酌量旌异，以示效率，修河间、任丘桥梁及垫筑道路，共该银二千六百八十八两有奇，宜暂借该府官银抵用。一、挑浚河间、献县湾沱旧行子牙河之道，因路远工多，难以骤举。宜行抚按转行道府，估工议费，另行题请。"[1] 其中疏浚深州、霸州河道所用夫役银中除霸州道属现有勘动官银三千七百八十两外，其余银两于真定府存留赃罚银、保定府、河间府分别筹措凑足。一条鞭法在万历八年在全国陆续推行。政府于是以银雇役代替里甲轮流当差的制度，一个地区的资金不足会有邻近的地方政府协济，而不是由中央政府统一的财政支出，全由地方政府自己负担。这点与清代不同，清代雍正年间的畿辅水利营田完全是由中央政府操控的，

---

① 《神宗万历实录》卷一七零，载郭厚安《明实录经济资料选编》，中国社会科学出版社1989年版，第444页。

魏丕信通过对中国 18 世纪的荒政赈济研究指出强盛期国家的作用是非常重要的。① 而万历十四年的大明朝在经过张居正改革后是明代比较强盛的一个时期，不过中央政府的作用似乎不是很大，这也有待于仔细研究。这些可用资金的数目加在一起也不超过三万两，即使加上没有估好费用的几个县，所筹资金也显得不足。成为十四年三月福建道监察御史王之栋上奏批评的一个方面。

王之栋的奏折是一个转折。其上奏指出"滹沱一河不可治理"，以及列举徐贞明所修工程的十二处弊端。其中有几条引起重视，如"征派纷出，地方滋扰；费少不敷，必资剥削，恐生民怨；引流入卫，恐翻运道"。② 户部认为成绩还是很大的，只是卢沟、滹沱二河难治。意思还是倾向于徐贞明的方法，不过万历皇帝并不同意户部的意见，决定停止工程的兴建，徐贞明仍回本职，免予处罚。申时行对万历皇帝责问北地干旱不宜开水田答道"只欲开垦荒田，不欲尽开水田"，水利营田在北方分为两层意思：一为利用河渠灌溉开垦的旱田，二为利用水源开为水田，一般南方的官员都主张开水田，而北方的一般持反对意见，也许是了解实际情况所论，也许是涉及自身利益而反对，需要进一步地研究。

10 年后，万历二十三年（1595）八月的时候，"吏科给事中戴士衡奏请量留天津新设水陆兵，令开屯自食"。这次是军屯性质的，此前的援朝之战，肃清倭寇明政府国库消耗巨大，所以提到在天津水利营田的事万历皇帝同意了。民屯的每户要出一人为兵。万历二十五年（1597）海防巡抚万世德，水司主事沈朝焕都主张在天津环海的荒地开垦为农田，"将环海荒地示谕远近军民，自备工本，尽力开种，官给印照，世为己业，三年之后，方许收税"。万历二十九年（1601）汪起蛟提出在天津葛沽白塘一带开渠垦田。可收稻六千余石，豆类四千余石，可支当地四千官兵的六万饷银。此后，又加到了两万水陆官

---

① 魏丕信：《十八世纪的中国官僚制度与荒政·前言》，江苏人民出版社 2006 年版，第 1 页。

② 《神宗万历实录》卷一二七，载郭厚安《明实录经济资料选编》，中国社会科学出版社 1989 年版，第 414 页。

兵屯田，但是最后却"然得不偿失，迄无成功"。

然而到了万历三十年海上倭寇侵扰后，增加了天津屯兵。

"旧抚臣汪起蛟议于葛沽、何家圈、双沟、白塘口等处创买闲地一万五千亩，每军授田四亩，俾之开垦。买牛置器，浚河开闸，行之二年，岁获稻值银八千余两，半抵月饷，半以入官变价收贮。初议田尽垦可七千顷余，岁可得谷百万余石。"① 只是后来倭寇之乱退后屯田也随之废弃。

三

熹宗天启元年在天津水利营田的事情又重新兴起。屯田都御史左光斗主持，河间府管河通判卢观象，天津兵备道贾之凤具体实施，又一次掀起了畿辅水利营田的高潮，可惜因与宦官魏忠贤作对而被杀害。但是屯田没有停止，督理屯田右副都御史董应举继续实行，当时的屯田有三类：民屯、军屯和州县官屯。从五年十月天津督饷户部右侍郎黄运泰的条陈我们可以看出董应举主持屯田时"春给屯本儿，秋取屯利"，以一年的屯田本利为第二年的屯本。黄运泰提出让屯户自输地内置粮到天津缴纳，而不领官府的屯本则所获子粒不必缴官府而归屯民支配。每亩政府只要收一斗三升的税。涿州所屯利数目只八九百金，数目不大，不必再设屯官，移交给本地政府管辖此事。六年五月黄运泰的奏折则告诉我们屯田已由专职的屯田官员负责改为本地官员负责。而且从他的上奏中我们知道屯课数目不大，屯田子粒是主要的征收名目。朝廷便按军屯田亩的数量征收税粮。这种税粮当时通称屯田子粒，也简称"子粒"。屯田子粒和一般"民田"向政府交纳的税粮完全不同，它很像官田佃种人所缴纳的地租。

但权力放归地方后的营运情况就不清楚了，应该不会太好，因为

---

① 《神宗万历实录》卷三六五，载郭厚安《明实录经济资料选编》，中国社会科学出版社1989年版，第139页。

此时的形势与几十年前不同，东北地区的满洲势力崛起，给国势已经下降的明政府带来严重的危机。此时的水利营田与元末宰相脱脱主持的畿辅水利营田有些相似，都是在国家处于飘摇之时希望迅速提供物质财富的一种手段，由国家交给地方管理也说明了中央政府没有能力来管理了，崇祯朝后连年的战争已不给水利营田以太大的机会了。要等到之后的一个新兴的王朝来着手进行了。通观明朝政府天津及附近地区的水利营田活动时间跨度大，虽有一定的连续性但每次都不稳定，主持者得不到支持或在政治斗争中失败，而恰恰这些人是比较有才能的官员。并且这些官员一般是先请求水利营田然后皇帝批准任命其为负责人，与元末宰相亲自主持和清代亲王主持不同，这些官员本身地位不是太高，而地方上的豪强就会成为一个很大的阻力。像徐贞明的被弹劾背后就有此原因。沿用明代屯田的故例，这些屯田大多数以军事屯田为主，而民屯为辅，尤其在由军事侵扰背景下，多是为国防服务。但明代后期国势衰微下，将此事完全交由地方负责管理，没有一个统一的组织筹划，所以随着明朝灭亡没有什么成绩可言，不过水利营田此事关系重大，到了清代，政府依然重视，又有几次大规模的兴修过程。

有限理性、新制度经济学与
转型期中国民间组织[*]

改革开放以来，我国民间组织获得快速发展，正在经历着一场前所未有的"社团革命"。[①]客观地看，民间组织能够促进我国经济、政治、文化和社会生活的协调发展，在维护社会稳定、化解社会矛盾、促进社会管理等方面的作用显著。本文运用新制度经济学的理论，提出了转型期中国民间组织发展的一个理论框架。文章对理性、有限理性等理念进行了梳理，说明转型期民间组织在建立与政府的合作互动关系、促进社会管理、提供公共服务等方面应发挥积极的作用。

一 关于理性和有限理性

（一）理性经济人假设

在主流经济学那里，理性就是每个经济主体都能遵循趋利避害原则，运用边际分析对其所面临的所有机会和手段进行最优化选择。经济学家认为理性有三层含义：一是自利性假设；二是极大化原则；三是组织成员之间的自利行为存在一致性。[②]"经济人"这一思想最早是由经济学之父亚当·斯密在《国民财富的性质和原因的研究》一书

＊ 本文发表于《经济问题探索》2010 年第 12 期。

①何增科：《中国公民社会制度环境要素分析》，载俞可平等《中国公民社会的制度环境》，北京大学出版社 2006 年版，第 122 页。

②卢现祥、朱巧玲主编：《新制度经济学》，北京大学出版社 2007 年版，第 91 页。

中表述的：斯密的"经济人"具有双重本性：一是自利性，二是社会性；[①] 包含三个方面的含义：（1）自利性人类的行为动机是追求自身利益。（2）人的行为总是事出有因，并不总是在寻求个人利益最化。[②]（3）人们追求自身利益的个人行为"受着一只看不见的手的指引，去尽力达到一个本意想要达到的目的"[③]，即个人自利行为却增进了社会公共利益。

以马歇尔为代表的新古典经济学家继承和发展了斯密等古典经济学家提出的"经济人"假设。新古典理论认为，经济人是会计算、有创造性、能寻求自身利益最大化的人，因而对人的行为假定：[④]（1）个体的行为决定是合乎理性的。（2）个体能够获得关于周围环境的完全信息。（3）个体根据掌握的完备信息进行计算和分析，按自身效用最大化方案行事。简言之，新古典理论对人的行为假设就是，人是理性追求效用最大化的。正如西蒙在《基于实践的微观经济学》一书中所言："完全理性（global rationality），即新古典理论的理性假定决策者的效用函数是全面的、一贯的，决策者了解选择的所有可行办法，能够算出与每一可行办法相联系的期望效用，进而选择其中能使期望效用最大化的办法。"

（二）有限理性

关于有限理性的内涵，西蒙在《基于实践的微观经济学》一书中指出："有限理性（bounded rationality），即与我们对人类实际中的选择行为的认知相一致的理性，则假定决策者必须通过搜寻才能获得选择的可行办法，对行动所能产生的结果的知识很不完备且不确定，并采取期望中满意的行动。"可从三个方面来理解西蒙的"有限理性"[⑤]

---

① 卢现祥、朱巧玲主编：《新制度经济学》，北京大学出版社 2007 年版，第 93 页。

② 赫伯特·西蒙：《基于实践的微观经济学》，格致出版社、上海三联书店、上海人民出版社 2009 年版，第 4—5 页。

③ 亚当·斯密：《国民财富的性质和原因的研究》（下卷），商务印书馆 1974 年版，第 28 页。

④ 丘海雄、张应祥：《理性选择理论述评》，《中山大学学报》（社会科学版）1998 年第 1 期。

⑤ 张义祯：《西蒙的"有限理性"理论》，《中共福建省委党校学报》2000 年第 8 期。

（1）决策者搜寻和处理信息的能力是有限的，他无法在多种多样的决策环境中选择最优的决策方案。（2）制定决策是有成本的。（3）"决策者"由于主客观原因，他不可能找到最优解，而只能找到满意解。在诺斯看来，人的有限理性有两层含义：（1）人们面临的环境极其复杂且具有不确定性，获取的信息是不完全的；（2）人们对环境的认识能力和计算能力是有限的，人不可能无所不知，人的行为是有限理性的。威廉姆森认为，如果人类所面临的复杂性或不确定性达到了一定的程度，人就会产生有限理性。[①] 威廉姆森将理性分为三个层次：一是强理性，即预期收益最大化；二是弱理性，即有组织的理性；三是中等理性，介于以上二者之间。他认为，有限理性"就是所谓中等理性"，"理性有限是一个无法回避的现实，因此就需要正视为此所付出的各种成本，包括计划成本、适应成本，以及对交易实施监督所付出的各种成本"。[②]

在这里，我们对新制度学派中的有限理性更为关注，因为新制度学派对新古典理论的完全理性假设进行了实质性的修正和发展。下面讨论有限理性、转型期中国民间组织与新制度经济学的关系。

二　新制度经济学与有限理性、转型期中国民间组织的关系

（一）新制度经济学：对完全理性假设的修正

正是因为人的有限理性，新制度学派强调不仅要研究经济人假设，更重要的是要研究对最大化的约束条件，特别是要研究形成约束条件的现实的组织体制和制度结构。换言之，由于人的有限理性，制度变得更重要。因此，科斯强调，当代制度经济学应该研究"实际的

---

① 卢现祥、朱巧玲主编：《新制度经济学》，北京大学出版社 2007 年版，第 98—99 页。

② 奥利弗·E. 威廉姆森：《资本主义经济制度》，商务印书馆 2002 年版，第 68—70 页。

人"、"现实的人",而不是新古典经济学的完全"理性人",而实际的人受到现实的制度条件所约束或限制。① 由此可以看出,新制度学派在批判最大化经济人假设的同时,更重视解析最大化的约束条件,重视对形成约束条件的制度结构的研究;不仅研究经济人的目标函数集合,更注重研究经济人目标函数集合及最大化经济人背后的制度基础及其结构,这是新制度学派对完全理性假设的一个重大发展。②

新制度学派对新古典经济学的完全理性假设的修正和拓展具有十分重要的意义。一是将完全理性修正、拓展为有限理性,使有限理性成为新制度学派的重要哲学基础和基本假设之一。威廉姆森特别强调了这一点,他指出:"交易成本经济学借助有限理性和投机这两个概念,把握住了人类的本质特征……有限理性就是关于领悟能力的一个假定;有了这一条,交易成本经济学才能成立。"③ 由此可见,有限理性假设对于交易成本经济学乃至新制度经济学的重要性。二是由于人的有限理性,行为人在签约时无法预测合同的所有结果或无法签订完备的合同,这就需要设计制度安排来解决,研究制度就显得非常重要。威廉姆森(2002)指出:"交易成本经济学承认理性是有限的……而如果承认人的领悟能力有限,就会促使人们转而研究制度问题。"④

(二) 民间组织:新制度经济学的研究对象之一

转型期中国民间组织有人称为"非政府组织(即 NGO)"、"公民社会"、"非营利组织"、"第三部门(相对于政府、市场而言)"等,它们没有本质区别,有时交替使用。民间组织是由公民依照法律法规自愿组成,为实现自身的宗旨和目标,按照其章程开展非营利性活动,具有公益性、非政府性、非营利性、自治性和志愿性等特征的社会组织,是中国社会组织的重要组成部分,因而也是新制度经济学的

---

① 卢现祥、朱巧玲主编:《新制度经济学》,北京大学出版社 2007 年版,第 34 页。

② 罗必良主编:《新制度经济学》,山西经济出版社 2005 年版,第 21 页。

③ 奥利弗·E. 威廉姆森:《资本主义经济制度》,商务印书馆 2002 年版,第 67—69页。

④ 同上书,第 69 页。

研究对象之一。威廉姆森（2002）指出："承认理性是有限的，才会更深入地研究市场和非市场这两种组织形式。"由于人的有限理性，必须加入群体和组织才能共同应对复杂的周围世界；通过组织程式化或标准化程序改造个体的行为，使其形成理性化模式，以实现预期的目标。综上所述，有限理性、转型期中国民间组织与新制度学派有非常紧密的联系，中国民间组织能够从有限理性的视角置于新制度经济学的分析框架进行研究。

三 转型期中国民间组织的兴起：基于制度环境变迁与有限理性视角的分析

在现代社会里，与政府、市场和公民社会相对应，民主政治、市场经济和民间组织就构成了社会基本的制度框架。转型期中国民间组织实质上就成为社会主义市场经济中一种内在的制度安排。作为一种具体的制度安排，转型期中国民间组织不仅是制度环境变迁的产物，也是人们基于有限理性的合理选择。

（一）制度环境变迁与民间组织的兴起

新制度经济学家所谓的制度环境，"是一系列用来建立生产、交换与分配基础的政治、社会、法律基础规则"。① 也就是说，制度环境是决定或影响其他具体制度安排的基础规则，它决定制度安排的性质、范围、功能的大小及变迁的方向等。因此，转型期中国民间组织也是制度环境演变的产物，同样受社会政治、经济、文化等制度环境的制约及其变迁的影响。

（1）经济体制改革为我国民间组织的兴起和发展提供了广阔的空间。经济体制改革的目标是建立社会主义市场经济体制，原来的计划经济体制被社会主义市场经济体制所取代，政府"抓大放小"、"还

---

① 科斯、阿尔钦、诺斯等：《财产权利与制度变迁——产权学派与新制度学派译文集》，刘守英等译，上海三联书店、上海人民出版社 1994 年版，第 270 页。

利于民",主动从竞争性领域中退出来,将经济领域中相当一部分权利还给市场与社会。于是,计划经济时代传统的个人依附于"单位组织"(或村社),"单位组织"(或村社)依附于国家的社会结构被打破,社会格局重新分化组合,这种制度环境变迁的特征是出现多元化和多样化。比如,社会利益主体明显出现多元化;经济成分也多元化,不仅有国有经济、集体经济,还有个体、私营经济,还有混合所有制经济;经济组织形式、个人收入分配、社会需求等也多样化。经济体制改革打破了原来由政府对一切经济事务大包大揽的局面,实际上是对政府与市场、社会的经济权力和经济关系的调整。这种调整为中国民间组织的兴起和发展开辟了广阔的空间。由于个人的理性是有限的,人们需要通过加入民间组织来实现他们在教育、文化、医疗、就业、社保和社会福利等方面多样化的需求。据官方统计,截至2007年年底,全国共有各类民间组织38.1万个,还不包括未注册的数量庞大的草根民间组织。根据清华大学王名教授估计,全国未登记注册的民间组织数量是已注册的10倍左右。

(2)政治体制改革和政府职能转变为民间组织的发展提供了良好的政治环境。政治体制改革的目标是建立社会主义民主政治,改变原来高度集权化的体制,建立与社会主义市场经济相适应的政治体制,改革的核心是放权分权。[①] 政府职能转变主要是围绕政府、市场和社会关系这一轴心展开和确立的。在我国建立社会主义市场经济的背景下,政府的职能重心、职能方式和职能关系发生了根本性变化。政府职能重心从重政治统治职能轻社会管理职能、重阶级斗争轻经济建设转向以经济建设为中心。以经济建设为中心意味着政府职能重心转向为市场运行和经济发展提供政策环境、制度环境、基础设施环境方面,并要履行好公共管理与公共服务职能。与政府职能重心的转移相适应,政府职能方式、方法也发生了转变,这就是从旧体制下的直接管理、微观管理转向间接管理、宏观调控,政企分开、政事分开、政社分开,将企业的自主经营权还给企业。比如,行业协会的发展是政

---

① 高放:《中国政治体制改革的心声》,重庆出版社2006年版,第10页。

府职能从直接管理转向间接管理、政府集权向社会下放权力的典范，在政府与市场之间架起了一座桥梁。按照"清理职能、调整结构，下放权力、理顺关系，微观放开搞活、宏观调控服务"的要求，我国政府适时调整政府与社会、政府与企业、中央与地方之间等重大关系。随着政治体制改革和政府职能转变的深入，国家更加注重社会管理和公共服务，党的十七大明确提出：要"实现政府行政管理与基层群众自治有效衔接和良性互动。发挥社会组织在扩大群众参与、反映群众诉求方面的积极作用，增强社会自治功能"。政府厘清了职责和职能关系，把不该管、管不了也管不好的社会事务如基层自治、就业培训、行业管理等剥离出来交给社会，国家从民间社会领域逐步退出，在民间社会领域政府权力部分向社会转移，标志着国家与社会高度一统或融合的格局终于被打破，高度集权开始松动，为民间组织的发展释放了相当宽阔的体制空间。

（3）有关法律法规是民间组织生存发展的最重要制度环境。从新制度经济学视角来看，国家制定的有关民间组织的法律法规和政策是民间组织生存发展的最重要的制度环境，这些法律法规和政策规定了民间组织发展的规模、方向和活动范围。民间组织快速健康有序发展有赖于积极的、科学、合理的制度法规和政策来规范、引导和监管。1989 年国务院颁布了《社会团体登记管理条例》，这部《条例》的颁布实施，使我国转型期民间组织的发展和管理有了法律依据，为民间组织的发展提供了制度空间和法律保障。这一时期虽然在制度框架内的民间组织增长有限，但游离于制度框架外的民间草根组织大幅度增长，1999 年全国各种形式的民办非企业单位总数突破了 70 万个。①为适应经济社会发展的需要，1998 年，国务院修订了《社会团体登记管理条例》及《民办非企业单位登记管理暂行条例》，对民间组织实行"双重管理"体制，即民间组织的成立、登记注册、开展活动、变更和注销等环节，一律实行业务主管单位和登记管理机关双重审核、登记和监管。自此以来，不仅体制内的民间组织发展迅速，体制

---

① 吴忠泽：《民间组织管理》，《清华大学发展研究通讯》1999 年第 13 期。

外的民间组织也飞速增长。也正是由于"双重管理"体制存在不少缺陷，如门槛高、手烦烦琐、业务主管单位难找等，一些民间组织不得不在体制外生存——以工商注册的形式寻求合法保护，在一定程度上限制了相当数量的民间组织的发展。民间组织的发展与其制度环境变迁之间是紧密互动的关系，制度法规科学合理就能有效促进民间组织的健康有序发展，同时，民间组织的快速发展也对政府法律制度设计提出了更高的要求。从新制度经济学视角考察民间组织及其生长的制度环境和法律政策，就是要研究目前政府应该如何创新制度环境、采取哪些灵活有效的政策才能充分发挥民间组织的功能，激活民间组织的活力，更好地实现民间组织与政府的合作与互动。

（二）有限理性分析：中国民间组织研究的新视角

（1）民间组织是克服有限理性实现个人利益最大化的制度安排。随着社会主义市场经济体制的不断完善，传统的社会结构、权利结构开始松动和分化，利益主体和社会需求呈现多元化，不同所有制、行业、区域、城乡之间利益差别日趋明显。社会有分化，人们就有诉求和表达；为了充分满足个人的利益，行为主体总以最有利于自己的方式行事。在最大化自己的效用过程中，行为主体之间会围绕利益的分化组合反复展开博弈，往往会采取机会主义行为。林毅夫（1994）指出："个人会为自己的利益去寻找对自己最有利的结果，因此有可能产生利益冲突。"由于环境的复杂性和不确定性，信息不完备和个人对客观世界的认知能力有限，行为主体特别是个人的理性是有限的。为了克服有限理性和机会主义行为倾向给个体带来的损失，个体必须寻求理性的组织，所以人们有加入群体或组织的要求和愿望，以通过集体行动的力量来实现自己的利益诉求，这就需要建立一种能协调个人利益、伸张个人权力与自由的制度安排。这种制度安排在克服有限理性和机会主义所带来的损失、实现个人利益方面就显得尤其重要。诺斯指出"制度提供了人类相互影响的框架，它们建立了构成一个社会，或更确切地说一种经济秩序的合作与竞争关系"，"制度框架约束着人们的选择集"。① 因为制度为人们的行为提供一种理性预期，减少未来的不确定性，提供包括激励机制和约束机制两个方面的游戏规则，它告诉人们应该做什么、不能做什么，以及这样做或不这样做会有什么好处或招致什么惩处。正如诺斯（1994）在《制度、制度变迁与经济绩效》一书中所言："制度的存在是为了降低人们相互作用时的不确定性。"而要减少这种不确定性和复杂性，就必须设计新的制度以替代原来的制度，即实施制度变迁。转型期中国民间组织正是为满足社会多样化的需求而建立的新制度安排。借助民间组织这一制度框架，行为个体能克服有限理性的制约，实现自己的最大化收益并从事利他行为，在客观上使社会资源配置达到帕累托最优。

（2）民间组织是克服政府有限理性和纠正政府失灵的有效率的制度安排。资源是有限的或稀缺的。任何一种稀缺资源的合理配置都需要一种有效率的制度安排。依据资源是否具有排他性和竞争性的性质，可以将物品分为私人物品、公共物品（或称垄断性公共物品）、准公共物品（或竞争性公共物品）三类。市场机制是私人物品有效配置的制度安排，国家机制或政府计划体制能为垄断性公共物品提供有效制度安排，而准公共物品既不能由市场机制提供也不能由政府来提供，只能由民间组织来提供。也就是说，民间组织是配置准公共物品的有效率的制度安排。第一，准公共物品由市场机制来配置是无效率的。由于信息不对称和"搭便车"行为，市场在提供公共物品方面存在局限性，市场会失灵。在新古典经济学看来，政府的作用就在于修正或弥补市场失灵。第二，国家机制或政府也不是提供准公共物品的有效率的制度安排。作为公共利益的代表，政府通过强制的手段来实现社会公平和正义，政府提供的公共物品也就具有垄断性和强制性。但是，准公共物品具有一定程度的竞争性或排他性特征，政府的有限理性使它没有能力做到：①在向一部分公众提供某种准公共物品的同时，将另一些公众排除在外。即便它能做到这一点，也与它提供公共

① 诺斯：《经济史中的结构与变迁》，上海三联书店、上海人民出版社1994年版，第225页。

物品是为了维护社会公平这一初衷相违背。②政府很难有效掌控准公共物品的供需平衡。这样，由政府机制来配置准公共物品是低效率的或者说不能实现资源配置的帕累托最优状态（马青艳、周庆华，2005）。

究其原因，主要是政府作为公共利益的代表，其理性也是有限的，在干预市场活动时政府有时也会失灵。一是政府不可能收集到进行决策所需要的所有信息，由于"信息费用是昂贵的，需要时间、努力，有时还要花钱才能获得数据资料并充分理解它们的含义。因此，如果额外信息的预期收益低于获得额外信息的费用，那么不拥有完全信息是理性的"（林毅夫，1994）。也就是说，为了节约信息搜寻成本，政府对信息保持必要的无知是理所当然的。问题是政府在缺少必要信息时，对市场经济活动进行干预往往会导致一些预想不到的后果，因此政府失灵在所难免。二是政府没有能力对搜寻到的所有信息进行正确分析、评估和处理。政府组织是由不同层级的官员及公务人员组成，其理性也是有限的。如哈耶克在《致命的自负》中所言："人类并不是一种具有极高理性和智性的存在，而是一种十分缺乏理性且极易犯错误的存在。"由此看来，即使政府掌握了干预市场的所有信息，在对市场进行干预时仍然会犯错。三是政府作为社会公众利益的代表，其实质也是具有自身利益最大化的"经济人"，政府官员及其公务人员、下级政府与上级政府他们都追求自身效用最大化，并且他们之间的目标函数不是完全一致的。社会公众与政府组织及其官员之间，上级政府与下级政府之间形成了一种典型的"委托—代理"关系，前者是委托人，后者是代理人。由于信息不对称，代理人具有委托人所不具备的信息优势，代理人往往会利用这种信息优势采取机会主义行为，即在委托人不知情的情况下以不正当手段损害委托人的利益为代价，实现自己利益最大化。

基于以上分析，我们认为，不仅市场在提供准公共物品方面存在局限性，即市场失灵，政府在这方面也会失灵。社会公众无法通过市场机制或政府来实现自己的对准公共物品的需求，在这种背景下，就需要有一种代表全社会利益，外在于市场与政府的力量来满足这种需求，这种力量就是民间组织。民间组织是市场经济制度条件下的一种重要的制度安排，它能发挥联系市场与政府的桥梁、纽带作用，能克服市场失灵或政府失灵，在为社会公众提供准公共物品方面是一种有效率的制度。目前，我国正处于经济社会发展的转型期，经济与社会发展不协调，经济发展与人口、资源、环境的矛盾，人与人、人与自然等矛盾问题日益明显，由于政府和市场对某些问题的解决有时会失灵，仅仅依靠政府或市场是无法有效解决这些问题的，而且有些问题如经济活动的外部性、环境污染、农民工、就业等问题还是市场机制或政府运作的产物。因此，必须在市场与政府这两种制度安排之外进行制度创新，这种新的制度安排就是民间组织。

四 民间组织与政府的博弈分析

通过分析民间组织与政府的博弈，能了解民间组织变迁中的交易费用；借助民间组织与政府的合作互动，能在一定程度上破解"诺斯悖论"难题。

（一）交易费用理论在民间组织变迁中的适用性

新制度经济学是建立在交易费用这个核心概念基础上的，交易费用成了整个新制度经济学的一块基石。转型期中国民间组织在与政府进行博弈或交易时，也会发生交易费用，交易费用的大小也在一定程度上制约民间组织变迁的动力和方向。

在转型期，中国民间组织在一定范围内代表公众的利益，既要为目标群体说话，又要从自身的长远发展来安排自己的行为，不仅要考虑社会声誉，还要考虑自身生存所必需的经济利益等问题。自身利益的多重取向决定了民间组织与政府之间不可能是简单的监督管理的关系，而是附加各自效用函数的多重博弈。在反复的博弈过程中，民间组织虽然处于信息优势，具有行动的自主性，但是政府作为具有合法使用强制性手段的一方，始终掌握着对民间组织的监管权和控制权。为了取得政府的法律信任，民间组织的所有决策和行为都被要求遵守现行法律法规和方针政策，否则会产生法律与经济惩罚成本，这些就构成了民间组织承担的交易费用。以对民间组织的"双重管理"体制为例，这一体制无形中增加了民间组织的交易成本。即使民间组织具备双重管理身份，其决策和行为又符合国家法律法规和政策，由于政府部门的有限理性，如果"双婆婆"中的一个对政策理解不到位或由于主观因素，不同民间组织的决策，民间组织为了实现其服务目标，只好多次与其沟通，这就增加了沟通成本。由于一些政府部门怕承担管理风险，不少民间组织找不到合适的"业务主管部门"，不得不以工商注册登记的形式寻求法律保护。按照现行规定，在工商行政管理部门登记注册的机构，必须按照企业的标准交纳税收；这些在工商部门登记的民间组织名义上（法律形式）是营利性企业但从事的是公益性活动和慈善事业，问题是它们必须像企业一样纳税，这就增加了民间组织的交易成本，不仅打击了民间组织的积极性，而且使经费本来就严重短缺的民间组织入不敷出，许多民间组织因此不得不关门歇业。

（二）民间组织与政府的合作互动，能在一定程度上破解"诺斯悖论"难题

诺斯在《经济史中的结构与变迁》中论述国家理论时指出："国家的存在是经济增长的关键，然而国家又是人为经济衰退的根源；这一悖论使国家成为经济史研究的核心"。这就是"诺斯悖论"。所谓"诺斯悖论"，用诺斯的话说就是"没有国家办不成事，有了国家又有很多麻烦"。关于"诺斯悖论"的原因，国内已有很多学者讨论过（卢现祥，2007；罗必良，2005；杨德才，2007），这里不再赘述。下面从社会治理理论的视角解释国家作用的消极方面是如何产生的，企图从不同视角来理解"诺斯悖论"及其破解方法。

如果对国家或政府的权力没有任何规制和约束，国家权力就会任意扩张。埃德加·博登海默指出："对权力统治在建立和操纵社会方面的特征的观察表明，权力在社会关系中代表着能动而易变的原则。在它未受到控制时，可将它比作自由流动、高涨的能量，其效果往往具有破坏性。权力的行使，常常以无情的不可忍受的约束为标志；在

它自由统治的地方，它易造成紧张、摩擦和冲突。再者，在权力不受限制的社会制度中，发展趋势往往是社会上有实力者压迫或剥削弱者。"① 这在古今中外都可以找到佐证。我国"文革"期间在民主政治、经济发展等方面所遭受的重大损失，就是国家权力被滥用而不受约束的结果。因此可以说，如果国家权力不受约束，这种不受约束的权力就会任意扩张，最终侵入产权、干预产权交易，导致无效率的产权、经济衰退和民主政治的严重破坏。孟德斯鸠在《论法的精神》（上）中指出："一切有权力的人都容易滥用权力，这是万古不易的一条经验。有权力的人们使用权力一直到遇有界限的地方才休止。"②

社会是由政府、市场和民间组织形成的结构，作为三种不同的制度框架，它们在社会结构中的功能和作用各不相同，"政府主要是通过等级控制、垄断性权威和强制性权力来提供公共物品和公共服务；市场通过自由竞争机制、价格机制和利润来配置社会资源；非政府组织则通过道德、志愿、慈善、发言权和集体行动来参与社会治理。"③ 中国转型期民间组织形成与发展的制度环境与西方社会民间组织所处的环境不同，前者的发展壮大过程自始至终都是在政府的主导与扶持下进行的，这就决定了中国的民间组织与国家或政府之间的关系"不可能是彼此替代、互相冲突的关系，而是互动合作、相互依存、相互补充、相得益彰的关系。"④ 民间组织作为"第三部门"，具有沟通社会的优势，在政府与社会成员或公众之间起着沟通联系的纽带和桥梁作用。一方面，通过民间组织对社会公众进行法律政策教育，使公众明确自身的权利和义务；另一方面通过民间组织向政府有关部门反映公众诉求，借助合法、正当渠道表达社会民意，表达公众的意见和建议，参与社会活动，有效影响政府决策和政策的制定，扩大民众对民

① 埃德加·博登海默：《法理学——法哲学及其方法》，华夏出版社 1987 年版，第 344 页。

② 孟德斯鸠：《论法的精神》（上），张雁深译，商务印书馆 2004 年版，第 184 页.

③ 孙凯民、黄河、陈亚男：《当前我国社会治理结构中的 NGO 缺失及其培育》，《内蒙古大学学报》（人文社会科学版）2007 年第 1 期。

④ 王建军：《论政府与民间组织关系的重构》，《中国行政管理》2007 年第 6 期。

主政治建设、社会管理和公共服务的参与度，实现政府与民间组织的良性互动。这种互动合作有助于建立起畅通有效的民间组织利益表达机制和协调机制，不仅可以促进政府职能转变，提高公共服务能力，更重要的是通过这种互动合作关系，能有效地抵制国家权力的滥用和侵入。因此，通过发展民间组织可以对国家权力进行有效制约和监督。著名学者顾昕认为，一个由各种独立的、自主的社团组成的多元的社会，可以对权力构成一种"社会的制衡"。[1] 因为独立的民间组织"其功能在于使政府的强制最小化，保障政治自由，改善人的生活。"[2] 基于上述分析，为了确保政府权力的正确、健康运行，建设人民满意的服务型政府，培育民间组织，建立政府与民间组织的合作互动关系，就显得尤为迫切。

---

[1] 顾昕：《公民社会发展的法团主义之道——能促型国家与国家和社会的相互增权》，《浙江学刊》2004 年第 6 期。

[2] 顾昕：《以社会制约权力：托克维尔、达尔的理论与公民社会》，载《公共论丛：市场逻辑与国家观念》，上海三联书店 1995 年版，第 164 页。

刘铭传的商务思想及其在台湾的实践[*]

刘铭传（1836—1895），字省三，号大潜山人，安徽肥西县人，晚清一重要将领，台湾省第一任巡抚。刘铭传是晚清思想比较开放的官员之一，他提出"变西法，罢科举，火六部例案，速开西校，译西书以厉人才"[①]，在治理台湾的七年内，将其开放式商务思想付诸近代"台湾产业开发计划"的实践中，促进了台湾的近代化建设。本文拟就学界尚未系统论述的刘铭传的商务思想及实践作一专题研究。商务思想包括对商的重要性认识，对外贸易及商品生产、流通的认识，对商务制度、政策及税收的意见和主张等，下面分别加以论述。

一 "商务即民业"、商农并举

作为淮系将领的刘铭传在镇压农民起义军过程中，已深切感受到西方的"坚船利炮"在"剿匪"中的得力，并阅读大量中外书籍，"静研中外得失"，认识到只有学习西方的科技文化，以发展经济，中国才能"自立"。他在上书中明确表达了他对商政及"振兴商务"的看法，指出中国"欲自强，必先致富，欲致富，必先经商"，明确纠正中国传统社会历来将"商"与"民"对立的错误思想，认为"外洋以商为国，自强实在经商；中华立国在民，爱民斯为邦本。不知商

　＊　本文发表于《甘肃联合大学学报》（社会科学版）2008 年第 4 期。
　①《刘壮肃公奏议》，载《台湾文献史料丛刊》，台湾大通书局 1987 年版，第 65 页。

即民也，商务即民业也，经商即爱民之实政也"。① 这种"民"就是
"商"，"商务"就是"民业"的商民一体思想，正视了商人在国家经
济中的举足轻重的作用，提高了商人及其团体的社会地位，促进商人
的积极性和商业的发展，为他的治台措施奠定了思想理论基础。

刘铭传还认为"当此改弦易辙，发愤为雄之际，亟宜讲求商政……，
举凡丝茶、纺植、垦矿、制造诸大端，招集股商，广筹资本，妥议保
商防损章程，各就所能，分途认办。银钱出入，商自主持，官但察其
赢亏，护其艰阻"。② 可见，"商自主持"，官"护其艰阻"是刘铭传
讲求商政的重要思想，这一思想充分体现在刘铭传整顿基隆煤矿上。
1878 年建成投产的基隆煤矿，因中法战争而遭破坏，战后刘铭传一边
整顿，一边改革经营方式。先有商人张学熙于 1886 年承办，基隆煤
矿于是由原先的官办改为商办，但由于承办后一直亏损，张学熙请求
退办。1887 年刘铭传决定官商合办，"商同江督曾国荃，署船政臣裴
荫森并台湾各凑本银二万两，委派补用知府张士瑜招集商股六万两，
合成本银十二万两，于本年正月开局试办。如有成效，再行广招商
股，收回官本"。③ 这年底，由于商人对修建从煤矿到基隆码头铁路一
事持消极态度而纷纷退股，基隆煤矿又改为官办。之后，因煤矿将近
枯竭、资金不足，同时又有英商范嘉士愿投资百万承办基隆煤矿，并
与刘铭传订立合同，而思想僵化的清廷以"年满之后，又将别生枝
节"④ 驳回基隆煤矿交由外商承包的请求。于是刘铭传派候选知县党
凤冈支持煤矿生产，同时作招商承办的打算。1890 年，广东商人候选
知府蔡应维、云南候补道冯城勋、基隆煤矿职员林元胜等愿以官商合
办形式承办基隆煤矿，其中商方有独立经营权，官方不过问。不料，
清政府以"有可疑者三，有必不可行者五"，且"官商合办之事，禁

---

① 《刘壮肃公奏议》，载《台湾文献史料丛刊》，台湾大通书局 1987 年版，第 127 页。
② 同上书，第 128 页。
③ 同上书，第 351 页。
④ 《中国近代史资料丛刊》，载《洋务运动》（七），上海人民出版社 1961 年版，第
86 页。

官不得与问。商有权而官无权，太阿倒持"①，要求立即停止执行合同，基隆煤矿官商合办形式只好作罢，仍实行官办。此后煤矿虽没有停止生产，但已一蹶不振了。

刘铭传认识到"商"在国富民强中的重要作用时，也十分重视农业生产，"使地尽其力"。当时台湾土地肥沃，物产丰富，但因"孤悬海外"，与外界几乎隔绝，农业技术相当落后，刘铭传上任后，就在台湾大力发展生产，采取招民垦地，选用良种和新式肥料等措施，大量介绍和引进祖国大陆人民较为先进的耕种技术，扩大了台湾的耕地面积，提高了农作物的单位产量，推动台湾农业的发展。

二 引商入农，寓商于农，"通工惠商"

刘铭传认为"不聚敛于民者，不能不藏富于民；不与民争利者，不能不与敌争利"②，于是积极鼓励台湾人民广泛种植经济作物，扩大农产品的商品化。刘铭传赴台后，见"台湾纺绩皆仰外省，岁需百万，亦劝农家种植桑棉"，并委派官员赴江浙、安徽一带学习、引进蚕桑养殖技术，"编印成书，颁与人民"，同时又购买棉籽，鼓励百姓播种，"于是淡水富绅林维源树桑于大稻埕，以筹养蚕之业，一时颇盛"。③同时，在种植、垦务经济作物专业区上，刘铭传还允许商人出资经营，支持商人办茶场，鼓励商人设立大规模的农场。他的这种引商入农、寓商于农的举措，成为近代农业经营方式的发端，突破了传统的种植方式，鼓励台湾农业的规模经济的发展，为创建和发展近代工业企业提供了物质条件，促进了台湾近代经济的繁荣和发展。

马克思曾指出商品价值的体现，主要在于交换，而商品的交换则

---

① 《中国近代史资料丛刊》，载《洋务运动》（七），上海人民出版社1961年版，第86页。

② 《中国近代史资料丛刊》，载《洋务运动》（六），上海人民出版社1961年版，第249页。

③ 连横：《台湾通史》，商务印书馆1983年版，第451页。

离不开商品的流通过程。在商品的流通过程中，刘铭传进行了一系列的近代化改革，致力于创设台湾的交通运输业等。他主政台湾后，第一，提议兴建台湾的铁路，不仅指出铁路对于台防的重要作用，而且指出"繁兴商务"的重要作用：台湾"分省伊始，极宜讲求生聚，以广招来。现在贸易未开，内山货物难以出运，非造铁路不足以繁兴商务，鼓舞新机"①，他认识到铁路的兴建，有利于加速商品流通速度，增强台湾与内地及外国的经济贸易往来，促进台湾对外贸易的发展。于是，从 1887 年到 1889 年，在刘铭传的主持下，修筑了我国第一条由本国招商集股，自行修筑，自行控制全部权益的基隆—新竹段铁路。第二，积极铺设陆海电报电缆：1886 年在台北设立电报总局，在二年间架设了三条水陆电报线，共长 1400 余里。第三，修筑台湾岛内的交通道路，以使汉番之间的交通便利，促进岛内的商品交换。第四，开设了近代新式邮政。近代通讯事业的发展加快了台湾与世界各地的信息交流，增强了台湾省与世界市场的联系，正如时人所说，"台地安设电报，于茶商为得益"，"当地的糖商用电报可以知道外国市场上糖的价格，故于出售时尽量减少外商获利的机会"。②

在"通商惠工，开辟利源"的思想指导下，刘铭传在台湾期间，初步建立了一个近代工商业体系。它包括军器局、军装局、火药局、硝药局、水雷局、转运局等军用企业；民用企业有伐木局、电报局、招商局、通商局、煤务局、铁路局、煤油局、蚕桑局等；还有民用公共事业的官医局、官药局、清道局等。这些近代工商业的设立，增强了台湾的经济实力，有力地抵制了外国侵略势力的入侵，并积极地与外商进行商战，"与敌争利"，为台湾的经济发展起了重要的促进作用。

刘铭传在台湾还专门创立了市场贸易中心，为商品流通创造良好的市场环境。如 1887 年，刘邀集江浙的商人集资 5 万两，在台北大稻埕创办了一个大型的客栈——"兴市公司"，兴建大量的商店，以

①《刘壮肃公奏议》，载《台湾文献史料丛刊》，台湾大通书局 1987 年版，第 268 页。
② 徐万民、周兆利：《刘铭传与台湾建省》，福建人民出版社 2000 年版，第 182 页。

栖商贾；在台北府内铺设新街道，并劝说台湾富绅林维源、李春生出资合建千秋、建昌两大商业街，作为集贸市场，并设立了相关的服务，一时间使台北冠盖云集，鳞次栉比，成为一个秩序井然、商务繁盛的近代城市。

三 "欲兴商务，必速交通"，发展对外贸易

刘铭传曾在游历江南的时候，与早期具有维新思想的知识分子陈宝琛、薛福成等交游，接受了他们的"商战"思想，所以，在抚台期间，他大力整顿、兴办各种实业以振兴商务，以谋求"与敌争利"。

首先，刘铭传大力扶植商品生产，支持华商积极与外商"争利"。如樟脑、硫黄一直是台湾的特色产品，也是主要的出口商品。外商通过1868年强迫台湾地方政府签订的樟脑条约五条，控制了台湾樟脑的生产和购销，利用收购和贩卖时的"剪刀差"价，大获巨利。刘驻台后，决定重振樟脑业。他实行樟脑包买商制度，促使樟脑的生产、销售开始具备资本主义性质，促进了樟脑的商品化，同时加强樟脑的缉私，保护樟脑业的健康发展，促进对外贸易的增长。樟脑在刘铭传抚台期间的贸易额逐年上升，1887年、1888年两年出口6810担，1890年一年就出口6483担，1891年出口15980担。[①] 对于传统的禁开硫黄政策，刘铭传从振兴实业、谋求商战出发，奏请开禁。获准后，便设立磺务总局，并且创办工厂进行再加工，以提高质量，增强商品的市场竞争力，与日本争夺市场。据淡水海关报告，1887年硫黄的输出额是3360担，到了1891年这个数字增加了1倍。[②] 刘铭传还积极鼓励、扶植台湾的茶业、糖业的发展。引进国外先进的制作技术，提高商品的质量，打击不法商人，形成种植专业区，农业商品化程度日益提高，增强了产品在国际市场上的竞争力，提高了它们在国

---

① 姚永森：《刘铭传传》，时事出版社1985年版，第165页。
② 徐万民、周兆利：《刘铭传与台湾建省》，福建人民出版社2000年版，第127页。

际贸易中的地位。据史料记载，刘铭传在台期间，台湾的茶叶出口量从 1884 年的 98674 担增长到 1891 年的 135753 担，增长了 38％；① 台湾的蔗糖输出额也有回升，1887 年是 553000 担，1888 年为 654000担，1890 年增至 721000 担。②

其次，由于深知"欲兴商务，必速交通"的道理，"故内建铁路，外开航运，以启开地利"③，刘铭传创立台湾轮船公司，进行港口建设，发展航海贸易。台湾四面环海，货物、人员的出入主要靠海运，近代台湾被迫开港后，外国商轮接踵而至，对台进行商品倾销，运出原料，将之逐步纳入世界资本主义体系。刘铭传建立轮船公司，与外国的轮船公司展开竞争，促进台湾航海贸易的发展；修建商港，为扩大对外贸易创造条件，加速了台湾商务的发展。由于刘铭传的精心筹划和经营，中国轮船进出入台湾各港的数字从 1885 年的 134 艘增到1891 年的 210 艘。而自 1876 年后，在祖国大陆的对外贸易大幅度入超情况下，台湾的贸易"出入足以相抵，且有溢过"④，以 1885 年为基准，台湾贸易出超额以每年 30％的比例高速增长。⑤

最后，外商曾利用条约中载入台湾是通商口岸这一措辞含糊的条文，把通商口岸的范围扩至全台地区，拒付进入台湾内地的商品入口税，偷漏税额严重，大大增加了华商的商业成本，不利于华商与外商进行公平竞争。刘铭传到台后坚持"凡府城口以外之地，皆属内地。既入内地，即应领单。倘不领单，既与华商无异，应照华商一律完厘"⑥，顶住内外压力，坚持对外商征收内地关税，取消外商在台湾所不应享有的贸易特权，支持华商对外贸易，保证了台湾的收益，为华商营造了一个相对平等的竞争环境，不断地促进了对外贸易的发展。

---

① 徐万民、周兆利：《刘铭传与台湾建省》，福建人民出版社 2000 年版，第 129 页。
② 姚永森：《刘铭传传》，时事出版社 1985 年版，第 169 页。
③ 连横：《台湾通史》，商务印书馆 1983 年版，第 445 页。
④ 同上。
⑤ 徐万民、周兆利：《刘铭传与台湾建省》，福建人民出版社 2000 年版，第 195 页。
⑥ 《刘壮肃公奏议》，载《台湾文献史料丛刊》，台湾大通书局 1987 年版，第 158 页。

四 商务政策和整顿关税

刘铭传在接受早期维新人士的"商战"思想后，曾于19世纪80年代上书清廷提倡"借债筑路"。他察觉到"借债筑路"对于"开利源"、"兴商务"的意义，认为"借洋款以济国用，则断断不可。若以之开利源，则款归有着，洋商乐于称贷，国家有所取偿"①，在这种利用外资以振兴商务的思想驱动下，刘铭传大胆地提出招商引资，发展台湾经济，并付诸实践。

刘铭传认识到"台湾与内地情形迥异殊，绅商多涉外洋，深明铁路大利。商民既多乐赴，绅士决无异辞"②，因而他对于被清廷视为"化外之民"的华侨，积极鼓励他们来台经营，借其资本和技术帮助台湾进行经济建设。他一方面派遣人员在新加坡设立招商局，考察商务，宣传台湾的近代产业开发计划；另一方面嘱令与海外侨商有密切关系的官员士绅，通过写信、走访等方式转达台湾官方盼望侨商投资的诚意，以招来华侨，筹兴物产。在这种引进外资的市场环境下，华侨积极投身于台湾的经济建设，除了投资并参与兴筑铁路外，还出资购买气船，改善航运贸易，便利了台湾与外界的经济联系，有利于台湾商品经济的发展；且在通信事业上，外商承办不失为既快又省的好方法。后来他又大胆地提出由英商承办基隆煤矿的设想，引进外资，利用西方先进的经营管理方式和生产技术，以提高煤产量和运销能力，增强财力，振兴商业，避免"漏卮"，正如他所说"由英商承办，不特官本可以收回……又可免漏卮百万，关税并车路运资，转可得数十万，利源即辟，商务更兴，于地方民生，所裨甚巨"。③ 但是，此事终因清廷的反对而作罢。

---

① 《刘壮肃公奏议》，载《台湾文献史料丛刊》，台湾大通书局1987年版，第123页。
② 同上书，第270页。
③ 同上书，第357页。

改革关税，为台湾的对外贸易创造一个相对平等的贸易环境。随着建省后台湾经济的发展，进出口贸易的增加，关税收入越来越多，其作用也更为突出。台湾海关税收包括进出口正税、内地子口半税、船钞、鸦片税和厘金。由于台湾财务征收和管理的紊乱，刘铭传到台后，开始整顿关税。1886年，他决定"将船货厘金自本年四月初一日停止，改收百货厘金，发给三联票，按成本百元抽厘五元，只收出口，不许重收。进口货物，除洋药一项照旧抽收外，其余百货以及陆路贩运，概不抽厘"。① 台湾开征百货厘金后，华商照章完厘，即"值百抽五"，"洋商入内地买土货，领有三联单者，完纳子口半税，未领三联单者，饬令补完内地税厘"。② 并且严惩既不交子口半税，也不交纳厘金的不法商人。这一税收政策的整顿，不仅收回部分对外经济的管理权限，增加了政府的财政收入，而且提高了华商的市场竞争力；近代税收上三联单制的使用，加强了税收的规范性，便利了商品的流通，整顿了贸易市场的秩序和环境，促进了台湾对外贸易的健康发展。

同时，刘铭传还整顿台湾的货币制度。由于台湾市面上流通的货币杂乱，劣质的铜钱充斥市场，阻碍了市场上商品的流通和贸易的发展。1890年，刘铭传饬令通商局自铸银币。当年，官银局先铸副币，重七分二厘，年铸十万，流通于市。1891年，台湾禁用劣质的或伪造的铜钱，使优质铜钱占领市场。这一举措便利了商品的流通，促进了台湾商品经济的发展。

综上所述，刘铭传的商农并重思想，振兴商业和利用外资的商务思想，为他在台湾的经济建设实践奠定了思想理论基础；围绕着市场进行的一系列整顿和建设，促进了台湾交通的便利、贸易市场的规范化和发展，有利于台湾商品流通的正常顺畅发展，促使台湾综合市场的发展，有利于提升商品经济市场的规模。尤其是他大胆利用外资发

---

① 《刘壮肃公奏议》，载《台湾文献史料丛刊》，台湾大通书局1987年版，第330—331页。

② 同上书，第158页。

展台湾经济，取得了很大的成效，不仅开社会风气之先，而且加速了台湾近代化建设的步伐。由于刘铭传不能脱离自身的思想局限和社会大环境的制约，所以，这也是成为他人去政废的一个重要内在因素。但是我们不能因此抹杀他在近代台湾开发、建设中的巨大功勋，即使是当时的清政府也承认刘铭传是"有大勋劳与国家者"，"溯其功业，足与台湾不朽矣"。①

---

① 连横:《台湾通史》，商务印书馆 1983 年版，第 645 页。

经济行为与社会建构：科学发展观的
新经济社会学视角*

党的十六届三中全会在我党历史上第一次提出"坚持以人为本，树立全面、协调、可持续的发展观，促进经济社会与人的全面发展"；十六届四中全会把"树立和落实科学发展观"列为党的主要执政经验和执政能力之一；党的十七大对科学发展观作出科学定位，提出科学发展观是发展中国特色社会主义必须坚持和贯彻的重大战略思想。它反映了以胡锦涛为总书记的新一届中央领导集体对中国社会主义现代化建设发展问题的新认识，揭示了我国经济社会发展的客观规律性，是推进社会主义经济、政治、文化、社会建设全面发展的根本指针。系统把握科学发展观的深刻内涵，特别是深入领会经济发展和社会进步的相互关系，对于我们在新的时代背景下全面建设小康社会与构建社会主义和谐社会具有十分重大的理论与现实意义。本文试图运用新经济社会学的视角，从新经济社会学的研究对象、经济与社会的互动关系等方面对科学发展观的科学性进行了探讨，以进一步加深对科学发展观的领会，增强我们运用科学发展观作为社会主义现代化建设指导思想的自觉性和主动性。

一　科学发展观的深刻内涵

党的十六届三中全会《关于完善社会主义市场经济体制若干问题

＊　本文发表于《贵州财经学院学报》2008 年第 4 期。

的决定》提出科学发展观，即"要坚持以人为本，树立全面、协调、可持续的发展观，促进经济社会与人的全面发展"。要从以下几个方面深刻领会和把握科学发展观的深刻内涵：

第一，"发展"是科学发展观的第一要义。中国改革和发展的实践已经证明并将继续证明，"发展是硬道理"，中国解决所有问题的关键要靠发展。党的十六大指出："在中国这样一个经济文化落后的发展中大国领导人民进行现代化建设，能不能解决好发展问题，直接关系人心向背、事业兴衰。党要承担起推动中国社会进步的历史责任，必须紧紧抓住发展这个执政兴国的第一要务，把坚持党的先进性和发挥社会主义制度的优越性，落实到发展先进生产力、发展先进文化、实现最广大人民的根本利益上来，推动社会全面进步，促进人的全面发展。紧紧把握住这一点，就从根本上把握了人民的愿望，把握了社会主义建设的本质，就能使'三个代表'重要思想不断落实，使党的执政地位不断巩固，使强国富民的要求不断得到实现。"

第二，坚持"以人为本"是科学发展观的本质和核心。坚持"以人为本"，就是我们的一切活动和发展要以人为出发点和归宿，不断满足人们的多方面需求和促进人的全面发展。也就是说，"要从人民群众的根本利益出发谋发展、促发展，不断满足人民群众日益增长的物质文化需要，切实保障人民群众的经济、政治和文化权益"，包括提高全体人民的思想道德、科学文化素质和健康素质，"让发展的成果惠及全体人民"。① 这也是我们党贯彻落实"三个代表"重要思想的具体体现。

第三，统筹兼顾，全面、协调、可持续发展是科学发展观的基本点和根本要求。发展是多方面的，涉及自然、人、社会诸多要素，以及各方面之间的关系。仅从社会发展的角度看，就表现为经济、政治和文化等方面。因此，必须考虑发展的全面性，全面推进经济、政治、文化、社会、人的发展，处理好经济社会发展与人口、资源、环

---

① 胡锦涛：《在中央人口资源环境工作座谈会上的讲话》，《人民日报》2004 年 4 月 5 日。

境之间的关系，同时，要坚持协调、可持续发展，统筹兼顾各种利益群体和各方利益。十六届三中全会提出五个统筹：统筹城乡发展，统筹区域发展，统筹经济社会发展，统筹人与自然和谐发展，统筹国内发展和对外开放；要按照这"五个统筹"，推进生产力和生产关系、经济基础和上层建筑相协调，推进经济、政治、文化建设的各个环节、各个方面相协调。

第四，实现又好又快地发展是科学发展观的实质。党的十六届五中全会明确指出："科学发展观的实质，是实现又快又好地发展。"2006 年中央经济工作会议提出了"又好又快发展"。什么是又好又快地发展？"好"包含有经济平稳发展的意思，指的是发展的总体效果要好；"快"强调的是发展的快速度，总起来说就是要保持经济平稳较快发展，防止出现大的起落。这反映了中国经济发展理念的一大转变，即由过去更多地强调发展的速度，转为更注重发展的效益、增长的质量，实现科学发展。也就是说，经济快速发展要与结构、质量、效益相统一，要与社会发展相统一，要与广大人民群众生活质量的普遍提高相统一。

总之，科学发展观之所以把坚持以经济建设为中心、以人为本、全面协调可持续发展与"五个统筹"、促进经济社会和人的全面发展的思想统一起来，其目的就是要实现我国经济社会更好更快地发展，其原因就是经济的发展不能独立于社会，经济的发展涉及人口、资源、环境和社会的方方面面，这可以从科学发展观的经济社会学学科性质来分析。

二 科学发展观的经济社会学学科属性

科学发展观反映了我们党对社会主义现代化建设发展问题的新认识，揭示了我国经济社会发展的客观规律。可以说，科学发展观直接成为我国经济和社会协调、更好更快发展的连接纽带。从学科属性来看，科学发展观的新经济社会学学科特征主要体现在以下几方面：

（一）科学发展观的形成是以经济发展为基础的，对科学发展观的深刻领会离不开经济学方法

从某种意义上说，科学发展观的产生和形成过程，就是一部经济发展的历史。从发展观的演进过程来看，主要经历了六个阶段：一是工业文明观的形成，这是以经济增长为核心的发展观，以 GDP 为发展的第一标志；二是由罗马俱罗部提出的"增长极限论"，批判片面追求经济增长，忽视生态环境的做法；三是由欧美经济学家提出的"可持续发展观"，既肯定了发展经济的必要性，又强调了保护生态环境的重要性，同时还提出注重社会的发展；四是综合发展观，强调当代经济与自然、社会、人的发展，但没有考虑后代发展问题；五是提出"以人为中心"的发展观；六是中国共产党人以邓小平理论和"三个代表"重要思想为指导提出科学发展观，是对以往发展观的继承和发展。纵观发展观的演变历史，每一阶段都离不开经济的发展，都以经济的发展为前提和基础，都是围绕如何解决发展经济所带来的一系列问题这一思路而展开的；而所有国家，无论是中国还是其他国家，要解决由发展经济所带来的其他社会问题或生态问题，无一例外都直接取决于一国的经济发展水平。因此，研究和深刻领会科学发展观，贯彻落实科学发展观必须采取经济学分析方法。

（二）科学发展观的内涵既具有经济学特征又具有社会学特征

一方面，科学发展观的第一要义是发展，首先是发展经济，必须坚持以经济建设为中心大力发展社会生产力，以满足人民群众日益增长的物质文化需要。这就需要我们借助各种经济学理论和方法，研究并推动国民经济又好又快发展。另外，科学发展观的其他内涵，如科学发展观的本质和核心、根本要求和基本点等，就是以人为本，坚持全面、协调、可持续发展，为解决我国目前及今后相当长一段时期的各种社会问题提供了基本指南。特别需要指出的是，"以人为本"体现了马克思主义的基本观点，马克思曾说过，未来新社会是"以每个人的全面而自由的发展为基本原则的社会形式"。"以人为本"是以多数人为本，以多数人的物质文化生活提高为本，以尊重和保障多数人的生存权、发展权、享受权为本；就是要处理好效率与公平的关系，为构建和谐社会创造人们平等发展、充分发挥聪明才智的社会环境。这些也是亟待解决的首要的社会问题。全面、协调、可持续发展，不仅包括经济、政治、文化、社会和人的全面发展，也包括城乡之间、地区之间、行业之间、不同阶层之间，人口与资源、环境之间的协调可持续发展；既要坚持以经济建设为中心，又要加快发展相对滞后的各项社会事业。因此，这不仅是紧迫的经济问题，更是重要的社会问题。所有这些又具有社会学特征。

（三）从经济社会学的研究对象来看，科学发展观具有经济社会学性质

正如新经济社会学家所指出的，"经济与社会的相互关系，应当成为经济社会学所特有的研究对象和领域。""经济社会学应当以研究经济与社会的相互关系为使命（即使是研究经济现象，也是研究经济现象中的经济与社会关系或经济现象中的社会方面）"。[①] 科学发展观的内涵，既要"坚持以人为本，树立全面、协调、可持续的发展观，促进经济社会与人的全面发展"，又要解决好"五个统筹"的问题，所有这些，都涉及经济与社会的相互关系问题，都是经济社会学的研究对象。

以上分析表明，科学发展观在学科属性上具有经济社会学性质，它要求正确处理好经济发展与社会、人口、资源、环境之间的关系，推进经济、政治、文化、社会、人的全面发展。因为经济发展涉及自然环境、人口、社会诸多要素和方面，以及各要素、各方面之间的关系，新经济社会学家认为，经济行为是一种社会建构，它嵌入社会结构或社会网络中去，两者相互影响、相互制约、相互促进，是一种互动、辩证的关系。

---

① 汪和建：《经济社会学——迈向新综合》，高等教育出版社 2006 年版，第 12—13 页。

三　经济行为的社会建构

新经济社会学认为，经济行动是社会行动的一种，一切经济行动都是嵌入社会关系中的；经济主体不是原子式的理性行动者，社会的价值观念、规范、文化等因素渗透于经济行动者的决策与具体行动中，并影响、制约经济主体的决策和行动。格兰诺维特还将这种嵌入分为"关系性嵌入"和"结构性嵌入"。所谓"关系性嵌入"是指经济行动者嵌入于个人所在的关系网络中并受其影响和决定；"结构性嵌入"是指许多行动者所构成的关系网络嵌入于更为广阔的社会关系网络之中，并受到来自社会结构的文化、价值因素的影响或决定。经济行动嵌入社会关系从而制约了彼此的经济行为。不仅经济行动嵌入社会关系网络之中，而且市场也是嵌入社会的，是社会的构建。它不仅取决于社会的政治结构，而且还受社会价值、文化环境、社会规范、法律原则等制约和影响；它不仅是商品交换的场所，还是一种规范的道德秩序具体化的反映。① 经济行动与市场的嵌入反映了经济与社会的关系，经济现象绝不是一种孤立的行为，它始终受社会结构的制约。关于这一点，马克思曾从上层建筑对经济基础的能动反作用原理进行了论述；韦伯从文化的角度论述了文化对资本主义经济产生的影响，提出资本主义精神即新教伦理观念导致了资本主义的产生，说明经济发展的背后有着强大的社会因素。东亚国家的崛起也有力地证明了经济的快速健康发展离不开社会因素的支撑。我国社会主义建设的实践经验和教训，特别是改革开放30多年的实践经验充分证明，经济行为是一种社会建构，经济的发展是受社会结构和社会各种因素制约的。

首先，经济发展离不开社会环境和社会条件，经济发展要有良好的社会环境和条件，否则，经济是发展不起来的，即使发展了也保不

---

① 汤姆·伯恩斯：《结构主义的视野：经济和社会变迁》，社会科学文献出版社 2000年版。

住。社会发展至今已经成为包括人口、就业、收入、分配、社会保障、教育、健康、医疗卫生、科技、文化事业、生态环境等在内的系统工程。在过去以来的很长一段时期内，我国经济发展与社会发展"一条腿长一条腿短"的矛盾日趋严重，社会系统内的种种矛盾越来越显露出来。比如，2003 年那场"非典"带给我们的警示是，我们在推进经济大幅度增长的同时，却严重地忽视了公共卫生这一问题。收入差距问题也非常严重，我国在 20 世纪 70 年代末的基尼系数是 0.16，非常平均；到 20 世纪 90 年代中后期，已经达到 0.40 以上。这表明中国的贫富差距已达到国际公认的中等水平和警戒线。有研究表明，目前中国的基尼系数为 0.46，收入分配相当不均，更为严重的是起点不公平。[①] 反映收入分配差异还有就业、收入、分配、社会保障、教育、健康、医疗卫生、生态环境等问题，如果任其不断扩大，即便国内生产总值提得再高，社会也不一定稳定，人民群众也不一定能享受到经济增长的实惠和幸福。所以，党中央根据我国经济社会发展的实际，适时提出科学发展观，要正确处理好包括经济与社会关系在内的"五个统筹"的关系，同时在发展战略上由侧重非均衡发展转向侧重均衡协调发展。再以"非典"为例，"非典"对我国经济的影响是有目共睹的，当年一季度全国 GDP 以 9.9% 的速度增长，"非典"至少使经济增长下降了 0.5 个百分点，即至少造成 500 亿元的经济损失。一个地区如果发生"非典"，谁还愿意去投资办工厂？谁敢去旅游？即使经济搞上去了，但贫富差距太大，失业人口很多，这些问题又长期得不到解决，势必引发社会动荡，经济的一时繁荣肯定维持不了多久。根据世界上一些国家的发展规律，当人均 GDP 达到 1000—3000 美元时，如果能很好地处理相关的一些社会问题，经济社会就平稳发展，顺利实现工业化和现代化；如果处理不好，往往出现贫富悬殊、失业人口增多、城乡和地区差距拉大、社会矛盾加剧、生态环境恶化等问题，导致经济社会发展长期徘徊不前，甚至出现社会动荡和

---

① 《收入分配制度改革大幕将启　缩小贫富差距成共识》，http：//news. xinhuanet. com/politics/2006－07/05/content_ 4797279. htm。

倒退，如巴西、阿根廷、墨西哥以及印度尼西亚、菲律宾等国，即陷入所谓"拉美陷阱"。中外实践证明，经济行动是嵌入于社会结构之中的，并受诸多的社会因素的影响和制约。也就是说，良好的社会环境和条件是经济长期稳定发展的基础。党中央近年来提出要构建社会主义和谐社会，其中很重要的一点就是为经济发展创造良好的社会环境。

其次，社会发展是经济发展的最终目的和动力源泉。经济发展的最终目的是为了社会发展。马克思主义认为，社会是由个人组成的有机整体，是个人相互联系的总和。因此，社会发展的核心是人的发展，没有人的发展就谈不上社会的发展；人的全面发展是社会发展的核心和最高目标。正如马克思所说的那样，"历史不过是追求着自己目的的人的活动而已"①，未来的新社会是"以每个人的全面而自由的发展为原则的社会形式"。② 人是生产力系统中第一重要的要素，人的素质如何在很大程度上决定了生产力水平的高低；人的素质问题既是人自身的事也是社会的事。人与人之间的各种关系即社会关系是社会发展的重要内容之一。如果人的素质不能得到提高，人不能获得全面的发展，人与人之间的关系不协调，那么，经济发展就会失去真实的、持久的动力。正是因为经济行动嵌入于社会关系之中，经济的发展受社会发展的制约，我们党才提出"以人为本，全面、协调、可持续"的科学发展观，促进经济社会与人的全面发展。

最后，社会发展是经济发展的导向。③ 生产决定消费，同时，消费也决定生产。社会的需要通常是通过消费者的需要来反映的，消费者所需要的基本上就是社会需要的；消费者不需要的基本上是社会不需要的。因此，发展经济要以市场需求为导向，就是以消费者的需要为导向，或者说以社会发展为导向。比如，有些发明创造在很长一段时期内不能转化为生产力，或者说不能形成产业，当然有许多原因，

---

① 《马克思恩格斯全集》第 2 卷，人民出版社 1957 年版，第 118—119 页。
② 《马克思恩格斯全集》第 23 卷，人民出版社 1972 年版，第 649 页。
③ 邓伟志：《关于科学发展观的若干思考》，《求实》2004 年第 11 期。

但在一定时期内社会不需要这种发明创造也是最重要的原因之一。经济发展的最终成果都要通过社会发展得到检验，要在社会发展中体现出来。这从另一个方面说明经济行为是嵌入社会关系之中并受社会诸因素制约的。所以，党的十六届三中全会提出了"五个统筹"，其中大部分讲的是社会发展问题，第三个统筹是经济社会发展的关系，并明确提出了"改变目前社会发展与经济发展不够协调的情况"。

威茨曼分享制经济评述[*]

一 分享制经济的思想来源

分享制经济这一概念是由美国经济学家、麻省理工学院教授马丁·L. 威茨曼在《分享经济：用分享制代替工资制》一书中首先提出来的。其实，分享制经济思想的提出和实践并不是什么新东西，在威茨曼提出分享制经济之前，利润分享的思想和实践就已经出现。从实践来源考察，利润分享制在美国最早出现。早在 18 世纪末，美国人阿伯特·格来丁（Albert Gallation）就主张，民主应当扩展到经济生活中来，而不应该仅限制在政治领域。格来丁极力提倡职工持股，并于 1794 年开始在自己的工厂里实施利润分享制①，于是雇员股份制的实践开始在美国兴起，阿伯特·格来丁（Albert Gallation）也因此被誉为"职工持股之父"。日本的劳工制度在实践中对分享经济制度也有重要影响。日本劳工制度的最大特点是实行终身雇佣制与奖金制度，雇员的奖金只与企业的利润挂钩，与工资分开。日本企业能够称雄全球市场，与日本企业的利润分享制度有极大的关系。

20 世纪 50 年代，美国经济学家西奥多·舒尔茨创立了人力资本理论。他认为，劳动者所具有的知识、技能是人力资本，这种人力资

---

* 本文发表于《现代经济》（现代物业）2009 年第 10 期。

①Edward M. Coates, "Profit Sharing Today：Plans and Pro‑visions", *Monthly Labor Review*, April, 1991, pp. 19 – 25.

本是劳动者接受教育、培训与学习技能后，即进行人力资本投资后获得的。人力资本投入生产后，应和物质资本一样参与企业利润分配，因为职工把"一生付给企业与向企业投资是同等重要的"。因此，人力资本理论为利润分享制提供了支撑。

在制度主义学派那里，也能找到分享制经济的思想。拉坦认为，凡是存在集体行动的地方，总会产生联合起来分享共同的经济利益的制度安排①，在《诱致性制度变迁理论》一文中他指出，"无论是制度经济学中的康芒斯传统，还是政治科学中的多元主义传统，它们都强调了自愿地联合来分享共同的经济利益，对改变与加速经济增长相联的收入分配不平等所起的建设性作用"。②

20 世纪 60 年代，美国著名经济学家、公司法律师路易斯·凯尔索在《资本家宣言：如何通过借贷使 800 万工人变成资本家》一书中，对员工持股计划的理论和建议进行了论述，把雇员股份制称为"民主的资本主义"；在另一部书《两要素理论中》中，他提出了"两要素经济论"，即生产要素只有两种：资本与劳动。财富是由劳动和资本这两个基本要素共同创造的，因此，劳动者应该通过持有企业或公司股权、拥有一定的生产性资源参与企业利润的分享。凯尔索这两部著作对分享制经济理论的发展产生了非常重要的影响。正是在这一思想的影响下，为了寻求解决资本主义社会"滞胀"的途径，20世纪 80 年代，威茨曼出版了《分享经济：用分享制代替工资制》一书，提出了分享制经济理论。

二 分享制经济的主要思想主张

在威茨曼看来，资本主义社会员工的报酬可分为两种模式：一是

---

① 姚海明：《评威茨曼的分享经济制度》，《南京政治学院学报》1999 年第 5 期。
② V. W. 拉坦：《诱致性制度变迁理论》，载《财产制度与制度变迁——产权学派与新制度学派译文集》，上海三联书店 1994 年版，第 346 页。

工资制度；二是分享制度。依据这两种工资制度，资本主义经济就分为工资制经济和分享制经济。威茨曼在《分享经济：用分享制代替工资制》一书中指出："当今的主要经济问题，从本质上看不是宏观的而恰恰是微观的行为、制度和政策问题。"他认为，停滞膨胀的根本原因不在于生产，而在于资本主义现存工资制度的不合理，即"停滞膨胀产生于一种特殊的劳动支付方式"，这种"特殊的劳动支付方式"就是资本主义现在的工资制度，其特点是"厂商对雇员的报酬是与某种外在的核算单位（典型的代表是货币或者生活费用指数）相联系的，而这种核算单位的价值既与厂商的经营状况无关，又与厂商所做或所能做的一切无关"。这种工资制度有两个重要特征：一是雇员的固定工资制，雇员的报酬与企业或公司的经营状况无关，不管企业或公司经营状况是好是坏，其工资固定不变，呈现刚性特征。刚性工资制必然导致企业员工缺乏生产积极性，对企业的生产经营状况漠不关心。二是刚性工资制在经济不景气时必然造成大量工人的失业。因为，在市场经济不景气时，随着社会总需求的不足或萎缩，由于工资的刚性，厂商出于利润最大化考虑，一方面通过降低产品价格，另一方面，通过裁减工作岗位，解雇大批员工来降低产量，势必导致大量工人失业；这又反过来进一步加深社会总需求的不足，使经济状况不断恶化，导致资本主义社会经济滞胀。按照威茨曼的观点，"停滞膨胀的最终解决需要通过改变劳动报酬的性质，触及现代资本主义经济的运行方式，并直接在个别厂商层次上矫正根本的结构缺陷"。

怎么才能做到这一点呢？威茨曼认为，必须改变现有工资制度，即用分享经济制度取代固定或刚性工资制度。所谓分享制经济，就是"工人的工资与某种能够恰当反映厂商经营的指数（比如，厂商的收入或利润）相联系"①的经济制度，即工人的收入与企业利润直接挂钩的利润分享制，主要有员工持股计划或雇员股份制经济两种具体形式。实行分享制经济有四个假设前提：

---

① David Sapsford Zafiris Tzanatos：《劳动经济学前沿问题》，中国税务出版社 2000 年版，第 277 页。

（1）多数企业或全部企业推行分享制，才能产生扩张效应，分享制经济才能成功达到其目的。

（2）利润分享与员工工作绩效直接挂钩，利润分享的比例必须以书面的形式明确。

（3）政府或法律明确界定厂商或企业有自由雇工、增加员工的权利。

（4）企业可以不受工会干扰，有权利决策实行报酬方式的变革即实行分享经济制度。

按照威茨曼的设计，实行分享制经济，"较大的产出馅饼、较高的劳动报酬与较高的利润显然是并行不悖的"，在利润分享上雇员和厂商结成了共同体，其利益是休戚相关的。因为"资本家的利润依赖于工人，工人的就业和收入依赖于资本家"。实行分享制经济，有助于实现充分就业[①]，消除生产停滞，抑制通货膨胀。西方不少国家的企业实行利润分享制，实践也证明了这些国家在一定程度上减轻了就业和"滞胀"的压力。

三　对分享制经济理论的简要评析

利润分享制经济是西方国家为应对难以摆脱的经济"滞胀"局面而提出的一种薪酬制度或政策主张。20世纪以来，利润分享制虽然在西方国家的发展取得了一定成效，但无论是从广度还是从深度来看，分享制所起的作用都是极其有限的。因为这种分享制经济理论本身就有其局限性。

首先，就威茨曼提出"利润分享经济制度"的本意来说，主要是作为治理"滞胀"的药方，侧重于对解决通货膨胀问题和实现充分就业的作用，并非真正让企业员工去分享利润。正如姚海明教授所分析

---

① 马丁·L. 威茨曼：《分享经济：用分享制代替工资制》，中国经济出版社1986年版，第4页。

的那样："威茨曼始终把劳动的边际价值作为确定分享比例的依据，无论是完全分享还是混合分享，工人的收入只能相当于劳动的边际价值。如果增加工资，哪怕是增加一美元，由于新工人的不断涌入，企业产量的不断增加，在市场经济的作用下，工人的工资也会降下来，直到恢复原来的工资水平；如果减少工人的工资，工人会离开公司，导致在业工人劳动的边际收益产品增加，迫使公司把工资恢复到原来的水平，否则公司将无法维持它所需要的劳动者。……他所提出的分享收入方案，只不过将原来直接按劳动的边际价值确定每个工人的工资额，改为按公司总收入的比例来分发工资。工人没有多得到一分钱，资本家也没有少拿一个子。"①

其次，分享制经济理论把资本主义社会的"滞胀"归咎于工资制度的刚性；要消除"滞胀"，必须改变刚性工资制度，实行弹性工资制度，即员工报酬与企业利润挂钩的分享经济制度。其实，资本主义生产是建立在生产资料私有制和雇佣劳动基础之上的，资本主义社会这种私有制和雇佣劳动制度必然会导致生产的社会化与生产资料的资本家私人占有形式的矛盾，这是资本主义社会的基本矛盾。它具体表现为社会生产的无政府状态和个别企业的高度组织性、计划性的矛盾以及生产无限发展的趋势和劳动人民有支付能力的需求相对缩小的矛盾。由于这两对矛盾的存在和发展，必然导致资本主义社会的经济危机和"滞胀"。要消除资本主义的经济危机和"滞胀"，必须消除资本主义的基本矛盾，消灭资本主义的私有制，实行生产资料的社会主义公有制。而威茨曼的分享经济制度是在资本主义私有制基础上建立的，只是对私有制企业在分配上的一种"微调"，根本没有触及资本主义的私有制，也没有改变劳动者被雇佣的地位，要想在资本主义私有制的框架下根治"滞胀"这一资本主义社会的顽症是不可能的。因此，20世纪以来虽然不少西方发达国家实行分享经济制度，但这些国家仍然频繁发生"滞胀"也就不足为怪了。

最后，分享制经济的四个前提假设比较严格，因此实行分享制经

---

① 姚海明：《评威茨曼的分享经济制度》，《南京政治学院学报》1999年第5期。

济有一定难度，其实践效果也大打折扣。比如，假设之一，是多数企业实行这种制度才能奏效。由于资本主义国家是私有制，企业也是私人占有的，要多数或全部企业实行分享经济制度不大可能。假设之二，是雇员利润分享与其工作绩效直接挂钩。这也是难以实施的，可操作性不强。因为，利润的大小直接影响雇员的分享多少。由于信息不对称，又由于人的有限理性，雇员对厂商或企业主进行监督的成本巨大，后者由于追求自身利益最大化，会导致他们采取逆向选择、道德风险和机会主义行为，即雇主会借机操纵利润，将经营风险转嫁给员工，损害员工利益。在这种情况下，员工就不会同意实行分享制。假设之三四，需要政府的激励、法律和工会的支持，这也不是轻易就能做到的。